中国名人大传

李白传

伟大的浪漫主义诗人 情感奔放 被誉为『诗仙』

王慧琴◎著

贵州大学出版社
Guizhou University Press

图书在版编目（CIP）数据

李白传 / 王慧琴著． -- 贵阳 ：贵州大学出版社，2024. 8. --（中国名人大传）． -- ISBN 978-7-5691-0970-2

Ⅰ． K825.6

中国国家版本馆 CIP 数据核字第 202469LZ91 号

李白传

著　　者：王慧琴

出 版 人：闵　军
责任编辑：葛静萍
装帧设计：立丰天

出版发行：贵州大学出版社有限责任公司
　　　　　地址：贵阳市花溪区贵州大学东校区出版大楼
　　　　　邮编：550025　电话：0851-88291180
印　　刷：三河市金兆印刷装订有限公司
开　　本：787 毫米 ×1092 毫米　1/16
印　　张：13
字　　数：230 千字
版　　次：2024 年 9 月第 1 版
印　　次：2024 年 9 月第 1 次印刷

书　　号：ISBN 978-7-5691-0970-2
定　　价：68.00 元

前　言

李白（701—762年），唐代大诗人。字太白，自号青莲居士，世人又称“谪仙”。蜀中绵州昌隆（今四川江油南）人。祖籍陇西成纪（今甘肃秦安西北）。李白自幼好学，少年时代在家乡匡山博览群书，经史、百家杂书无不通读；此外，他还喜好剑术，结交豪侠之士，在山水之间四处漫游。李白20岁时就出游成都及峨眉山等名胜。

开元十三年（公元725年），李白出蜀，沿江而下，最后到达扬州。之后，于安陆（今属湖北）娶许圉师的孙女为妻。

在这期间，李白与当时的一般宦游士子一样，曾经多次投考求官，但终不能成。其后又前往长安，在终南山隐居。玄宗天宝元年（公元742年），李白42岁，经道士吴筠竭力举荐后，被皇帝召到长安，任命为翰林院待诏供奉，后一直没有被重用，反遭日渐疏远。于是在天宝三年，李白离开长安，又开始云游各地。正是在这个时候，李白结识了杜甫和高适，并拜师求仙学道，等待时机为国建功。

天宝十四年（755年），发生了唐代历史上著名的安史之乱。李白在第二年参加永王李璘水军，至德二载，永王兵败被杀，李白被捕入狱。辗转出狱之后，终因追随永王之罪，被长期流放到夜郎（今贵州桐梓附近）。

李白的一生，可以说经历了唐朝由盛转衰的全过程。时事的变迁、官场的复杂，使他在很长一段时期里，隐居、出仕，又隐居、再出仕，由此可以看出他的报国志向与对政治的失望交织的矛盾心情。

他在流放夜郎途中，遇赦获释。晚年于襄汉及江淮一带流落。李白61岁时，在金陵居住，听说李光弼率领的大军出征临淮，虽然此时他身体病弱，但仍请求从军出征，结果半道病发而还，第二年于当涂病逝（今属安徽）。后世有李白醉后入水捉月淹死之说，不足为信。

李白一生政治理想远大，但他最为辉煌、最令世人瞩目的是他的文学成就。他与杜甫被后人合称为“李杜”，代表着中国文学史上浪漫主义与现实主义的两座并峙的高峰——韩愈有诗赞云：“李杜文章在，光焰万丈长。”李白不同时期的诗作，反映出他不同时期的人生情态和政治抱负。他在翰林院任职的两年，是他创作的转折时期。李白前期的诗在反映社会现实的内容上还有所缺乏，离开长安之后，因政治抱负无法实现，心中渴望为国家建功立业的理想也随之破灭，加之他在朝中的时间虽不长，但多少也了解了最高统治集团的黑暗、腐朽，因而陆续写出了《行路难》《鸣皋歌送岑征君》《玉壶吟》《雪谗诗赠友人》《答王十二寒夜独酌有怀》《书怀赠南陵常赞府》《赠宣城宇文太守兼呈崔侍御》《书情赠蔡舍人雄》及《梁甫吟》《远别离》等一系列大胆揭露统治集团黑暗腐朽的诗作。李白这一时期的诗作政治性较强，他的政治抱负和怀才不遇的苦闷，也在这些诗作中得以体现。

李白一生喜游历、好仙道、擅与文人仕士结交，这一特色也体现在《将进酒》《宣城谢朓楼饯别校书叔云》《梦游天姥吟留别》《庐山谣》《蜀道难》《横江词》等诗篇中。

李白还创作了另一类不涉及政治，而以吟山咏水、表达离情别绪或反映下层社会劳动人民生活等为内容的诗歌作品，名篇如《静夜思》《望庐山瀑布》《春夜洛城闻笛》《秋浦歌》《哭宣城善酿纪叟》《赠汪伦》《宿五松山下荀媪家》等。诗人天真率直的性格、极富情趣的生活方式，都在这些风格清新隽永的作品中得以体现。

李白是中国历史上最伟大的浪漫主义诗人，其对权贵的蔑视和桀骜不驯、富于抗争的个性吸引着历代的读者。李白继承和发扬了中国的传统文化，特别是庄子和屈原对他的创作影响至深。此外，他的作品还吸收和借鉴了民间乐府诗的精华。李白的诗作感情奔放，想象丰富，语言夸张，气势恢宏，常以神话故事或历史典故作为诗的主题，借以表达自己的情感。他最擅长乐府歌行，近体则以七绝和五律著称。今存李白诗共 1 000 余首，另有赋 8 篇、文 60 余篇。

目　　录

第一章　少年英才

一、长庚转世

李白，字太白，唐武后长安元年出生，主要生活在玄宗、肃宗两朝。在玄宗前期，也就是开元时期，由于大唐建国百年间统治者较为重视安定社会和发展经济，因此社会经济文化的发展都达到了前所未有的高度，历史上称之为“开元盛世”。但是“开元盛世”的背后仍然有着十分复杂的社会矛盾，所以到唐玄宗后期，也就是天宝年间，社会腐朽不堪，社会矛盾日渐复杂激化，最终爆发了“安史之乱”，社会经济遭受巨大破坏，唐王朝的黄金时代转眼成为过去。而李白的一生，正处在这样一个由盛转衰的历史时期。

李白自谓“五岁诵六甲，十岁观百家，轩辕以来颇得闻矣”，由此可见，他在蜀中很早就开始接受启蒙教育，而且所学内容十分驳杂。据《唐诗纪事》记载，李白少年时还曾学习过剑术，有侠士风度，与梓州赵蕤交往为友，意气相投，李白的侠义之风虽随年岁增长而日渐减少，但对其一生的文学创作仍然很有影响。

李白在蜀中时就已表现出颇高的文学才能，当他 20 岁左右凭文章谒见益州长史时，李白当场被称作“天才英丽”。可惜李白蜀中时期的作品流传下来的并不多。不过，我们从《访戴天山道士不遇》《峨眉山月歌》《白头吟》等诗作中发现，他的创作才能，可见一斑。

关于李白的生年，人们一般认为李白生于公元 701 年，但《李白诗文系年》一书说：

王琦《李太白年谱》曰：旧谱起于圣历二年己亥，云白生于是年。按曾巩《序》，享年六十四。李阳冰《序》载李白卒于宝应元年十一月，自宝应元年逆数六十四年，乃圣历二年也。薛（仲邕）氏据之，故曰白出生于是年。然李华作《太白墓志》曰：年六十二，则应生于长安元年。以《代宋中丞自荐表》核之，《表》作于至德二载丁酉，时年五十有七，合之长安元年为是。考唐圣历二年，系公元699年。

可见，李白的生年仍有疑问。

关于李白的诞生，其族叔李阳冰在《草堂集序》中说：

惊姜之夕，长庚入梦，故生而名白，以太白字之。世称太白之精，得之矣。

“长庚”星是金星的别称，金星又被称作启明星，《诗经·大东》中有“东有启明，西有长庚”的诗句，金星早晨出现在东方意为启明；黄昏出现在西方为长庚。把李白的出生说成是他母亲临盆之时由于长庚入梦而出生，这想象真是奇绝！但这一传闻的确十分富有情趣，也非常富有诗意。它不但附会诠释了李白的名字，同时也表现出李白的出身非同一般，并借以夸大他那空前绝后的超人才华。

李白的诗名与才华在唐代就已名扬四海，所以人们才会把李白说成是太白金星转世，事实上唐以后的人们也仍然这样附会传说。据孟棨《本事诗》载：

李太白初自蜀至京师，舍于逆旅，贺监知章闻其名，首访之；既奇其姿，复请所为文，出《蜀道难》以示之，读未竟，称叹者数四，号为谪仙。解金龟换酒，与倾尽醉。期不间日，由是称誉光赫。

因此，以此看来，唐代的人们神化李白并不是毫无道理的。从当时早已显赫一时的贺知章的感受中就可以了解到两点：一方面，是李白那飘飘如仙的体态相貌；另一方面，是李白那鬼斧神工般的诗作和超人的才华。

根据魏万《李翰林集序》记载，魏万当时在王屋山隐居，由于十分仰慕李白的风采，非常希望一睹为快，于是不辞劳苦，竟跑了 3 000 里路去会见他心中的偶像。魏万终于见到了李白，给他印象最深刻的是李白那对有神的大眼睛。魏氏写道：

眸子炯然，哆如饿虎；或时束带，风流酝籍。

从这几句话中可以看出，李白的确长着一双奇异的大眼睛，目光炯炯有神，闪烁射人。其风采当然也堪称精神奕奕，潇洒无比，给人以飘然出尘的感觉。裴敬在《李公墓碑》中讲到李白：

先生得天地秀气耶？不然，何异于常之人耶？

这也是由李白外貌而抒发的无上感叹。

关于李白的诗才，就连号称“诗圣”的杜甫也在《寄李十二白二十韵》一诗中这样讲：

昔年有狂客，号尔谪仙人。
笔落惊风雨，诗成泣鬼神。

清代著名学者方东树在他的《昭昧詹言》一书中是如此评价李白的诗的：

发想超旷，落笔天纵，章法承接，变化无端，不可以寻常胸臆摸测，如列子御风而行。

在古代历史上用超人、超才评价李白的著述不胜枚举。加上李白本人对此也不予以否认，并且还自谓“狂客”“仙风道骨”，特别是他还曾四处求仙问道，渴望过神仙般的生活。因此，世间传说李白是“母梦长庚”而生，为太白金星下凡转世，是完全可以理解的。

二、铁棒磨针

清澈见底的涪江水，像一条美丽的丝带，从遥远的、高高的岷山雪岭流下来，自北而南，弯弯曲曲地穿过西蜀绵州的昌明县境内，给两岸造就了大面积的冲积平原。这里土壤肥沃，气候湿润温和，一年稻麦两熟。竹篱茅舍的农家小院零星地散布在平原上。农民们在这儿过着“日出而作，日入而息，凿井而饮，耕田而食”的恬然安静、自由自在的生活。

唐中宗景龙元年（公元 707 年）的夏天，太阳如同一个大火球一般，从天空中向大地释放着热光，气候十分炎热，让人们几乎无法忍受。水稻与苞谷的叶子早已被晒得翻卷了起来。树上的知了在拼命“吱——吱——”叫个不停，好像真的热得受不了了似的，发疯地用鸣叫来疏散心头的热量。正在这时，一群学馆的孩童，从学馆里放了学。他们如同笼中放飞的鸟儿获得了自由一样，又蹦又跳地在回家的田间小路上飞跑着。他们来到了涪江边的拉纤小道上，静静地看着江中的大小船只往来如梭，不时地用衣襟擦拭着额头上的汗珠，纷纷嚷道：

“嘿，这太阳太烈了，简直热得人头都发疼。”

“是，热得很，地皮都晒烫了！”

“唉，下午我真想逃学，找个凉快的地方去玩。”

走在前面的一个高个子小男孩，名叫李白，年刚 10 岁，长着圆圆的脸，广额头高鼻子，一双浓眉大眼又黑又亮，满口牙齿洁白整齐。他不停地晃着手中的青竹扇子说：“我们下河去洗澡吧？到了河里就像鱼儿入水一样凉爽。”

“不行，不行！”一个外号叫小孟子的 11 岁的男孩马上摇了摇头说，“老师说了，不许下河洗澡。如果谁不听话，就会被竹板打手心的呀！”

一说杨老师，小李白脑海中就浮现出一个瘦脸驼背、花白胡须的老人形象。杨老师几乎读了几十年的书，年轻时热衷于科举考试，但考了许多场都名落孙山，到老了才死了这颗心，不得不靠教书来维持生计，养家糊口。杨老师教书极其认真，有时近乎苛刻，他遵循严师出高徒的信条，对学生管教极严。夏季以来，他最怕的是自己的学生下河洗澡，水火无情啊！万一淹死了某个学生，他是无法向其家长交代的。因此，天天都像老和尚念经似的向他的学生下达死命令：“你们都听着，谁也不许下河洗澡，谁犯了这条学规，我就让他吃笋子炒肉！”也就是用竹板打手心或打屁股。

一方面是老师的严厉命令，一方面是酷热难当的天气，如何是好呢？向来就好动不好静、像初生牛犊一样胆大包天的孩子王小李白说话了：“大家别怕，杨老师是在吓唬我们。他放了学吃了午饭就开始睡午觉。我们偷偷地到河里洗个澡，他怎么会知道呢？”

小孟子晃了晃脑袋说：“世上没有不透风的墙，万一让杨老师知道了，怎么办呢？”小李白横了小孟子一眼说：“就数你胆小怕事！树上的叶子掉下来都怕砸破了你的脑袋！”

“我们赌咒发誓，谁也不许去告密！”说这话的人是个外号叫王小胖的。因为他胖得肚皮大大的，像佛寺里的弥勒佛，向来最怕热，所以他最爱下河洗澡了。

“好，王小胖说得对！”小李白立刻点头表示同意，“我们拉钩赌咒，谁如果去老师那儿告密，我们就都狠狠揍他！来一个老鼠过街，人人喊打！”

“这——”小孟子有些迟疑了，右手搔着头皮，他自然还是下不了决心，好像他成了告密者。他连忙又说道：“我们除了害怕老师还害怕家长。俺爹对我说过，不许下河，如果下河淹死了，回家去之后还要挨一顿揍！”

“不要紧，人都淹死了，就是再挨打，也不知道疼了！”王小胖天真地回答道。

“人都死了，怎么还能挨揍呢？真是天大的笑话！”小李白“扑哧”一声笑了起来。

“好，别管那么多了，我们来赌咒发誓！”

小李白个子高，不但学习很好，而且又最讲友情，平时有什么好吃的东西都要拿出来分给大家吃，有谁受了别人欺负，都要挺身去打抱不平，所以孩子们都公认他为孩子王，遇事都爱跟着他走。孩子们也都听他的话，全都伸出右手的小手指，互相钩在一起。小李白领着大家跪在地上，抬头向着青天赌咒：“我们向天老爷赌咒发誓：谁将下河洗澡的事传出去，谁就被天打雷轰，不得好死！”

孩子们接着就七嘴八舌地重复了一遍。

“啊！下河洗澡啦！下河啦！”

大家高兴地大声叫着奔向河边。小李白一马当先跑在了最前面。他们向着一个回水的地方跑去，来到一个柳荫处，几下就把衣服脱了扔到白沙滩上，然后赤条条地“扑通”“扑通”地跳进了浅水里。这儿水流较慢，清凉的河水浸泡了全身，丝丝凉意袭来，使得炎夏的酷暑顿时消失。大家都欢呼：“舒服！舒服！痛快！痛快！”

红日开始西斜，天上有几只雄鹰在盘旋觅食，农家小院里屋顶上的炊烟四起，像是摇动着手臂，在呼唤着人们归家。小孟子感到肚子有些饿了，便说：“我们该回家吃饭了！”

孩子们马上上了岸，脚踩着发烫的沙滩，几下子就穿好了衣服，分别向着各自的家中走去。

小李白的家在离涪江岸边不远的青莲乡，一个有着高大门楼人称陇西院的大院子里。为什么称其为陇西院呢？这是由于在小李白 5 岁时，其父母携全家由陇西迁到此地建院而得名。其父是一个大商人，经营着大宗的盐茶买卖，他在县城里有一处大货栈，雇着账房和十多个伙计。由于嫌城里太嘈杂，使人心烦，所以特别在乡下建造了一个青瓦粉墙的四合大院。高大的门楼正中浮雕着一只展翅凌空、俯瞰着足下千山万水的大鹏金翅鸟。院子正中长着一棵李树，这是李白一家刚搬来时栽种的，一到春天就开出白花，就像李白的姓名一样。这时，枝头上已挂满了累累硕果，再过几天就可以吃了。李家在城里有店铺，乡间还种有十几亩田，雇有一个长工叫老田头。这种富庶之家与周围竹篱茅舍的普通农家形成了十分鲜明的对照。李家虽是一个外来的客籍人，但是李白父母知书达理，待人尤为和气，又仗义疏财，谁家有了困难，都能慷慨地给予帮助，遵循的是“远亲不如近邻”“吃亏是福”的中华古训，与邻里们往来频繁，关系十分融洽。

小李白饥肠辘辘，来到大门口，推开了虚掩着的红漆大门，穿过院坝，走过李树的绿荫，进入堂屋时，他母亲早已做好饭菜，等待儿子回来了。

小李白从小就十分聪明，记忆力特别强，但却爱玩，不好好学习。他认为全家人就他一个人上学，这太不公平了。课本上那些“子曰”“诗云”天天读来背去，太单调太乏味了，哪个字认不好讲不出来还要挨杨老师的打，太亏了。书本那么厚那么多，什么时候才读得完背诵得完呀？这实在是太难了。所以小李白就时常逃学，一个人常常跑到涪江边去钓鱼，上树去掏鸟蛋，等到放学时才回家。被爹娘发现后，狠狠地挨了一顿揍，但他还是不改。一天，他再一次逃学，一个人优哉游哉地闲逛到一条小溪边上。他看到溪边有很多鲜艳的野花，溪里有很多可爱的小蝌蚪，于是一会儿采野花，一会儿捉蝌蚪地玩耍了起来。不知过了多长时间，他听到了一阵“霍霍”的响声。抬头一看，只见小溪上游有一个白发的老婆婆在那里磨着什么。于是他好奇地沿着溪边的小路走上前去。只见老婆婆手拿一根长长的铁棒，在脚边的一块磨刀石上认真地磨砺着，“霍霍”的摩擦声不断响着。小李白看到老婆婆有些面熟，一时又想不起来是谁，便好奇地问：“老婆婆，你磨它干什么呀？”

老婆婆看了小李白一眼后慢慢地回答：“阿弥陀佛，我想要把它磨成一根绣花针，好用它来做针线活呢。”小李白的眉头一皱，舌头一吐，很不理解地说：“哟！那要费多少工夫？磨到什么时候呀？”老婆婆笑了笑说：“没关系，我今天磨，明天也磨，后天仍然不停地磨，天天不断，功到自然成。铁棒就会慢慢地由粗变细、由大变小。这就叫，只要功夫深，铁棒磨成绣花针嘛！”“啊！”李白脑中猛然出现一个亮点，像是打开了一扇天窗，突然悟到了什么。和自己比一比，自己怕读书难，经常逃学，这就远不及这位白发婆婆了。他十分敬爱地又看了一眼老婆婆，立刻心事重重地向学馆的方向走去。此后，小李白就明白了一个人生哲理，从此就发奋读书，再也不怕艰难困苦，再也没有逃过一次课了。

三、祖籍考证

虽然李白的故事广为流传，但其祖籍之考却众说纷纭。

陇西说为李白籍贯的最早说法之一。李阳冰在他的《草堂集序》一书中说道：

神龙之始，（李白父母）逃归于蜀，复指李树而生伯阳。

范传正也在《唐左拾遗翰林学士李公新墓碑》中讲道：

公名白，字太白，其先陇西成纪人……隋末多难，一房被窜于碎叶……神龙初，潜还广汉，因侨为郡人。父客以逋其邑，遂以客为名……公之生也，先府君指天枝以复姓。

李白是蜀人一说影响十分广泛，明代学者杨慎在他的《李诗选题辞》一书中曾引用《成都古今记》一书时明确指出，“李白生于彰明之青莲乡”，也就是今天的四川省江油市。因此，长久以来，李白是蜀人说差不多成了定论。

现代学者论及此事，以为上引两文对李白出生都置于神龙初潜还广汉以后，说明李白生在蜀中。并以为，李阳冰是李白同时代人，李白临终之时还亲嘱其编集作序，他作的《序》一定是本于李白所语；范碑虽然作于元和年间，但所叙来自李白儿子伯禽的手迹，亦必可信无疑。

1. 李白为西域人说

1926 年 5 月 10 日，《晨报·副刊》上刊登了李宜琛《李白的籍贯与生地》一文，文中写道：

太白不生于四川，而生于被流放的地方。

最先提出了李白生于西域这一说。之后到了 20 世纪 30 年代，持此说论者接踵而出，共有：

陈寅恪《李太白氏族之疑问》，刊登在 1935 年第十卷一期《清华学报》；

胡怀琛《李太白的国籍问题》，刊登在 1936 年 3 月《逸经》第一期；

胡怀琛《李太白通突厥文及其他》，刊登在 1936 年 8 月《逸经》第十一期；

幽谷《李太白——中国人乎？突厥人乎？》，刊登在 1936 年 11 月《逸经》第十七期。

以上诸多学者都论定李白生在西域而不是四川。西域是一个广大的地域，李白具体生在什么地方？李宜琛、幽谷说是出生在碎叶；胡怀琛则认为是出生在逻私城；大学者陈寅恪先生谈及此问题，认为李白的父亲之所以名“客”，是因为“西域人其名字不通于华夏，因以胡客呼之”。

郭沫若先生在《李白与杜甫》一书中则认为：

唐代诗人李白，以武则天长安元年（公元 701 年），出生于中央亚细亚的碎叶城。

这个碎叶城也就是《大唐西域记》一书中记载的素叶水城，具体位置是在吉尔吉斯斯坦境内的托克马克。郭沫若先生的根据是：范传正的《唐左拾遗翰林学士李公新墓碑》记述到李白先世“隋末多难，一房被窜于碎叶”；李阳冰在《草堂集序》记述李白先世“中叶非罪，谪居条支”；李白在《上安州裴长史书》中这样讲道：“白本家金陵，世为右姓，遭沮渠蒙逊难，奔流咸秦，因官寓家。”

碎叶、条支、咸秦原是三个不同的地方，但郭沫若先生却把他们巧妙地糅合在一起，认为：“条支是一个区域更广的大专名，碎叶是一个城镇的小专名，碎叶是属于条支的……条支都督府所辖地即今苏联境内的吉尔吉斯和哈萨克一带，是毫无疑问的。”郭沫若先生还认为：“咸秦”当是“碎叶”之讹。

另外，郭沫若先生对陈寅恪的“李白是西域胡人说”进行了驳斥，从李白掌握儒家传统文化的深厚和对胡人的态度等各方面综合而论，李白不可能是胡人。

2. 李白为焉耆碎叶人说

李从军在他的《李白出生地考异》一文中也提出这一观点：“李白出生于焉耆碎叶，也就是现在新疆境内博斯腾湖畔的库尔勒焉耆回族自治县一带。”其主要依据是：

其一，根据《新唐书·地理志》记载，焉耆碎叶城在调露元年（公元 679 年）王方翼筑城前早已存在，而且是焉耆都督府治所。王氏筑城只不过是修城墙城门而已。因此不能排除其作为李白出生地的可能性。

其二，中亚碎叶属濛池都护府管辖，与条支都督府没有什么关系。

其三，根据《新唐书·西域传》，中亚碎叶城在天宝七年（公元 748 年）被毁。范传正“褐衣时游西边”，著有《西陲要略》，对边境情况十分了解，他在元和十二年（公元 817 年）书写碑文，如是指中亚碎叶，必然对“已毁”的原因做出详细说明，不能无视焉耆碎叶的存在而不顾，去向世人指出另一个早已不再存在的出生地。

3. 李白为长安人说

刘开扬先生于《唐诗论文集续集》（1987 年上海古籍出版社）一书中首倡此说。刘先生依据李白《上安州裴长史书》自述而提出此说：

白本家金陵，世为右姓，遭沮渠蒙逊难，奔流咸秦，因官寓家，少长江汉。

刘开扬先生采纳王琦说认为“金陵”是“金城”之笔误，唐代金城在现今甘肃兰州一带。“本家金陵，世为右姓”指李暠以来，是金城郡的大姓。刘开扬先生以为，郭沫若先生以“咸秦”为“碎叶”之误，未免主观武断，“奔流咸秦”是指长安，唐人习称京师长安为“咸秦”，这样的例子有许多。因此，可以认定李白的先世曾由金城郡流徙到长安，而居家在此，李白既生于长安，就是长安人。接下来自述“少长江汉”，“江汉”当指蜀地，那是指李白 5 岁时从秦入蜀的事了。

4. 李白为“条支”人说

主张此说的有刘友竹和康怀远等人。他们都指出，李白出生在唐代的条支都督府，其地可能在现在阿富汗中部一带，治所就是过去的鹤悉那，也就是现在的加兹尼。

此说有三个根据：

第一，“李序”记载：李白的先祖“中叶非罪，谪居条支”，因而李白也应出生在条支；

第二，从李白自己的《江西送友人之罗浮》《赠崔咨议》《千里思》等诗中可以看出，李白在怀念自己的出生地条支；

第三，条支与唐中央政府关系比较密切，与内地交通尤为顺畅，李白一家从条支返回内地的可能性很大。

从上面各家所持的根据及论证可以总结得出，各家论说均有道理，但细细分析开来又感到或欠完善，或论据不充分，或主观臆断，或以猜测代替史实……总之不敢完全苟同。

李白可谓是我们中国古代最伟大的诗人之一，弄清楚他的身世，对理解李白的作品及其思想，是很有帮助的。但是，直到如今我们还依然搞不明白他的身世，实在是让人遗憾！“西域胡人”“混血儿”“李唐宗室”……学术界迄今尚未达成共识。

在《唐代文学论丛》第八辑上刊登有张书城先生《李白先世之谜》一文，该文在李白家世身世问题的研究上视角独特，张书城先生遍搜汉唐史籍中有关李氏家族发展的蛛丝马迹，最后考证出李白是西汉的李陵投靠匈奴后和单于女儿结婚后所生的后代，独辟蹊径，自创新说，认为：“李白属西汉李广、李陵、北固李贤、杨隋李穆一系。”综合张书城先生的论说细细考究，其理由如下：

第一，李白由于难言之痛，不得不隐瞒了一些自己的家世，不得已编造了一些自己的家世。因此，人们通常征引论说的五条原始资料前后不能一致：

李阳冰的《草堂集序》文；

范传正的《唐左拾遗翰林学士李公新墓碑》文；

李白《上安州裴长史书》自述；

李白《与韩荆州书》自述；李白《赠张相镐》诗。

这些史料有的是李白自述，有的是间接口授，按常理应该是一致无差的。

第二，李贤、李穆是真正的李白先祖。因为李白的“仕进”之心，因而隐瞒、编造了部分自己的家世，而他所要隐瞒家世的主要原因是“出自北狄李陵一系”这一点。在门阀之风大盛的魏晋南北朝以后，李白至死不敢讲明自己是李陵在匈奴、鲜卑族的后裔是完全可以被理解的。依照当时理解，李陵是飞将军李广的“不肖子孙”，是汉之民族的“民族败类”，是“投降分子”“叛徒”。那时的匈奴、鲜卑在当时中原汉人观念里，也是“非我族类”的，至少也是“互为外族”的！假如李白的远祖是苏武，那就不必隐瞒了。至于隐瞒李贤、李穆，则是因为李氏兄弟在生前宣称是李陵的后代。因此，李《序》和范《碑》捏造、虚构了李白是“凉武昭王暠九世孙”之说；李白于《上裴书》自述家世是请求帮助的自荐书；李白在《与韩书》自述家世也是为了自荐，不能说出真相，但是他在《赠张相镐》中则讲道：

本家陇西人，先为汉边将，功略盖天地，名飞青云上……

这才是李白的真心话。但是，尽管李白到了临终前还叹息“汉帝不忆李将军”，但还是把李陵大名避开了！范伟在《关于李白氏族的研究》一文中也抱同样看法，认为“白之祖先为李广”，李白是“汉之苗裔，胡之身躯”，是“中原”和“北地”的“混血儿”。

这些新说，从考史研究的旁征博引方面，我们不能不钦佩二位先生孜孜求是的精神和态度。只是有一点，目前学术界还没有因此认同张、范二位先生的观点，撰文商榷的学者大有人在，比如蒋志先生的《李白家世诸说平议》，对此说就提出了质疑。

李白是一位少见的大诗人，但他也是一位平常的人，并非是什么太白金星下凡，因此“惊姜之夕，长庚入梦”而生李白只不过是无聊客的天方夜谭罢了。是人就必有其父母，但让人至今遗憾的是，历史上关于李白父母的资料微乎其微，基本上没有。因此，古往今来，大诗人李白的父母，尤其是其父，是一个非常神秘的人物。

李白的父亲叫什么名字？早已散佚。范传正在《新墓碑》中这样讲：

> 父客，以逋其邑，遂以客为名。高卧云林，不求禄仕。

这也就是说，李白的父亲之所以名“客”，是因“以逋其邑”，“逋客”又是什么意思？有的人认为是“避世隐者”的意思。但是，陈寅恪先生在《李太白氏族之疑问》文中否定了范传正的观点，认为李白之父所以名客，是因为“西域之人其名字不通于华夏，因以胡客呼之”。

“逋客”就是“避世隐者”，在唐代诗文中却是能找到例子，比如耿的《赠韦山人》诗中讲道：

> 失意成逋客，终年独掩扉。

但是陈寅恪先生以李白父亲的名字证明其氏族为“西域胡人”的论证，却早就被认为是缺乏依据的论断。

那么，李白父亲的名字是否由于他为了“避世隐者”而得呢？这还涉及其他的问题。关于李客是什么人，迄今为止我们所见到的有三种说法：

5.“富商”说

陈寅恪先生在他的文章中最先提到李白的父亲是一个“胡商”。郭沫若先生在《李白与杜甫》一书中虽然不同意李白先世为“西域胡人”说，但也认定李客是一个商人，并且是富商。郭沫若先生说，李家的商业规模相当大，它在长江上游和中游分设有两个庄口，一方面把巴蜀的产物运销到吴楚；另一方面又把吴楚的产物运销到巴蜀。又说，李白名叫“李十二”，说明李白兄弟辈中，有一大家子人，由此可证明“李客肯定是一位富商，不然他不可能携带着那么多的人长途跋涉”。还说李白的家经营商业，这在李白的作品中也有痕迹可查。

麦朝枢、韩维禄等人也认为李白的父亲是商人。

6.“侠士”说

清代学者王琦的《李太白年谱》中有这样一条记载：

《杜诗补遗》曰：范传正《李白新墓碑》云，白本宗室子，厥先避仇，客居蜀之彰明。

安旗先生在他所著《李白纵横探》一书中依据上面的材料，断定李白的父亲是一位“侠士”。安旗先生还把此说法与李客在神龙初年逃归到蜀的有关问题联系在一起做了论证。安旗先生认为，李白为何从小就击剑任侠，为何多次歌颂侠客，都是因为神秘的李客“原来是一位以李为姓的侠客”！

7.“隐士”说

蒋志先生在他的文章里认为，“李白出身寒微，其父是陶渊明式的隐士”。

蒋志先生说，虽然李白祖上在西域已居住了几代，但华夏的文化传统并没有丢弃，李白的父亲是一个文化修养较高的隐士。其于神龙初潜还广汉，“因家于绵”“高卧云林，不求禄仕”所体现出的“放形”风格，并不是“任侠”，而是不计名利，纵情于山水之间。李白的父亲在隐居中对孩子的教育也倾注了全部心血，从后来李白的自述中可以看出，李客是一位道德高洁、学识渊博，对子女教育非常严格的隐士。

查阅史料不难发现，李白去世以后，他的子孙们相当清贫，由此我们说李客是一位“富商”难以让人信服。说李客是位“侠士”，论据又显不足，安旗先生依据的材料也只是《李太白年谱》的释文，并不是原始资料，原文应该是：

神龙初，潜还广汉，因侨为郡人。父客，以逋其邑，遂以客为名。高卧云林，不求禄仕。

由此可见，“厥先避仇”是后人加上去的，至于说李客“任侠杀人”而逃避就更是子虚乌有了。另外，凭李白年轻时击剑好侠，到后来又多以写侠士为创作题材，从而认定李客是一位“侠客”，亦可以说有些牵强附会。事实上，说李客是一位“隐士”，也有很多处矛盾不能解释。比如李阳冰为什么要用“逃归于蜀”来说明李客的返回？

因此，我们认为想要弄清李客的真实身份，还须查阅有关历史材料，先解决那些记述差异的问题才可以；否则，就算是同样材料，也永远达不成共识。

神龙初年，李客举家入蜀，对于这一点，李阳冰在《草堂集序》讲道：

神龙之始，逃归于蜀，复指李树而生伯阳。

范传正的《新墓碑》中也讲：

神龙初，潜还广汉，因侨为郡人。父客，以逋其邑，遂以客为名。高卧云林，不求禄仕。

那么，在这里又出现问题，李客为什么“逃归于蜀”？为什么要“逋其邑”？

安旗先生在他的《李白纵横探》一书中，依据李客并非“正大光明回到故乡”，而是“逃归”“潜还”，并且跑到偏僻的大巴山里，因此安旗先生断定李客是由于“任侠杀人”而“避仇”。

张书城先生也曾撰文指出李白是汉将李陵的后代，他还对李白蜀地的族人进行了钩沉排比。

蒋志先生也不同意把范传正的《新墓碑》中“逋其邑”的“逋”译为“逃亡”。结合前一个“逋”后一个“客”，蒋先生认为李客是一位逃避现实的隐者。所以，李客全家从西域迁到四川，是为了寄情于青山碧水，过一种隐居者的生活。

以上三种说法均不无道理，但因其所说而最后定论似乎又显不妥。事实上，李客为什么要全家“逃归于蜀”，原因是十分明了的。李白的先世，由于某种特定的社会原因，最后流亡到了西域。当时西域的经济、文化都比较发达，因而他们能够在西域定居下来。但是到了唐代长安、神龙年间，碎叶一度被突厥所占领，当时局势很动荡，而中原地区恰好又适逢唐朝强盛时代。在这种情况下，李客自然想到了举家迁回内地。

四、父授宝剑

1. 姚元之为相

刚刚登上大唐天子宝座的李隆基，按照古代的礼制：“季冬之月，天子乃教田猎，以习五戎。”于是在骊山脚下，渭水之滨，举行了一次大规模的田猎。

四匹骏马驾着一辆玉辂，奔出了长安东门，沿着渭水岸边，来到骊山脚下。一路上，銮铃叮当，佩缨招摇，十分壮观。华盖下面，年轻的皇帝，手持倚天长剑，臂挽落月长弓，神采飞扬，雄姿焕发。在雄壮的《秦王破阵乐》曲声中，他巡视了猎场，检阅了六军，然后登上骊山，亲自指挥了这场大狩猎。

咚咚的战鼓，声震四野。红红的篝火，映红千山万野。闪光的戈矛，好似严霜遍地。五色的彩旗，如同云霞蔽日。到处张起天罗地网，满山遍野布下了千军万马。六军将士严阵以待，好似亲临一场真正的战争。

皇上一声“合围”令下，六军将士个个奋勇向前，人人争先恐后，追得飞禽走兽四处乱窜，上天无路，入地无门。顿时，刀枪并举，弓箭齐发，鹰犬四出，人兽相搏。一时间，好像江河在波涌、山岳在生风，好像河神山灵都在为打猎助威。骊山之下，渭水之滨，野兽的鲜血好像河水在流淌，飞禽的羽毛似同雪花在飞舞。最后捕获的禽兽堆积如山，使太阳也大惊失色，使明月也闻风丧胆。于是，六军将士欢呼“万岁”的声音，像一阵阵春雷掠过大地。

就在这次大规模的田猎之中，正在讲武习戎的皇帝再次召见了他早就注意的姚元之。

年届六十的姚元之从 300 里外的同州贬所匆匆赶来，还没来得及休息，马上又随驾狩猎。在大猎中，皇帝注意到这位前朝老臣不但老而不衰，而且驰骋自如，不减当年。当天晚上，李隆基驻扎新丰驿，向姚元之咨询治国大事。姚元之成竹在胸、对答如流，听得年轻的皇帝忘记了疲乏，直到夜深。最后，李隆基一把拉住老臣子的手说：“朕想励精图治，你立刻给我当宰相吧！辅佐朕治理好国家。”但是姚元之并没有马上跪地谢恩，却说道：“陛下雄才大略，臣知之已久矣！但臣下有十事启奏陛下，若不可行，臣不敢为相。”皇帝不假思索地说：“姚爱卿只管大胆奏来。”姚元之就讲了下面十大条款：

“武后执政以来，实行严刑峻法，使人动辄获罪。臣请以仁恕以先，可以吗？

“朝廷出征吐蕃，兵败青海，国力耗损，莫此为甚。臣请勿幸边功，可以吗？

“亲近佞臣，触犯刑法，皆得逍遥法外。臣请法当行自近，可以吗？

“亘古以来，宦官祸患，不绝于书。臣请内侍不得参与朝政，可以吗？

“皇亲国戚贡献山珍海味、奇玩异宝，都是自媚求宠；近来公卿方镇亦渐效尤，均系民脂民膏。臣奏请除租赋外，禁绝一切贡献，可以吗？

“公主外戚更相用事，使朝纲紊乱。臣请外戚之属不任台省要职，可以吗？

“前朝亵狎大臣，有违君臣之严。臣请以礼接之，可以吗？

“京兆处士韦月将上书，奏武三思潜通宫掖，必为逆乱。本为忠言，不幸被斩。自此以后，遂绝言路。臣请群臣皆得批逆鳞，犯忌讳，可以吗？

“东西两京滥修道观佛寺，劳民伤财。臣请禁绝一切佛道营造，可以吗？

“吕禄、王莽等人危害国家，汉室几亡。臣请以此鉴戒为万代法，可以吗？”

姚元之每当讲完一件事，皇帝马上都回答道：“可以。”最后又坚定地说：“姚爱卿所奏，朕皆能办得到。”于是姚元之顿首谢恩。

第二天早朝，李隆基就向满朝文武官员宣布任命姚元之为宰相，同时又向众文武大臣表示了自己励精图治的决心，并把年号改为开元。

2. 亲人厚望

“开元之治”似一轮红日从东方冉冉升腾起来。金色的光芒照耀着中华大地的三山五岳，照耀着大唐王朝的每一个角落，就连偏僻的剑南道绵州昌明县青莲乡也处在一片光芒之中。

昌明县是一个四面环山的小盆地，它的西北诸峰，林壑奇美，其中望去蔚然而深秀者的就是匡山。发源于岷山的涪江，由北向南，从东边环抱着青莲乡；它的支流盘江，则从西边环抱着青莲乡。青莲乡就在这山环水抱的平原的中心。

时间像涪江的流水一样长流不止，一去就永不复返。转眼 5 年的时间逝去了。李白此时已经 15 岁了，个头儿差不多有他爹爹那么高了。这五个春夏秋冬中，李白除了应该的休息外，就是发奋读书。“诵六甲”“观百家”，饱览古今典籍，并且不断地写诗作赋。一篇《大猎赋》谈古论今，很有创见，因之成了附近城乡小有名气的小小神童。

“六月六，晒衣服。”一天，李白手脚麻利地帮助母亲白氏收拾东西，在零乱的衣物中无意发现了一口宝剑。剑柄上带有红色丝穗。剑鞘中还刻有缕金的护云与腾龙的花纹。李白如同发现了奇珍一样，拿起来把玩。他拔剑出鞘，只见剑刃森森，寒光闪闪，能够显现出人影。白氏见了急忙说：“你不要乱动，小心划伤了哪里！”

“这是咱们家的吗？”李白问。

“是的！”旁边的李客回答，“这是咱祖传的传家之宝，是我们远祖飞将军李广曾经使用过的佩剑，可算是一件稀世奇珍的无价之宝啊！”

“啊！”李白双眼发亮，惊喜地说，“这么珍贵的传家之宝，我过去怎么连听都没有听说过呢？”

“现在告诉你也不迟。”李客随手理了理胸前的三绺青须，神采飞扬地给李白讲了起来，“我们的远祖李广，人称飞将军，身上佩的就是这柄龙泉宝剑。他曾经出征凶悍的匈奴，捍卫了我国的北国疆域，自己也成了一员名将而永垂青史。”

李白早就听父亲讲过许多关于远祖李广的战斗故事，其中尤为精彩难忘的就是“射虎”。现在回忆起来依然还是那么清晰而难以忘怀：在一个月黑风高的夜晚，汉军乘胜追击进犯的匈奴兵而深入到漠北草原。经过长途行军和连续激战后汉军在一个森林边安营扎寨。士兵们由于太疲劳了都已睡着，只有值更的刁斗声不时地传来。作为一军统帅的李广却没有入睡，佩剑背弓地来回巡视营地，怕的是哨兵失职入眠，倘若匈奴兵突然劫寨就会招致大败。李广在漆黑的夜色中小心地走着。一阵狂风之后，突然一只猛虎当道而立，还发出了虎啸声。李广毫不畏惧地取弓搭箭，用力朝猛虎射去。猛虎中箭后没有了声响，李广以为它带箭逃走了，便回到中军帐中安歇。第二天天亮后，这才发现昨天夜里李广射中的并不是真虎，而是一块虎形的大石头。昨晚射出的铁箭深嵌在巨石中，竟然拔不出来了。将士们听说这事后，无不敬佩和惊叹主帅的神勇。这也就是中唐诗人卢纶根据《汉书·李广传》记载所吟咏的名诗："林暗草惊风，将军夜引弓。平明寻白羽，没在石棱中。"想到此，李白实在敬佩远祖英雄，与此同时，他也萌发了学剑的想法，马上说道："爹爹，你把此剑传给孩儿吧！"

李客惊诧地说："你要它作什么？这是兵器，锋利无比，可不是什么玩具，弄不好，会伤人惹祸的。"

"孩儿我想效法先祖，好好学习武艺，将来可以报效国家。"

"你不是爱舞文弄墨吟诗写赋吗？怎么又想要学剑练武了。"

"孩儿既要习文，又要学武，做一个文武双全的人。"

"这——"李客用手捋着胡须陷入了沉思。他认为儿子文武双全的志向很好。可龙泉剑毕竟是个传家之宝，李家已传了十几代人了。自己视如生命，怎么能随便拿出来，交给一个小孩子呢？儿子今年毕竟才 15 岁，太小了，像只小鸟一样，翅膀还没长全，传给他后一旦有什么闪失，可怎么办呢？

李白好像猜透了爹爹的心事，于是说道："爹爹是不是嫌孩儿我年纪尚小，今天传给孩儿还为时过早？"

李客点了点头回答道："是呀，你是我们李家门中千顷地里的独苗，这剑不传给你还传给谁人？早晚是要传给你的，只是现在还不到时候。你才 15 岁，还挑不起千斤重担。"

李白力争道："古人说得好，有志不在年高，无志空度百岁。秦甘罗 12 岁就当了宰相，我都已经 15 岁了，难道连一把祖传的宝剑都保管和使用不好吗？爹爹你可不要把人看扁了啊！孩儿我立有宏图大志，决心效法贤相管仲和诸葛孔明，将来救济百姓，安定社稷，要为国为民做出一番伟大事业，以便和远祖李广一样名垂青史呀！"

"嗯。"李客被儿子的豪言壮语所感动，再次捋着胡须陷入了沉思。母亲听明白了爷儿俩刚才的言语，这时在一旁插嘴道："白儿他爹呀，我看白儿少年老成，向来有远大志向，你就把龙泉剑早一点传给他算了！"

“好！”李客经过再三考虑，最后，还是终于点头答应了。

“谢谢爹爹！”李白心花怒放，忘了手上的活儿，高兴得跳了起来，马上就要把宝剑拿回自己房里去仔细把玩。

“慢！”李客用手势阻止。

“怎么？”李白疑惑地说，“爹爹你刚刚明明已经答应了，怎么又反悔了？”

“不！此剑非同儿戏，为父必须选择一个黄道吉日，在祖宗面前，正式地传授给你！”

“要得，要得！”母亲白氏夫唱妇随地表示了赞同。

当天晚上，李客看了卦书，选定 3 天后的一个黄道吉日传剑于李白。

朗朗的早晨，五彩缤纷的朝霞给院坝披上了一层绚丽的晨装。堂屋当中，李客在“李氏堂上历代祖先之神位”的神牌前焚香点烛，极其肃穆庄重。随后李白向祖宗牌位行了三跪九叩的大礼，然后把双手举过头顶，从父亲手里接过龙泉宝剑，宣誓似的大声说道：“李广远祖和历代李氏祖先在上，十五代孙李白接过龙泉宝剑这传家之宝，一定谨记学而时习之，文武共进，长大成人之后，一定要惩恶扬善，报效祖国，光宗耀祖，流芳百世。”

开元三年（公元 715 年），青莲乡里来了一位远方客人，打听一个叫李客的人。人们告诉他：“就是那位从西域归来的富商吗？就是那个高卧云林不求禄仕的隐士吗？江边上的那个大宅院就是他的家。”

客人进得门来，主人带着满怀惊喜，大声“啊”了一声，便把他领入了内室，然后又小心翼翼地把门窗关好，然后两人促膝密谈了好久。最后，客人说：“现在一切都过去了，你也可以出头露面了。”主人却叹息说：“如今我已是年近半百，还出去做什么呢？就让人们永远把我当作西域回来的商人吧。”客人听罢深为惋惜地说：“吾兄文能经邦，武能定国，却终老于阡陌之间，未免太可惜！”

正在此时，隔壁忽然传来一个少年的吟书声：“北冥有鱼，其名为鲲。鲲之大不知其几千里也。化而为鸟，其名为鹏。鹏之背不知其几千里也。怒而飞，其翼若垂天之云……”原来这是《庄子·逍遥游》。读书声不但清晰流畅，而且高下错落有致，疾徐合节，读来有滋有味。显然是读书的少年已完全沉浸在他所读的文章境界中。

“这是什么人？是你儿子吗？今年多大了？”

"正是我那孩子，已经十五了。"

"从这读书声里听出来，这孩子肯定很好学。"

"好学倒是很好学，并且已经写出了几百首诗文。他 5 岁启蒙识字，10 岁就读完了《诗》《书》，从此之后便再不肯学习儒家经典了，只是喜爱杂学旁道。《楚辞》《庄子》，他百读不厌，但是对举业却一窍不通，而且也从来不想什么举业。"李客一边说，一边从桌子边取了一本诗文稿递给客人。

来客随手翻阅了一首《雨后望月》，于是情不自禁地吟出声来：

四郊阴霭散，开户半蟾生。
万里舒霜合，一条江练横。
出时山眼白，高后海心明。
为惜如团扇，长吟到五更。

读后连连点头，赞叹道："可谓短羽褵，已有凤雏态。"又随手翻到另一篇《拟恨赋》，又情不自禁地吟了其中的两节：

若乃项王虎斗，白日争辉。拔山力尽，盖世心违。闻楚歌之四合，知汉卒之重围。帐中剑舞，泣挫雄威。骓兮不逝，喑恶何归？

昔者屈原既放，迁于湘流。心死旧楚，魂飞长楸。听江风之袅袅，闻岭狖之啾啾。永埋骨于渌水，怨怀王之不收。

不等读罢，就称赞道："不亚江淹原作！"接着又说道，"小小年纪便有这等才华，何愁日后不能高中？将来肯定很有出息，老兄，放心吧。"

李客却长叹了一口气："唉！前途未卜啊，偏偏他就是不肯走科举这条路。他对我说'帖经'全靠死记硬背，算不上真学问；'试帖诗'约束人的性情，难有佳作。因此，'进士'一科，尽管别人趋之若骛，他却不屑一顾。'明经''有道'等科，就更不放在眼里了。"

正在此时，忽然又听得院中呼呼风起。客人正奇怪："刚才还是红日当空，怎么忽然就变天了？"李客却笑了一下，走到窗前，打开了窗子。客人站起身来，来到窗前，从窗口看出去，原来是一个英俊少年，正在院墙根下几丛竹子附近，练习剑术。只见他齐眉系着一块大红抹额，身着一件葱绿箭袖，足踏一双轻便布靴。此少年面如秋月，眉宇高朗，尤其是一双大眼睛，尽管隔着十来丈远，也让人感到闪烁有光。其身段之矫健，犹如游龙戏海；动作之敏捷，恰似天马行空。剑术虽不高明，但一招一式，却是气势非凡；功力虽欠火候，一招一式却是十分分明。

来客高兴地拍了拍主人的肩头说："有子如此，阁下此生可以无憾了！"李客却道："我正替这孩子发愁哩！"说罢又将窗户关上，转身拉客人重新落座，低声说道，"我自从隐居此乡，剑术久废。去年整理旧物之时，忽见我家祖传的'龙泉'，不觉技痒。但也只敢在月明之夜，人静之时，舞上一回。不料被这孩子看到，便来纠缠不已。我起初不理会，谁料他却躲在那片竹林中暗地里偷偷地看，最后跟我学了几招。近年又读了《史记·游侠列传》，一说起聂政、专诸、朱家、郭解，就钦佩得不得了。你说，我怎能不替他发愁？我怕他给我惹是生非啊！"客人乐道："所以你说他是孽根祸胎！"接着又说，"如今开元天子，大开贤路，求贤若渴。这孩子既然能文能武，如果晓之以道理，广之以见闻，何愁不走正路？说不准将来是出将入相、栋梁之材哩！"李客一听大喜，便紧握客人的手说："那你来得正是时候！贤弟久跑四外，见识多，不似我蜗居僻乡，孤陋寡闻，正好帮我管教管教这孩子，你就在此多住些日子吧。"说罢，便推开窗户向院中喊道："李白，李白，快过来！"

远方来客在青莲乡待了一个月，李白几乎每天形影不离，紧随左右。他既不带他心爱的猎狗上匡山追逐野鸡，也不邀他的朋友到涪江边去射大雁，更不到盘江去游泳和摸鱼——这一切他平日最喜欢的活动，在这个月当中，几乎完全放弃了。远方来客山南海北的所见所闻，尤其是开元天子大猎渭滨的盛况、励精图治的雄心，更加使李白的心仿佛长上了翅膀，飞到千万里以外去了。分明是一堵普通的墙壁，上面只不过长了一些苔藓，他却可以望着它待上半天，而且仿佛看到了京城长安，看到了东都洛阳，甚至可以看见天子坐在金銮殿上频频向他遥遥招手。在万籁俱寂的山乡之夜，他却能听到《秦王破阵乐》，听到了六军欢呼声，甚至听见千万里之外有人在召唤他。

就在远方来客离开青莲乡的前夕，连续几天不见人影的李白，忽然把一篇洋洋洒洒有千余言的《大猎赋》呈现在他面前。

客人连读了三遍，不由得把当中的一些地方圈点起来。比如：

君王于是撞鸿钟，发銮音。出风阙，开宸襟。驾玉辂之飞龙，历神州之层岑。游五柞兮瞰三危，挟细柳兮过上林。攒高牙以总总兮，驻华盖之森森。于是擢倚天之剑，弯落月之弓。昆仑叱兮可倒，宇宙噫兮增雄。河汉为之却流，川岳为之生风。羽旌扬兮九天绛，猎火燃兮千山红。

再比如：

所以喷血流川，飞毛洒雪。状若乎高天雨兽，上坠于大荒；又似乎积禽为山，下崩于林穴。阳乌沮色于朝日，阴兔丧精于明月。思腾装上猎于太清，所恨穹昊于路绝。而忽也莫不海宴天空，万方来同。虽秦皇与汉武兮，复何是以争雄？

圈点完毕，交给李客，口中连连称赞道：“奇才！奇才！真是奇才！他只不过是听我讲了一遍，竟然就如目睹的一样，这或许就是刘彦和所讲的‘神思’之功力吧？”李客看完，尽管口头上说：“没有什么大不了的，只不过从扬雄、司马相如辞赋中胎脱而来。”但心里却也不能不赞叹：“想象之丰富、辞采之纵横，竟欲驾驭扬马而上！”

最后，在涪江边上，宾主话别时，客人特地叮咛李客说：“令郎非池中之物。”李客也不否认：“青莲乡对于他是太狭小了！”

李客向儿子宣布了一个决定：“白儿，你近年来学业有所长进，龙王庙学堂的杨老师再也无法满足你的学业，为父知道县西匡山大明寺有个广慧禅师，广慧禅师文武双全，乃一代高僧。你可去拜禅师为师，做个俗家弟子，习文练武，希望能名师出高徒！”

“多谢爹爹！”李白对广慧禅师的大名早有耳闻，早就想去登门求教，每次提出匡山之行时，都让爹爹以年纪尚小，不要好高骛远为由给劝阻了。今天居然如愿以偿，兴奋得有些心花怒放，忘乎所以。

吃早饭的时候，母亲白氏为儿子的即将出门求学而担心，便向李客提出异议：“他爹，白儿从小在家，从没有离开过，有着你我的关心、爱护，饮食起居不用他操心，现在要去几十里外的大明寺求学，就如同离巢的燕儿，谁能细心地照料他哩？依我之见，还是再等一两年可以不？”

李白一听就急了，担心爹爹顺从了妈妈的意思，急忙抢话说道：“妈妈，孩儿我已经 15 岁了，已不是个贪玩的孩子了，不趁早出去经历点风雨，见识见识，老在您老人家的羽翼下享受这种饭来张口衣来伸手的安逸生活，那怎么可以呢？宝剑锋从磨砺出，梅花香自苦寒来。无论何人，都要经过一番磨炼才会有所作为。温室之花，是经不起风吹雨打的呀！”

“壮哉！壮哉！”李客连声称道，“吾儿言之有理。他妈，你就不要担心了。你快给他准备一些必需的盘缠，再选择个黄道吉日，我要亲自送他到大明寺去拜师！”

“那——”母亲白氏迟疑了一下，只好点头答应了。

“谢过爹爹，谢过妈妈！”李白分别向父母二人行礼，眼前呈现了一片广阔的天地。他觉得自己如一只将要离巢单飞的鸟儿一样，心情格外激动，以致于口里的饭菜都失去了原有的滋味。早饭吃罢，他就一个人在后院竹林下无师自通地摆弄起龙泉宝剑来。他左劈右砍、前击后挡，虽然不十分得要领，但练得很有滋味，衣衫湿透了也不觉乏累。

3. 出乡求学

5 天后是一个出行的吉日。天高气爽，万里晴空。田野里，水稻蹿得有一尺多高了。苞谷都挂上了红缨。黄豆、芝麻等都是一片丰收在望的景象。

早饭过后，李白在堂屋中拜祭了祖先牌位，然后又拜别了妈妈和老田叔，便和爹爹一道，各骑一匹白马，出门向西边的大路走去。已经走出了很远很远，李白发现妈妈还站在门前遥望着，便大声喊道：“妈妈，你放心吧！我会常回来看您老人家的！”

父子俩乘渡船过了涪江后就策马前行。马蹄嘚嘚地腾起了一路尘雾。走过了平坝进入了山区。太阳偏西时，便听见了阵阵悠扬的钟声，看见了凌空而立的七层古塔——大明寺已经很近了。

山门前，父子俩滚鞍下马，手牵着马，顺着 800 级石级攀登而上。

大明寺乃是晋代建立的古寺，已有几百年的历史。它坐落在匡山腹地，周围满是松林环绕，溪水蜿蜒，时有兽鸣鸟啼，环境十分幽雅。寺院建筑飞檐斗拱，气势恢宏。大雄宝殿上的三尊佛像高坐莲台，长达丈余。两廊的降龙、伏虎等十八罗汉造型尤为逼真，各具姿态，使善男信女们赞叹不已，顶礼膜拜。

寺内有大小僧众 100 余人。住持广慧，年过七旬，白发苍苍，但满脸红润，精神抖擞，耳聪目明，予人以鹤发童颜、仙风道骨之感。

住持室内，广慧禅师身披大红袈裟、项挂佛珠微笑着接待了李家父子。小沙弥献上香茗后退下，广慧双手合十说道："阿弥陀佛，居士冒着酷暑不辞辛苦登临小寺是为了烧香拜佛还是为了避暑消夏？"

李客拿出红绸包裹的一包纹银放在茶几上笑道："在下李客经商繁忙，无事不登三宝殿，素闻禅师德高望重，文武全才，今日特带领小儿前来拜师，作为禅师的俗家弟子。五百两纹银作为香火之资，敬请禅师笑纳。"

广慧把李白仔细打量了一番，只见他长圆脸大眼睛、唇红齿白、胖瘦合度、相貌堂堂，一表人才，广慧禅师马上就有了几分喜欢，立即说道："县城人才济济，居士又为何让令郎来此深山古寺舍近求远，岂不是诸多不便？"

李客回答："俗话说，名师出高徒。小儿虽说年仅 15 岁，但是他却长志不俗，希望能得到大师指点。久闻禅师文武双全，一心想登门请教。"

"这——"广慧摸了摸长须笑而不语。

"师父，你就收下我这个俗家弟子吧！"李白鞠躬作揖道，"您是名师，我就要做个高徒。倘若中途您发现我孺子不可教，随时可以把我辞退，弟子无怨无悔。"

"妙哉！妙哉！"广慧转动着脖子上挂的佛珠含笑说道，"我们佛家讲究的是一个'缘'字。令郎满面英气，求知若渴，将来必是一个经邦济世之才，孺子可教矣！老衲我就收下这个俗家弟子了！"

李客心中大喜，急忙吩咐儿子："快！大礼参拜禅师！"

"师父在上，请受弟子大礼一拜！"

"阿弥陀佛！吾徒快请起！吾徒快快请起！"广慧禅师非常高兴地伸手扶起李白，开始了师徒之谊。李客在寺院住了 3 天后，独自归家去了。自此李白就一个人住在大明寺的僧房中，成了个俗家弟子。广慧禅师为他取了个别名叫青莲居士。每天，他同师父早晚习剑，上下午学习文化，文武并进。

路遥知马力，日久见人心。随着时间的流逝，广慧禅师发现李白天资聪慧，并且好学不倦，就从心底里喜欢上了这个俗家弟子。他除了教授李白剑技和学术外，还偶尔与李白谈一些佛经禅理。李白坚持"捡到篮子里都是菜"的信条，只要是知识他都认真学，并做到了"学而时习之"，所以，这为他日后的寻仙出世在脑海深处扎下了根。

每天拂晓，熹微的晨光刚刚照耀七层寺塔的塔顶，悠扬的钟声就“咣——咣——咣——”地敲响了。寺里众僧像往常一样在广慧禅师的率领下聚集在大雄宝殿的如来佛像前，手敲法器跪拜如仪地诵念佛经。就在此时，李白则独自一人手持龙泉宝剑在山门前的小平台上练习剑术。他左旋右转，上击下卫，前扑后跃，越练越快，到后来只见团团白光闪耀，而不见人影。滚热的汗珠像珠子样不停地滚落着；不要说是炎炎夏日，就是数九隆冬，冰天雪地，李白也会练习到挥汗如雨为止。

每到夜晚，在皎洁的月光下或是如磐的夜色中，随着“咚——咚——咚——”的暮鼓声声敲响，李白就放下桌上的书本，一人持剑来到寺后的一棵古松下进行练习。广慧禅师在做完夜课后，一定会来这里给他悉心指点一番，并不时地用龙泉剑来亲自示范。师徒俩，一个教得仔细，一个学得刻苦。时间就这样在不知不觉中到了二更或三更。而且，在广慧禅师走了之后，李白还余兴未尽，又练了很久才去休息。

功夫不负有心人。随着夏去秋来冬至春回，李白的剑术很有长进。他同寺里学剑的和尚对击，经常很难找到对手。开始时是一对一地拼杀，以后渐渐达到一对二甚至一对多，几乎都是李白获胜。广慧禅师看到李白如此长进，越发对他喜爱有加了。

李白生性喜欢游玩，他利用空闲时间几乎游遍了大匡山的群山众岭；并且趁师父去峨眉山云游的机会还到了更西面的戴天山长春观，拜会久闻大名的老道长长春真人。长春真人见李白求知若渴，便和他进行了彻夜长谈，教授了道家始祖老子的《道德经》等道家典籍，还教给他一些采药炼丹、强身固本的本事。就在长春观里，他结识了在观里修身炼道的两个道家朋友：吴筠和元丹丘。这两个人对李白后来人生的成长和长安之行，起到了很大的作用。

李白从长春观回到大明寺后，脑海里又深深地刻下了道家思想。其原因之一就是因为道家的创始人李耳，不但是李白的同姓人，而且亦是李唐王朝的同姓人。道教在当时被统治者尊奉为国教，李耳同时也被封为太上玄元皇帝，当然，这一切也与李姓皇帝的特别推崇相关。

两年后的初春，李白 17 岁了，他又去了一次长春观想拜访长春真人，事不凑巧，长春真人外出云游了。于此，他怅然若失地写了一首《访戴天山道士不遇》的五言律诗：

犬吠水声中，桃花带露浓。
树深时见鹿，溪午不闻钟。
野竹分青霭，飞泉挂碧峰。
无人知所去，愁倚两三松。

这首诗是现存李白诗集中写作时间最早的一首诗。他把此诗呈给师父指教，广慧禅师读后说："此诗意境空灵，描绘了一幅深山的野景，形象逼真鲜明。以一斑可以窥见全豹。良好的开端就是成功的一半。孺子大有诗才也。"

李白受到了很大鼓舞，当即有些面红地回答道："弟子乃绒毛鸭子初下河，各方面都还很稚嫩、很不成熟，请教师父，要想写出好诗，有何窍门可遵循？"

广慧想了想道："阿弥陀佛，为师就赠与你十二个大字'读万卷书，行万里路，拜万人师'！书读多了，从古人典籍中就能够触类旁通；路走得远，才能体察社会和民风、民情，不断地取得诗的大量素材；拜万人为师，才能兼收并蓄。"

"谨记师命！弟子一定铭刻在心，身体力行之！"李白在此期间除偶尔归家省亲外，还就近游历了江油关，凭吊了以死谏夫的三国时蜀国的江油太守马邈妻李氏夫人墓，还仔细观察邓艾偷渡的阴平小道。较远处，他到了西蜀北大门，号称"剑阁天下雄"的剑门关。凝视着千丈峭壁，一夫当关、万夫莫开的天险，李白长叹不已，为他后来写作名诗《蜀道难》准备了素材。

开元六年（公元 718 年）的春天，此时 18 岁的李白，又出游了梓州。梓州位于绵州的东南方，从涪江坐船，顺流而下，不到一日，即可到达。梓州并没有什么通都大邑，也没有什么名山胜迹，吸引李白来出游的，只是一个叫赵蕤的人。

赵蕤，字太宾，居住在梓州郪县城外的长平山上，人们称他为"赵处士"。他年少时是一个胸怀大志的人，志在经邦济世，曾经游览过许许多多地方，还曾多次到东都洛阳去应试。但屡试不第，后来便隐卧山中，以著书立说自娱。最近，刚刚完成了他的专谈王霸之作的《长短经》一书。开元以来，虽然地方极力推荐，朝廷不断征召，但他却已年过半百，而且长期以来习惯了闲散自在的生活，也就不想出去做什么官了。于是人们便改呼他为“赵征君”。

李白拜见赵蕤之后，才发现这位老师不仅仅学贯古今，而且还好剑术，生活也极有情趣。在他的山中居室小院里，养着几乎上千只各具特色的鸟。不但有会传递信息的鸽子，能说会道的鹦鹉，会唱歌的画眉，会戏水的鸳鸯，会打架的鹌鹑……而且他还圈养了几十只白羽、素冠、赤足、长尾的白鹇，并且给每一只动物都取了名字。他一叫谁的名字，谁马上就飞到他掌上来吃食。赵蕤的知识非常渊博，不仅历代人物故事谈起来滔滔不绝；而且天文地理、三教九流，以至于麻衣神相，他也无所不晓。李白对这位学识渊博的老师佩服得五体投地，打心眼里为之叹服。赵蕤也对这个负有不羁之才的弟子十分赏识。赵蕤给李白悉心教授《长短经》，而李白同时也成了赵蕤驯养奇禽的有力助手。更兼闲时击剑为戏，心中郁闷不快时饮酒开怀，师徒二人竟成了忘年之谊。

赵蕤的《长短经》共著有 63 篇，合为十卷。上自“君德”“臣行”“王霸”，下至“是非”“通变”“相术”，旁及“出军”“练士”“教战”……都是广博采自诸子百家，参以历代史实，针对近世弊政而写，可以说既是治平之道，同时又是立身之术，融二者于一体。虽然其中并无平步青云的诀窍，但李白从中着实学到不少辞章以外的东西。赵蕤的教学方法也和一般学堂不一样，他不是照本宣科，呆板地让学生死记硬背、生吞活剥，而是师徒共同商讨。每日里师徒二人，纵谈古今盛衰治乱之故事，评论历代杰出人物。比如辅佐齐桓公九合诸侯，一匡天下的管仲；使于四方，而不辱使命的晏婴；运筹帷幄之中，决胜千里之外的良相张良；高卧隆中，三顾始出，鞠躬尽瘁，死而后已的诸葛亮；以合纵之策，游说各国，终佩六国相印的苏秦；善于设奇谋诡计，为世人排难解纷，而义不受赏的鲁仲连……这一切都是他们师徒二人共同仰慕、经常称赞的人物。一年过去了，这些人的名字和事迹深深印在了李白心中，使李白心中越发有了非凡的理想和盖世的雄心。

如何才能实现自己雄心和抱负呢？赵蕤又用自身失败的教训现身说法。他对众人趋之若骛的科举考试，嗤之为“赚人术”。他说：“时人都推崇科举考试，谓之‘白衣公卿’。意思就是，凡是进士出身的人，便有位至公卿的远大前程。其实即使考上了也并非如此，而考进士之困难，更是一言难尽。你或许听说过‘三十老明经，五十少进士’的话吧？30 岁考上明经就算已经老了，50 岁考上进士还算是小孩子呢！多少倜傥之才，变通之术，苏、张之辩才，荆、聂之胆识，子房之运筹，弘羊之书算，方朔之机智多谋……都为了考进士而把自己束缚起来，兢兢业业，循规蹈矩，有如一个大闺女一样，最后老死在考场之中了却此生。为此曾有人编了这样两句话：‘太宗皇帝真长策，赚得英雄尽白头。’你说这考进士是不是‘赚人术’？我年轻时就是上了科举的当，耽误了一生。”

先生这一席话听得李白连连道“是”，就越发坚定了他不走科举一途的决心，于是便向老师请教科举以外的其他道路。赵蕤说道：“如今开元天子广开才路，下诏命令五品以上官吏都可直接向朝廷荐举贤才。一旦遇到伯乐，便是你大展宏图之期。另外还有制举，制举者，天子待非常之才也。一旦名闻京师，便是你平步青云之日。至于如何赢得荐举和制举呢……”不待老师说毕，李白便高声答道：“读万卷书，行万里路。”于是师徒二人会心地开怀大笑起来，便又痛饮一番。

李白在离开梓州郪县长平山那天夜里，做了一个梦。梦见自己变成了一只大鹏，展开遮天蔽日的翅膀，飞向无边无际的天空。

五、初入社会

少年李白的诗名大振，在昌明县中成了一个小有名气的才子。昌明县令崔敬昌，与李白相比仅大了几岁，少年登科，自称儒雅，春风得意。一天，派手下到李白家中聘请李白做县衙书吏。李白原不打算去，母亲白氏也不愿让刚刚归家的儿子又离开家。于是李客自拿主意说：“按理讲，我家不缺那点俸银。可是如今白儿已经长大了，翅膀也开始长硬了，应该到社会上去闯荡闯荡了。”

李白最后遵从父命来到县衙里做了名书吏。日常工作也就是一些“等因奉此”的抄抄写写，闲了也免不了练练剑习习文。县衙距家并不算太远，李白早上去县衙晚上归家，以便对父母有个照顾，农忙之时，还不时到田间去和老田叔一起耕作。

有一天农忙犁田，李家一头牛忙不过来。李白清早到熟人那里借来一头水牛，牵着从县衙门口经过，水牛挺着个如鼓似的大肚子，你急它不急地踏着悠闲的步子缓缓而行。“驾！”李白吆喝了一声，催促水牛快快走。恰在此时，浓妆打扮的县令夫人贾氏刚好从红漆大门的县衙内出来乘凉。她看到李白像个农夫一样土里土气，便觉得有辱县衙的高洁，就大声地责问道："李白，你站着！你看你那样子成何体统？"

李白一时呆了，不知道她所讲的什么事，便停下来反问一句道："夫人所指何事？"

"你一个堂堂县吏竟然两腿黄泥牵着牛过街，成何体统，简直是有辱斯文，有辱县尊！"

"啊，原来这样！"李白心里想道，我华夏自古以农立国，牛可是农民的宝贝。我牵条牛过街竟然惹得县令夫人如此愤怒，这说明她高高在上，以上人自居，真乃无知之徒。李白冷笑了一声，原想回敬她几句，但转念又想到好男不同女斗的俗语，于是便答非所问地道："夫人请息怒，让李白就此事给你吟诗一首怎么样？"

"好呀！"贾氏皮笑肉不笑地有意要考考这小书吏的文学才干。

李白文思敏捷，随即吟道：

素面倚栏钩，娇声出外头。
若非是织女，何得问牵牛？

贾氏闻后马上转怒为喜，一是觉得李白竟能出口成章，真是名不虚传；二是此诗用"素面"与"娇声"来形容自己，说明自己长得娇美可爱，而且还比之为天上的织女，可谓是得意得很，满心高兴。当即以命令的口气道："李白，你走吧！下不为例，以后再不能去打牛屁股了。明儿把这首诗抄好送给我。夫人我要好好保存！"

李白为此觉得好笑，感到县令夫人真是一个无知之妇。此诗后两句明明是在责怪她，如果不是织女，为何要问牵牛，这真是狗拿耗子多管闲事。她竟然没有听出弦外之音，反而还沾沾自喜。"驾！"他吆喝一声，牛尾巴使劲一甩，甩出了不少尘土，扫在了崔氏的粉脸上，而且"哗"的一声小便横流。崔氏急忙掩面扭头回到县衙去了。李白向崔氏做了个鄙夷的鬼脸，这才大摇大摆地牵牛回乡下去，亲自套犁在田中耕作起来。

夏天到临。上游连日暴雨，涪江水猛然暴涨，水色逐渐由青变黄。浊浪一个紧接着一个，冲毁了许多良田与家园。李白为此在县衙中坐卧不安，便想到涪江岸边察看水势和灾情，心里想写个条陈，呼吁县令治水并赈济灾民。

李白顶着烈日，满头大汗地跑到江边，只见江水中漂浮着许许多多东西。水势依然在上涨，心中十分焦虑，暗暗祈求管水的龙王爷早日退水，让沿岸的百姓们少受灾害。突然，看到上游漂来了一具尸体，随着浪头的起伏，在长有芦苇的岸边漂浮着，心中不觉产生了怜悯之心。就在此时，忽然听到一个较为熟悉的声音拉着声调在吟诵诗句：

二八谁家女？漂来依岸芦。
鸟窥眉上翠，鱼戏口旁朱。

李白听罢抬头观望，原来即兴吟诗人正是身着乌纱官袍的崔县令。他反复地吟诵着最后两句，意犹未尽地想续下去，使其成为一首完整的五言律诗。但是，不知怎么搞的，吟来诵去，总是接不上。他抬头看到了李白，便皮笑肉不笑道："李书吏，怎么样，本县刚才这首即兴诗作得怎么样？本县原打算作个五言律诗，还差四句，你能不能给本县续上？"

李白心想，你把一个豆蔻少女的灾祸当成自己的快乐，人都淹死了，你依然还像个嫖客一样调侃什么"眉上翠"与"口旁朱"，真是没一点人味！就像一个畜生一样，亏你还是一个孔圣人门徒的七品父母官哩！李白本想发作，转而一想，县令让我续诗，是有意在试我的诗才。我何不借续诗来讥讽一下他，以泄心头的愤怒之气呢？当即便答应道："好吧，在下就按县尊大人的原韵续上四句试试看。"

崔县令立即摆出一副同是斯文人的样子，胖脸上一大一小的三角眼中挤出了一丝微笑说："请，我洗耳恭听！"

李白稍加沉思，当即吟诵道：

绿鬓随波散，红颜逐浪无。
何因逢伍相，应是想秋胡。

崔县令听着听着脸上由高兴转而变成了扫兴。因为李白在续诗中含沙射影地讥讽他像是春秋时代调戏妇女的秋胡一样。他想仗势发作，又没有任何理由，觉得如果闹腾起来说不准反而会弄巧成拙，让更多的人知道了反而不好，反正你在我的手下做事，早晚都能找着机会，我一定出这口恶气，还有你那天对我夫人的大不敬一并报复，叫你来一个哑巴吃黄连——有口不能言。

李白吟罢续诗，发泄了心中的不满后对崔县令就像是厌恶一只苍蝇似的快快地离去了。随后，他出钱雇了两个人，一同动手把少女的尸体打捞上来，并装入一口棺材，加以妥善保存，以便等待有人前来认领。

果然，傍晚的时候，有一个老农模样的人自称是死者的爹爹前来认尸。当老农知道是李白做的好事时，便感激涕零地说："李书吏，你真是一个大好人啊！小女阴间有知，也会感谢您的！"老农要给李白钱，李白执意不肯接收，还帮忙出钱雇人把少女棺木送至其家，在涪江上游处祖坟安葬。

李客知道了此事，称赞儿子做得对，但对续诗讥讽崔县令之举却又有异议："白儿，你真是嘴上没毛，办事不牢。崔县令是你能讥讽的吗？"

李白不服气地说："为何不能讥讽他？他不但不同情遇难的死者，反而还像嫖客一样欣赏人家，简直没有一点人味儿！"

李客耐心地劝说道："这自然是他的不是，可俗话说，不怕官，只怕管。人在矮篱下，怎能不低头？他是一县的父母官，何况又是你的顶头上司，得罪了他，以后还会有你的好果子吃吗？"

"爹爹的顾虑是否太多了，这个崔县令明里道貌岸然，假装斯文，暗地里却贪赃枉法，徇私舞弊，盘剥百姓，压根儿不是什么好人。他还纵容自己的兄弟崔福横行霸道，调戏良家妇女，干尽坏事。孩儿早就不想在他手下做事了。"

"那，你又能干什么事呢？"李客了解儿子的倔脾气，转而想了个主意，"你还是与为父一道经商去吧！为父正缺少一个好帮手哩。"

"不！"李白摇了摇头说，"孩儿我正年轻。我要读万卷书，行万里路，拜万人师！"

接着，李白不顾爹爹的反对，毅然辞去了书吏的差事，仍然在家里习文练剑，充分准备着在自己头脑中早已想好了的行动，那就是自己要辞亲出蜀东去远游。可是，他哪里知晓，由于他对县令夫妇的两次讥讽，得罪了小肚鸡肠的崔敬昌，从而与之结下了不解冤仇。在以后的岁月里真是无巧不成书，他们多次冤家路窄狭路相逢，从此争斗不止。

第二章　立志远游

一、志在四方

不久，李白就正式向父母提出了自己要离开西蜀走出家门远游的要求，实践自己“读万卷书，行万里路，拜万人师”的远大理想。李客常常经商外出，对儿子的举动并不感到意外。母亲白氏本来就是个家庭妇女，儿子从来没有离开过自己身边。儿子就是去匡山读书 5 年，离家也不太远，十天半月还能回家一次，倒也感觉不到怎么难过。可如今儿子像屋梁上的燕儿似的，一旦翅膀硬了，就要离巢别母飞向远方，自己就很少能再见到自己的儿子了，想到这些，不觉心中难过地说：“儿呀，俗话说，儿身连娘心。你是妈身上掉下来的肉啊，从小就对你贴心贴肠的。你长大了，做妈的也老了。我和你爹只有你这么一棵独苗，你远走高飞后，丢下老爹老妈，多么孤苦伶仃啊？你应该好好想一想。”

李白看到妈妈流泪了，心中一软也觉伤感地劝慰道：“妈妈，不要难过。好男儿志在四方嘛！你是想让儿子像家雀一样老死家中好呢？还是想让儿子像大鹏鸟一样展翅飞翔，干出一番大事业好呢？”

母亲白氏抹着眼泪说：“妈妈不是糊涂人，我不会拖你的后腿。儿要学大鹏鸟，做妈的也很高兴，只是从心里有点舍不得你远走罢了。”

“好妈妈，你就放宽心，放心地让儿子去吧——海阔凭鱼跃，天高任鸟飞！”

两位老人经过多次的商议，难舍又难留地允许了儿子辞亲出门远游。只是，人海茫茫，世事多艰，让儿子一人独自远游，毕竟放心不下。他们经过多方寻觅和观察，给他物色到了一个 15 岁的小名叫红红的书童。红红读过一些书，粗通文墨。当他听说要去为县里鼎鼎有名的才子李白做书童并且还要伴其远游时，就喜不自禁，认为这是跟随了一个文武双全的好主人，自己不但可以学到很多很多的东西，而且从此就可以自食其力了，再也用不着看那个总把自己当成负担的嫂嫂的眼色行事了。

李白刚看到红红便喜欢上他了，他虽然个子矮小，面容有些消瘦，但语言行动都很灵敏，一双大眼睛亮闪闪的，透露出一股灵气。李白当场说道："小兄弟，你跟着我出门远游，如同水上的浮萍一样飘忽不定，时常横遭日晒雨淋，还要饱尝跋涉之苦，饥一顿饱一顿的，你受得了这个苦吗？"

红红回答："我自小没了父母。哥哥尽管待我不错，可是嫂嫂却认为我是个多余的人，挨打挨骂成了我的家常便饭。我们名义上为兄弟，实际上是奴仆。家里和地里的活儿就是累死我，我都干不完，什么苦我都吃过。所以，再苦的事，我也能受得了！"

"好，你就留下来吧！我一定不会像你那个刻薄的嫂嫂那样待你！"

红红开心地笑了。

李白又对他说："不过你得有个大名才好。"

红红说："那请公子为我取一个吧！"李白想了想说："我看你就叫丹朱吧！丹和朱都是红，合起来也和你的小名红红相同嘛！"

"太好了，我从今天起就有个大名叫丹朱啦，用一片丹心来跟随公子的鞍前马后，我祝愿公子早日功成名就！"

"好，丹朱！"李白亲切地拍拍红红的肩头说，"从此以后，我们就是好伙伴、好兄弟了！"

为了自己的独生儿子远行，李客准备了丰厚的川资。母亲白氏在丈夫亲自为儿子选定的黄道吉日的前天晚上，从箱子中拿出一支凤头金钗送给李白道："白儿，这是你外婆送我的嫁妆，价值千金，我把它当成了咱家的镇家之宝。你拿去放在身边，一来是见物思人，不要忘了家中还有养育过你的年迈的双亲；二来，你若认识了贤德的媳妇，还可送她作为定情之物。"

李白跪拜在地，用双手接过说："孩儿愧领了。此金凤钗我要谨慎地保存好，将来转赠给你未来的儿媳。乌鸦尚有反哺义，羊羔还有跪乳恩。孩儿这次远游，少则三年五载，多则十年八年，定要功成身退，然后衣锦荣归，向双亲大人恪尽人子的孝道，给二老养老送终。”

“好孩子！”母亲白氏擦干眼泪道，“为娘和你爹爹就等着你功成身退、叶落归根的那一天了！”

次日清晨，清风徐徐，艳阳高照，百花吐艳。李白和丹朱饱食了一顿辞别家宴，拜别了祖先牌位及二老双亲后，便在陇西院门前跨上了一匹白色的骏马。李白头戴白色方巾，身着一身白色儒服，腰里系着祖传的龙泉宝剑，脚蹬粉底薄靴。一身素白，给人一种高洁儒雅之感。跟在他身后的，是一身短衣长裤、脑后披发、肩负书籍衣物的丹朱。书籍上放着一个较大些的盛酒葫芦，因为此时李白已经养成了好酒贪杯的习惯，每逢吟诗作文就要喝酒，酒喝得越多，诗文就作得越快越好，似乎是酒给了他文气和灵气一般。只是，当时的酒不同于当代蒸馏过滤的高度的白酒，而是像当代发酵的低廉的黄酒、甜酒之类，不太容易令人醉倒。

二老把儿子送了一程又一程，总是舍不得分手。李白此时此刻感受很多。他抬头望了望西边云雾笼罩着的匡山，想起了那里的广慧禅师。3天以前，他还特意到大明寺话别。广慧禅师非常支持李白的远游志向，又向他介绍了几位名山古刹的佛友，其中包括峨眉山的师弟广浚禅师，告诉他必要时可前去拜访：“阿弥陀佛，物以类聚，人以群分。凡是与老衲交往之人，皆是佛门高僧，三人行，必有我师焉，青莲如去寻访，定会受益匪浅。”李白牢记在心，随后又去长春观辞别长春真人和好友吴筠、元丹丘。长春真人已驾鹤仙游，李白十分悲伤，随后来到他的墓前悼念跪别。吴筠、元丹丘也都已远走出蜀，李白心想，他们已先行了一步，山不转水转，说不定会在将来再次相逢哩。

四人一行，走出了青莲乡界，又走出了昌明县界。二老还欲相送，李白执意不从了：“爹爹妈妈，送儿千里，终有一别，如若再送，你们回程就会更远了，儿子就更担当不起了，请速回吧！”

二老无可奈何，只好在儿子的跪拜下依依不舍地洒泪而别。李白骑在白马上，信马由缰地朝着南面的官道走去。自己则回首北望依旧在伫立招手的双亲大人，一直到马儿转过了一个大弯，被树木遮着再也看不到为止。此时此刻，他才真正地体会到了骨肉分离的滋味。不过，他此时想象的是功成名就之后，马上就激流勇退，叶落归根，重返家园。但他哪里知道，人海茫茫，时世维艰，此一去就成了永别!

二、蜀都之行

1. 自荐遭冷眼

李白和丹朱走过了绵州与汉州，两天后到达了西蜀的首府成都。他们在北门里找到了一个客栈安歇了下来，准备游历几天后雇船走水路去嘉州登峨眉山。

唐代时期的成都，不仅是益州的首府，而且还是剑南道大都督府的所在地。剑南道包括 30 多个州：北接陇右，南达岭南，西邻吐蕃，东到巴渝。岷江从岷山而出，分为内外二江，流经成都平原，有如腰间的两条玉带；峨眉耸峙在成都正南方，拔地而起，如同放在前面的一座巨大屏风。恰如晋代左思《蜀都赋》中所描述："带二江之双流，抗峨眉之重阻……于前则跨躡犍牂，枕輢交趾。经途所亘，五千余里。"

成都有着悠久的历史，仅次于都城长安。秦惠王灭蜀国，派张仪建设都城，始置蜀郡。秦孝文王时派李冰为太守，李冰派人凿离堆，平息水患，而获灌溉之利，因此蜀地便成沃野千里的"天府"。到了汉文帝时，以文翁为太守，文翁在这儿开办学校，普及文化教育，更改了披发文身等蛮夷风俗。世称文化繁荣，比于齐鲁。自此以后，人才辈出：司马相如以他的才华见赏于帝王，扬子云以他的渊博留名于青史，严君平以他的数术竟成为神话般人物。这些人都是出自沃野千里的成都府。

蜀中气候适宜，四季鲜花不谢，八节有常青之草。峰峦间松柏葱郁，川原里绿竹相映，高大的楠木遮云蔽日，挺拔的棕榈摇曳生风，田间的桑柘和麦苗竞相比美，城周的芙蓉和朝霞争辉。一到春天，柳色花光，可与帝京秦川比美；到了夏天，荔枝龙眼，尽显南国风光；秋天到了，桂花香飘千里；冬天到了，橘柚又在枝头挂满了金黄的果实。

这里不仅仅有奇花异果，甚至还有众多的珍禽怪兽：娇小碧绿的翡翠、灿烂耀眼的锦鸡、婉转妩媚的画眉、矫健快捷的猿猴，甚至还有昆明进贡来的金孔雀，安南进贡来的犀牛、大象和黑色的大猩猩。据说是蜀国的始祖望帝的精灵化成了杜鹃鸟，每到暮春时节，总是从午夜一直叫到天明："快黄快割，快黄快割……"

唐代的长安城共有一百多坊，成都也是一百多坊；长安有东市和西市，成都也有东市和西市。成都的西市，又称少城，少城就是小城，是城中之城，这里是商业和手工业聚集的地区，大街衔着小巷，大铺连着小摊，货物堆积的像山峦一样重重叠叠，花样如同星星一样密密麻麻，这里不仅可以购买到本地的所有土特产，而且还可以买到来自长安、洛阳、金陵、扬州、越州、广州等各大城市贩来的外地货品。市场上熙熙攘攘，人来人往，摩肩接踵，不仅仅有西蜀的仕女，而且还有外地甚至是西域来的不同肤色的商人。蜀中的筇竹杖曾经传到大夏，蒟酱也曾传到安南。

蜀中产出的锦缎，属于上等产品，质地精良，品种繁多，享誉全国，闻名天下。织造锦缎的作坊称为"锦院"，织工聚居的地方叫"锦里"，连濯洗锦缎的江水也被称作"锦江"，有人甚至把整个成都都叫作"锦城"。

李白来到成都时，恰巧碰上礼部尚书苏颋出任益州大都督府长史，到成都上任，恰好在驿亭中小憩。李白听说后大喜，心想，苏颋不仅仅是朝廷大员，敕封许国公，而且还是当代文学巨擘，和兵部尚书燕国公张说齐名，人称"燕许大手笔"。今日岂不是天赐良机，怎能错过？正好，《明堂》《大猎》二赋又都缮写现成，带在身边，李白便到驿亭求见，并呈上二赋。稍顷，便听得一声："长史大人有请！"李白进得驿亭，只见亭中坐着一人，手里正拿着他的"行卷"。虽然紫绶金章，威仪奕奕，但却威而不猛、庄而可亲。显而易见，这肯定就是苏大人。李白上前行礼完毕，退到一旁。苏面带微笑，请他落座，简单地问了李白几句话以后，便转过身去对他的随从说："这个青年，十分有才气！你们看他下笔不凡，洋洋洒洒，千言有余。通过祭明堂，猎渭滨，将我大唐的声威，写得绘声绘色。"继而又回转过身来，对李白道："只可惜你文采十分可观，而风骨尚未成。若再继续努力，将来一定能成大器，到那时就可以和贵同乡司马相如齐名了。"李白躬身答道："多蒙前辈的鼓励和教诲。但那司马相如只不过是写得一手好文章，汉武帝也只不过是以俳优蓄之。晚生不才，私下认为大丈夫应当志在经国济世，进如果不能为管、葛，退也应当为鲁连。诗文只不过是多余的事罢了！"苏一听，觉得这个气宇轩昂、意气风发的年轻人的确与众不同，越发另眼相待。于是便对李白又说道："你既然胸怀大志，更兼才识过人，适值当今天子励精图治，朝廷正是用人之际，待我到任以后，就上表推荐。你暂且到成都馆驿住下，等候消息吧。"李白大喜过望，没料到他这匹千里马如此早就遇到了伯乐。

李白本想请教苏颋详细地指点一下"风骨"的道理。忽见僚属中站出一人，说道："请长史大人进内室稍事休息。"苏刚起身离去，李白也正想告辞，那人过来把李白叫住，仔细地盘问起来。当他知道李白是商人子弟时，脸上便显出鄙夷的神气，说道："我还当你是世家子弟，原来是工商贱民之子。以前连马也不允许你们骑，绸缎你们也不能穿，如今朝廷仁慈，放宽了禁令，你们竟然得寸进尺，直接闯到长史大人驾前来了。益州大都督府本是亲王遥领，长史大人实主其政，所管辖是整个剑南道的军政大事。你怎么敢亵渎大驾，企图心存侥幸？"一顿呵斥有如当头一棒，朝李白劈头盖脸袭来。当他回过神来，正想和他理论，早已被当差的一边一个把他架着拉出了驿亭。李白很想破口大骂，只怕这一来反给人以借口：工商贱民，不懂礼法。只好把那三丈怒火压了又压，把那一口怒气吞了又吞。心想："这狗官不知是个什么鸟，真没见识！那当年辅佐周文王的吕尚，不也是朝歌的屠户、渭滨的钓叟吗？那当年辅佐殷高宗的傅说，不也是在傅岩之野筑墙的民间工匠吗？……这些为帝王之师的人均是工商贱民出身。'王侯将相宁有种乎？'苏自然应该懂得，他一定会替我做主。我又何必跟这狗官一般见识呢？"想到这里，李白对驿亭的大门，唾了一口唾沫，然后翻身上马，挥舞一鞭而离去。

李白到达成都时，正值仲春二月。成都的春天来的特别早，虽是二月，却已是百花盛开，李白决定先游览一番。

他首先登上散花楼。楼位于城的东北隅，是隋代的蜀王杨秀所建，楼高达数十丈，金碧辉煌。登上它的最高一层，极目远眺，千里景色尽收眼底。那波光粼粼，蜿蜒如带的就是流向三峡的滔滔江水，那云海苍茫中峭然耸立的，就是峨眉的金顶，那火光荧荧，雾气蒸腾的，就是火井和盐井，那北去的雁群之下，就是可爱的匡山。再看近处，田野道路纵横交错，溪水纵横，菜花如金，麦秀如翠，一望无垠。有如镶金铺玉，如锦似绣！回过身来，再看看城中，千家万户，比屋连甍，车骑杂沓，仕女如云……李白在楼上流连了足足有半日，尽管觉得赏心悦目，但心中毕竟还是有些不愉快。故此，在《登锦城散花楼》

一诗中，既留下了游览的佳兴，也留下了不快的痕迹：

日照锦城头，朝光散花楼。
金窗夹绣户，珠箔悬银钩。
飞梯绿云中，极目散我忧。
暮雨向三峡，春江绕双流。
今来一登望，如上九天游。

随后李白又去观看了司马相如的抚琴台、扬子云的草玄堂，还去逛了繁华的东市和西市。

光阴荏苒，不觉已是一月有余，大都督府里却杳无信息。李白去过几次，但见警卫森严，侯门深似海，不要说长史大人无缘再见，就连那典领文书的主簿、预闻府事的小小参军，平时也难见上一面了。李白不得不辗转托人去打探，继续耐心等待，或许有一天，苏大人会想起自己来。

2. 不幸的义举

一日，李白来到城东的锦江岸上散步，恰巧碰上一群织锦女工在江中洗濯锦缎。那刚织好的锦缎经过江水的洗濯，色泽更为艳丽，犹如一片朝霞倒映在江水里，又如一片繁花漂浮在水面上。女工们一边洗濯，一边唱歌。李白侧耳倾听，唱的是卓文君的《白头吟》：

皑如山上雪，皎若云间月。
闻君有两意，故来相决绝。
……
凄凄复凄凄，嫁娶不须啼。
愿得一心人，白头不相离。

歌声悲愤而又缠绵，令人想到卓文君多情善感而又刚强不屈的性格。李白不禁感慨道："文君为相如抛却了万贯家产，甘愿和他共贫贱；而相如后来升了官，发了财，却变了心，不愿和文君共富贵……"他越听越替卓文君鸣不平，只觉诗情汹涌。恰好江边有一对鸳鸯在那里戏水，李白便以这对鸳鸯即兴赋诗一首：

锦水东北流，波荡双鸳鸯。
雄巢汉宫树，雌弄秦草芳。
宁同万死碎绮翼，不忍云间两分张。
此时阿娇正娇妒，独坐长门愁日暮。
但愿君恩顾妾深，岂惜黄金买词赋。
相如作赋得黄金，丈夫好新多异心。
一朝将聘茂陵女，文君因赠白头吟。
……

李白正在认真地构思他的《白头吟》，忽然看到上游漂下一只小船，船上坐着几个歪戴着帽子斜穿衣服横着眼睛的流氓。他们不是往中流宽处驶去，却向江边濯锦的妇女方向划去，吓得妇女们纷纷躲开。有一年轻姑娘，站在水较深的地方，躲闪不及了，竟被船上的流氓拉住调戏，正在洗濯的锦缎也被水冲走了。那姑娘喊着、哭着、挣扎着。李白实在看不过去，便马上跃身而起，快步跑到江边，力劝他们不要胡闹。那几个流氓一听李白的口音，是个外乡人，反把李白嘲笑辱骂了一番。激得李白一时性起，于是脱衣下水。那几个人连忙放了那姑娘，转而进攻李白，举桨向他劈头打来。要知道李白本是在涪江边上长大的，几岁便学会了游水，这锦江在他眼中只不过是一条小河。他快速闪过，一下便潜入水里，伸手抓住小船的一边，用力一扳，就把那几个家伙全部翻进了水里。

女工们对李白感激万分，只是那被水冲走了锦缎的少女，仍满面愁容。这锦缎原来是给官家织造的，每一匹价值千文，她怎能赔得起？李白于是又从衣服里掏出自己的全部银钱，送给了那姑娘。岸上围观的人群中也有许多仗义疏财的人，这个三十，那个五十，总算解救了那女工，凑足了她那一匹锦缎的银钱。李白这才放心离去。

谁知那几个落汤鸡似的流氓竟尾随而至，而且手中都拿着家伙。李白迫不得已，只好拔出剑来和他们格斗起来。结果，李白用他的剑锋给他们每个人都留下了一点“纪念”——有的没有了一个耳朵，有的少了两个手指，还有的屁股上多了一个窟窿。这回惊动了官府，李白和几个流氓最后都被捉到官府里去。李白说他们调戏良家妇女，但是他们却反咬一口；李白告他们持械行凶杀人，自己不得已才自卫，他们也反咬一口。偏偏遇上了一个糊涂官，不分青红皂白，一律按械斗处理，各鞭四十了事。

这一顿笞刑打得李白躺了许多天。此时，替他打探消息的人来说，苏对他尽管十分赏识，但是强龙压不过地头蛇。有几个地头蛇从中作梗，就连苏亲自写好的《荐西蜀人才表》，也迟迟不能发出。恰好械斗事件又传到大都督府中，因此，地头蛇们于是抓住不放，更振振有词。“只是，听他们话音，也还是有回旋的余地。”来人还说，“有钱能使鬼推磨。你只要能卑辞厚礼，他们未必不肯抬手放过。”李白听罢，将腰间拍一拍，说道：“钱，有的是！只是我用钱买一个一官半职，这算什么事呢？难道不是亵渎了这开元盛世！我绝不会走这种邪门歪道。我还是回到匡山读书去吧！”

馆驿里，几棵榆树的浅紫色小花都已变成了串串榆钱；街头小巷里，飘落到地上的杨花也变成了米粒似的东西。李白最后还是怀着惆怅的心情离开了成都，临行之时，为了抒发自己的情感，在馆驿墙壁上写下了《春感》一首：

茫茫南与北，道直事难谐。
榆荚钱生树，杨花玉糁街。
尘萦游子面，蝶弄美人钗。
却忆青山上，云门掩竹斋。

3. 瞻仰诸葛祠

后来李白再次重游成都时只做了一件事，就是去瞻仰了诸葛亮祠堂。

3 年前初到成都时，由于拜谒不成，就匆匆回昌明去了，因此此次特地来瞻仰一番。

祠堂在城南，距城有数里有余，远远望去只见古柏森森，掩映着红墙碧瓦。好一座峥嵘古祠！规模巨大，气势庄严。本来这里是汉昭烈帝刘备的宫，但民间却习惯称它为“武侯祠”。一进大门，只看到古树参天，浓荫匝地。中间是一条长长的甬道，两旁是两排长廊。长廊里雕塑着当年蜀国文武官员的塑像。甬道尽处是大殿，神龛里面供着刘备，两旁配祀的是关羽、张飞。虽是大殿，却无甚可看。游人好像对这位昭烈皇帝不太感兴趣，大都匆匆而过。走过大殿，又是一段甬道，过了甬道便是后殿，后殿神龛里供奉的便是诸葛亮。诸葛亮的塑像虽没有刘备的高大，但那羽扇纶巾的仪表、淡泊宁静的神态，反而令人肃然起敬。龛前摆一香案，案上红烛高烧，香烟缭绕。案前摆着几个蒲团，前来瞻仰的善男信女，有烧香的、有跪拜的、有求签的。几个小道士忙得不亦乐乎。

李白也叫丹朱买来一份香烛，自己端正好衣冠，随后走到神案前，恭恭敬敬地拜了一番，心中还暗暗祷告道："诸葛丞相高高在上，弟子李白，有幸适逢盛世，早有建功立业之雄心。今日仗剑去国，辞亲远游，愿英灵保佑弟子早遇知己，能早佐明主。来日功成名就，定与丞相重光庙宇，再换金身。"祷告完毕，举起签筒，摇出一支签来，向道士换过签票一看，上面写道："上上大吉。"附有诗一首，诗曰："阳春初暖桃花水，香满绿云东风里。莺啼画檐燕归来，清夜灯前花报喜。"李白看罢，吉祥如意，自然满心欢喜。他见神案旁边还设有一小柜，凡布施香火的都把钱投入此柜中，有的三文五文，有的十文八文，他就掏出两大把"开元通宝"，足有百文交与了道士。道士便领他到客堂饮茶。

客堂在后殿旁，是一个十分幽雅的小院，有一间雅致的厅堂。院内花木及堂上陈设令人赏心悦目，更为可贵的是厅堂两侧墙上悬挂满书法挂轴，是当代书法家张旭写的前后《出师表》。李白早就听说过张旭的草书超凡脱俗，今日有幸得见，果然是名不虚传，何况又写的是诸葛亮的《出师表》。雄文法书，堪称世上双绝。尽管对诸葛亮这两篇名作早已是烂熟于心，李白还是兴味盎然地从头至尾一字一句地诵读了一遍。尤其是当他读到："臣本布衣，躬耕于南阳，苟全性命于乱世，不求闻达于诸侯。先帝不以臣卑鄙，猥自枉屈，三顾臣于草庐之中，咨臣以当世之事。由是感激，遂许先帝以驱驰。后值倾覆，受任于败军之际，奉命于危难之间。尔来二十有一年矣！先帝知臣谨慎，故临崩寄臣以大事也。受命以来，夙夜忧叹，恐托付不效，以伤先帝之明。故五月渡泸，深入不毛。今南方已定，兵甲已足。当奖率三军，北定中原。庶竭驽钝，攘除奸凶，兴复汉室，还于旧都……今当远离，临表涕泣，不知所言。"诸葛亮如此的义胆忠心，深思熟虑，以及一片忧国忧民之情，使李白感动得流下热泪来。

他想自己所处的时代尽管和诸葛亮有所不同，但为国为民鞠躬尽瘁、死而后已的精神，却凛然和日月争光，的确万世不朽。与司马相如、扬子云、严君平等人相比，他觉得诸葛亮更是自己景仰的人物。因此，他下定了决心：此去如果不为帝王师友，如同诸葛亮一般，绝不返回故乡。

三、造访峨眉

清晨，一轮红日从东方慢慢升起。沉睡了一夜的城市又开始了新一轮的喧闹。李白和丹朱在城南的万里桥下雇了一叶小舟，从水路启程离蜀。

江面上碧波荡漾。两岸边有许多早起的妇女在水中漂洗起锦缎来，欢声笑语不绝于耳。船儿飞快离岸，艄公划动着双桨顺流直下，像只掠水低飞的燕子一样快速前进。两岸的景物被迎来然后又被送往，不断地变化更新。李白站在船头，听任春风飘起衣角，心情异常亢奋，好像是一个出征的战士一样，对即将到来的征战，充满了一种尤为神秘的渴望。

放眼西蜀平原，两岸满是菜花金黄，麦苗葱绿，蚕豆结实，一片丰收景象。丛丛竹林，笼罩着零星的农家小院，从那儿不时传来鸡鸣狗吠之声。江中大小船只往来穿梭着，号子声雄壮有力，水中不时有鱼儿跳起，跳碎了蓝天与白云组合而成的倒影。李白看景看得累了，就坐进带篷的船舱中翻开了《诸葛亮集》重新读了起来。丹朱由于无事可做，就去帮助艄公划船。扳桨的活儿，他在涪江上早已学会。艄公利用这个机会，就在船尾起火烧饭。不大一会儿香气扑鼻的午饭就做好了。三个人不分彼此地围坐在船头一起进餐，听任船儿随波漂荡。

李白让丹朱取出在成都买的一坛好酒，打开后斟满了酒杯，首先敬给艄公："老人家，您辛苦了，让小生先敬您一杯！"

艄公看到这位读书人没有一点架子，这么尊重自己，不觉喜上眉梢："多谢李公子！"

丹朱不会喝酒，只是埋头吃饭，并不时地给二人斟酒。船舱里洋溢着一种友好平静的气氛。

傍晚时分，小船停靠在眉州的一处名叫王家渡的码头过夜。李白和丹朱上岸去逛了一会儿然后来到茶馆，在这里品尝了当地价廉物美的河水豆花，当巡夜的老更夫用梆子敲起了二更时，他们才回到小船上，头枕着波涛，安然入睡。

第二天清晨，依然是一个晴朗天气。小船又顺流而下穿行在平原的南缘。中午时看到远处露出了高高的山影，李白一问，艄公告诉他是峨眉山影。这更勾起了他的游兴。“峨眉天下秀”早就闻名遐迩，岂有失之交臂而不去一游的道理？为了加快船速，李白也帮忙摇桨，小船在黄昏时分就到达了嘉州码头。

嘉州是岷江、青衣江、大渡河三水交汇之处。水量于此陡然增大，河床也比先前宽阔许多。李白告别了老艄公之后，弃舟登岸，随便找了个客栈住了下来。

次日，天气晴朗，早饭以后李白带着丹朱乘渡船过江到达凌云山脚，上岸后，就看到无数的石匠手举捶錾正叮叮当当地开山打石。李白一打听，才知道这是要把一座山凿成一座佛，这一座佛也就是一座山。佛像正对滔滔而来的三江合流的激流处。造佛的目的是镇住水流，使河水不能像以前那样掀翻船只，淹死人。这当然属于迷信，但这也不无作用：艄公与乘客在激流中看到佛像，马上会意识到有佛保佑，心上就有了一种安全感，掌舵扳桨时，就少了惊慌失措，因此这也就减少了翻船事故的发生。实际上也是这样，当巨佛的头像成形以后，船翻人亡的事就很少发生了。

李白在凌云寺和附近的乌龙寺游玩了一整天，饱览了嘉州的山山水水，翌日雇了一辆马车向峨眉山麓驶去。

马蹄声声，车轮滚滚，傍晚时分便到达了峨眉山下的报国寺。报国寺是进山的第一大寺，也是峨眉山的大门。李白和丹朱住在了寺中客房，吃了顿素洁的斋饭。饭后，在满耳的松涛声和山泉声中安然入睡。

次日早晨，山间起了白雾，像轻纱，又似稀乳一般，把整个峨眉山笼罩得严严实实。李白在众僧早课的钟磬声中举目四顾，只见到处都是白茫茫一片，众多的庙宇时隐时现，好似海市蜃楼，越发给人以迷离、空灵和神秘之感。

早斋后不久，浓雾逐渐散去，露出了一轮红日。李白和丹朱步行向着山顶攀登。

峨眉山是普贤菩萨的道场，和五台山、九华山、普陀山合称佛教四大名山。其山在西蜀盆地南缘拔地而起，因山体形状似美丽少女的蛾眉而得名。“峨眉天下秀”独具特色。

峨眉山上下共60公里，通常游人有五六天的工夫就可以从容游山了。凭李白、丹朱二人强健的体魄与旺盛的精力，他们本能在一天之内直达金顶，但李白说：“那就没有任何意思了？我们准备游一个月吧！”峨眉山上五里一小庙、十里一大寺，一般游人大多是一掠而过，李白却是和一般游客不同，几乎每庙都要停下来，仔细观看，每遇到寺院也一定要停下来住上一宿。峨眉山沿途本来有肩舆可用来代步，花费不了多少银两，坐在上面既省力，又凉爽，李白却偏要一步步走上山去。

主仆二人在路边各买了一根龙头拐棍，拄着前行，这样就多了一条腿，节省了不少力气。他们沿途边走边看，走走停停，遇到亭子就休息，遇上庙宇就进去，见佛就参拜，傍晚时分才走出了10公里，住宿在万年寺。

万年寺的住持是广浚禅师，他身披袈裟项挂佛珠，年岁有五十岁开外，红光满面，长有一双长寿眉。李白拿出了广慧师父的亲笔信交给了他，广浚看后说：“阿弥陀佛，师兄高徒到此，寒寺有幸相迎，请多住几天。”

李白低头便拜：“师叔在上，请受弟子李白大礼参拜！”

“快快请起！快快请起！”广浚弯腰扶起李白说，“一路登山劳苦，请到斋堂用斋后去客舍安息，有话明天再说。”

“弟子遵命！”李白作了一揖。

山寺的夜尤其安静，四面一片漆黑。李白带着登山的劳累，在客舍中安然入梦。半夜间，忽然听到一阵阵悠扬的琴声，打破了李白的睡意。他心想：这是何人所奏呢？明日一定去寻访此人。

第二天早斋完后，李白向广浚询问起昨夜的弹琴人。广浚微笑着说：“你是问弹琴人吗？待会老衲带你去找吧。”

广浚做向导，带着李白和丹朱游遍全寺。李白对雄伟的大雄宝殿兴致不高，因为天下所有的佛寺都大体相同，而且布局大同小异。使他最感兴趣的是其中一座无量殿。里面供奉的是一尊铜的普贤菩萨，身骑白象，佛像高及屋顶，大的有一丈多高，造型形象逼真，栩栩如生。李白惊叹铸工的精细绝伦，广浚不无骄傲地说：“这是我大唐独一无二的，朝山之人都特意要到此参拜！”

李白立刻向菩萨行了跪拜大礼，接着又去各处参观。眼看快把整个寺院都参观完毕时，李白又说起了昨晚的那个弹琴人来。广浚伸手往身旁的一个水池中一指说道："远在天边，近在眼前。"

李白向水池里面一瞧，只见池中长满了水草浮萍，许多青蛙正游戏其中，哪里有什么弹琴人？李白脸上露出了疑惑。

广浚手指一只绿背白肚的青蛙说："看，就是它！"

"它？弹琴的不是人，而是青蛙！"

"对，是青蛙，但它却会弹琴。"

"青蛙也会弹琴？"

"其他青蛙都不会，只有这种青蛙会弹琴，此蛙名为弹琴蛙。"

"弹琴蛙？"

"对，昨晚你听到的琴声就是它所奏。"

"真的？"

"如果不信，你就再听听看。"

广浚当场让一个小和尚抱来一把琴放到石桌上，他盘膝而坐弹奏起来，曲名是《高山流水》。池中的青蛙听到了这悦耳的琴声，如逢挑逗似的一个个相继张嘴鼓腹地发出了好似弹琴般的乐音。李白侧耳倾听，那声音清脆、响亮、悠扬而尤为动听，果然和昨晚听到的一样，不觉连声称奇叫绝，感叹世间之大，真是无奇不有。

他们越攀越高，越向前走越险，风景也就越来越壮观美丽奇绝。探不完幽岩奇壑如"一线天""鬼见愁"；赏不尽天然图画如"钻天坡""蛇倒退"。千回百转的"九十九道拐"，曲折幽深的"九老洞"……最后，他们终于登上光明金顶。眼前突然豁然开朗，真是四大皆空，此时此刻，才能真正体会到大自然的奇特绝妙！除了日间的太阳，晚上的星月之外，头上再没有其他的东西。回头俯望来时曲幽的小路，不但沿途经过的众多地方，如伏虎寺、华严顶、洪椿坪、洗象池……诸山众峰等都俯伏在脚下，就连原来在头顶上面的白云也都下降到足下飘浮起来。

他们来到深不可测的舍身岩边，向下望千尺幽谷，只见云海汹涌，似波浪翻腾。到了午后，他们扶着栏杆俯身前望，忽见山谷之中，云海里面涌现出了一个美丽的七彩光环，中间有一个人影，仔细一看，不是别人而正是自己！李白仔细看着，李白点头，他也点点头；李白摇头，他也跟着摇头；李白向他伸出双手，他也把双手伸向李白。李白禁不住大声喊了一下："我看见我了！"谁料想离他约有几丈远的丹朱也叫喊道："我也看见我自己了！"李白惊喜交加，既感到奇怪，又觉得神秘："难道这真是成仙成佛的预兆吗？"但是陆续来到的游客也都莫不如此。其中有两个不地道的地痞之类的人，他们是乘着"背子"上来的。他们不但忍心坐在别人背上，而且最后还不给够钱，竟还不讲理地说什么："你没有把老子背舒服。"李白听到后心想："这样的人也可成仙成佛吗？"

金顶虽是盛境，但地高势寒，不是长留之地。李白和丹朱便回到洗象池，除了金顶以外，洗象池就算是最高的地方了。这洗象池传说是普贤菩萨洗他的坐骑白象的地方。李白走近客房，见门窗紧闭，就让丹朱全部打开。他正斜倚在床头，透过窗户观望山影，忽见一片白云飘悠悠地荡了进来。它进入室中，飘过几案，来到床前，仿佛一个披着纱巾，曳着罗裙的仙女，轻盈地无声无息地走过。当它走到了房门口，忽又回过身来，竟有徘徊留恋之意。李白越看越觉得像一个人，忍不住站起身来，仔细观看，却什么也不见了。只是在桌上、几上、地上、窗台上留着一片露珠。丹朱端茶进来，李白就告诉他刚才的奇观。丹朱故意打趣说："想必是度我们公子来了。"李白说："你不相信？你看那不是它留下的珍珠。它确实是真的。"于是李白对丹朱说："我们干脆把夏天过完到秋天再走吧。"

一天黄昏时分，游人尽散，李白信步来到中庭，靠近岩边，观看山中夜景。只见在那苍茫暮色之中，四面八方都是云，一群群、一堆堆，好似群龙归海，纷纷回到峨眉山里来。不多一会儿，千山万壑都消失了，只留下一片云海，只剩下几个最高的山峰峙立其上。然后从云海的尽头升起一轮明月，渐渐越升越高，越来越亮，把一切都照得银光闪烁。足下的云海，更像是天公把人间的金银都收来熔化了，倾进了峨眉山里，又好似天公用银河的水洗亮了他的眼睛，洗净了万物，一切都变得那么皎洁，那么灿烂，李白甚至觉得自己也变得通体透明。再看那云海之上的几座山峰，真好似是蓬莱仙境。"前日光临的那位仙女，或许就住在那里面吧？"李白有些想入非非，几乎要踏着云海寻她去了。

神秘的峨眉山，处处使李白在幻想成仙成佛，使得李白写起诗来也充满了超脱凡世之情：

蜀国多仙山，峨眉邈难匹。
周流试登览，绝怪安可悉？
青冥倚天开，彩错疑画出。
泠然紫霞赏，果得锦囊术。
云间吟琼箫，石上弄宝瑟。
平生有微尚，欢笑自此毕。
烟容如在颜，尘累忽相失。
傥逢骑羊子，携手凌白日。

李白在寺里住了整整一个夏天。这个夏天里，他发现了陈子昂的诗集。

李白早已听说过射洪人陈子昂是蜀中之杰，子昂，字伯玉，在武后当政时，以才识被知，始任麟台正字，后来升迁右拾遗。多次上书言事，屡屡切中时弊。他不怕触怒权贵，本具有宰相之才，不幸后来被武三思等人指使射洪县令段简将他迫害致死。子昂著有诗十卷，曾经名满都城长安。李白虽多方搜索，可惜仍未能见，没料到在这峨眉山中竟不期而遇。

原来，峨眉山有一个光相寺，寺里有一知客僧，法名仲濬。年纪不过才三十来岁，却是释教魁首，不仅懂诗，而且善琴。有一张“绿绮”古琴，是人间稀宝。李白和他结识后，就搬到光相寺来住。一来可朝夕相处，二来因趣味相投，两人便成了好朋友。在几次倾心交谈之后，一天，仲濬和尚谈及他师父怀一长老。

怀一俗姓史，和陈子昂是生死之交。两人当年都胸怀大志，倜傥不凡，只是时运不佳，陈子昂仕途坎坷，而怀一则屡试不第。后来陈子昂屈死在狱中，怀一便上山出家做了和尚。怀一长老临终时，把他最心爱的徒弟仲濬叫到床前，送给了他两件东西：一件就是那“绿绮”古琴，另一件就是《陈子昂集》。奄奄一息的老和尚已处于弥留之际了，竟然坐了起来，深情地望着陈子昂的遗著慢慢说道：“我大唐自开国以来，诗文上承六朝余绪。骈丽有余，风骨不振。文乏刚健之气，诗少清新之风。无益于苍生社稷，徒供宫廷贵人消遣之用。吾友伯玉崛起于蜀中，名振都下，始挽数百年之颓风，初复风骚之正道。但惜其年不永，其志未竟……”老和尚停顿了一下，喘口气又继续说道，“我把这部集子交付于你，不仅希望你妥为保管，更希望你将来遇见合适的人，让他继承子昂的未竟之志，开我唐百代诗风，为千秋万世垂训。庶几不负我友数十载心血，我也死而无憾了！”

仲濬和尚一字一句复述着他师父临终的遗言，然后把李白带到卧室内，郑重地托出《陈子昂集》，交到李白手中说：“我看你就是最合适的人了。”李白双手捧住诗集，激动得讲不出话来。

此后，李白每日便在山中研读起陈子昂的诗集来。

陈子昂的诗，质朴无华。初读之时，并不大吸引人，但慢慢读来，越读越觉得言之有物，顺理成章，意趣高雅。《感遇诗》38 首，有的感叹身世，有的讽谏时政，有的忧时伤事，有的悲天悯人，给人一种慷慨忧郁之气，使人可以想见作者的高风亮节和如椽的巨笔。“啊，这才是大丈夫言志抒怀之作！”李白读了之后，禁不住大为赞赏。

之后，李白又继续研读了《观荆玉篇》《鸳鸯篇》《修竹篇》，尤其是《修竹篇》和诗前的《与东方虬书》：

> ……文章道弊五百年矣！汉魏风骨，晋宋莫传，然而文献有可征者。仆尝暇时观齐梁间诗，采丽竞繁，而兴寄都绝，每以咏叹，思古人。常恐逶迤颓靡，风雅不作，以耿耿也……

这段文字引发了李白的深思：“何为文章之‘道’？何为‘风骨’？何为‘兴寄’……”

李白翻来覆去地思索，认识到《观荆玉篇》并非只是写荆玉，《鸳鸯篇》并非只是写鸳鸯，《修竹篇》也并非单单写修竹。它们都是借物来寄托作者的感叹，抒发作者的胸怀，使人读其诗，就完全可以想见作者高尚的人格和情操。李白再进一步想到三曹父子的诗，也大多如此。不单单描写景，而是景中寄情；不只写物，而是物中寓人。不管是写什么，仁人志士之心，英雄豪杰之志，总能溢满字里行间，读后能使人振奋，使人向上，发人深思，让人遐想，有一种潜移默化的力量蕴藏于里面。于是李白明白了：这就是文章古道，这就是诗骚正传，这就是汉魏风骨，这就是陈子昂提倡“兴寄”的用心之所在。如果不是这样，写山水仅是山水、写草木仅是草木、写虫鱼仅是虫鱼，那还有什么意思呢？写这些东西还不如不写，谁还没见过山水、草木、虫鱼是什么样子吗？难道还需要诗人来舞笔弄墨吗？诗人的本领就在于舞笔弄墨吗？于是李白一跃而起，绕室欢呼，然后提起笔来在纸上写下了几个大字："将复古道，舍我其谁！"并将它送给了仲濬和尚。

四、远行之旅

1. 初见李邕

李白乘船又继续向前行走，这时的方向是向嘉州驶去。这段路程不远，为了仔细观看两岸的景色，李白让船家不要摇桨，只把舵儿掌稳，听任船儿顺水漂流。黄昏时分，一轮圆月从峨眉山东面升起，银辉洒满田野山川，洒满河流，也洒在李白、丹朱和船家身上。他坐在船头，想起了整个夏天在峨眉山上和广浚师叔优游相交的日子，又想起了即将启程从渝州和三峡到蜀地的情景，不觉诗兴大发，高叫丹朱："拿酒来！"

丹朱奉命拿过来临上船时灌满了的酒葫芦。李白拉开塞子，仰起脖子喝了一大口，顿感一股暖流涌遍了全身，然后轻轻地吟出了《峨眉山月歌》：

峨眉山月半轮秋，影入平羌江水流。
夜发清溪向三峡，思君不见下渝州。

李白在嘉州尚未完工的大佛脚下，换船继续前行，经戎州、泸州，来到了渝州。渝州也是一个山城，原是长江和嘉陵江的交汇处，水运发达，商业昌盛。李白听说渝州太守李邕是当朝有名的大儒，著作甚多，书法与文章也都很出众，曾作为监察御史，敢于直言进谏，弹劾一切不法权臣，便慕名前去拜见。

李邕在州衙客厅里接见了李白。言语中，李邕发现眼前这个刚刚涉世的年轻人有点恃才傲物，口出狂言，把自己比作管仲、诸葛亮，心中便十分不悦。恰好幕僚来请他前去处理一件急事，便当胸抱拳说了声"抱歉"，匆忙地结束了这次会见。

李白大失所望地回到客栈，提笔写下了《上李邕》一诗，叫丹朱送到太守衙之后，第二天又乘船继续顺流东下。

李邕在收到李白的诗后，便展卷读了起来：

大鹏一日同风起，扶摇直上九万里。
假令风歇时下来，犹能簸却沧溟水。
时人见我恒殊调，见余大言皆冷笑。
宣父犹能畏后生，丈夫未可轻年少。

李邕看到李白在诗的开头竟还把自己比拟成大鹏，仍觉得这年轻后生未免太狂妄自大，诗末李白引经据典地说孔夫子都能敬畏后生，为何你这个大丈夫竟然如此看不起年轻人呢？这个指责让李邕的脸上泛起一层红晕，自言自语道："是的，昨日有些怠慢了年轻人。看来此人还是年轻有为的，还是赶快弥补弥补吧！"立即命令仆人取了五十两银子送到李白落脚的客栈，并约定第二天再相见。可是仆人却扑了个空，回衙说："李白已经走了，银子无法送出去了。"李邕感到有些惋惜，由此便开始注意搜读李白的诗文，为二人多年后的第二次相见奠定了基础。

2. 采集民歌

出了三峡，就是荆门。荆门山和虎牙山南北对峙，长江从两山之间穿流而过，真好似是荆州的大门。出了荆门，天地豁然开朗，崇山峻岭至此完全消失。虽然李白回头望了又望，但很快便再也看不见连绵的巴山了，只能远远望见变化多端的楚云，在烟水苍茫的江面上飘浮着。碧波荡漾的江水，仍然好像是故乡的水在给游子送行。翘首东望，江水遥接天际。那天水相接的地方应该是大海吧？那海云升起的地方，定会出现人们传说的海市蜃楼吧……李白就眼前景色稍作构思，便吟出《渡荆门送别》：

渡远荆门外，来从楚国游。
山随平野尽，江入大荒流。
月下飞天镜，云生结海楼。
仍怜故乡水，万里送行舟。

李白一边观赏着江上两岸的景色，倍感心旷神怡；一边怀着依依惜别的心情，走进了一个崭新的天地。一路上，看不够芳洲碧树，听不完莺啼雁鸣。天色渐晚，海月从东方逐渐升腾起来，李白远远地便望见了城市的灯光。啊！原来是荆州首府——江陵就快到了。

荆州，是唐代山南东道一流的大州。州府江陵，不仅是历史名城——春秋战国时楚国首都郢城所在地，也是当时的中南重镇，东西南北的交通枢纽要塞。假如西上巴蜀，东下维扬，北去京洛，南往湘黔，都须经过此处。江陵在唐初就设置了大都督府，这儿的商旅之众多，市井之繁华，并不亚于成都。李白来到此地，自然要逗留许多日子。

他和丹朱先游览了江陵城内城外的一些主要干道，然后又游历了楚灵王修建的章华台遗址和楚国郢城的遗址。郢城在纪山南面，所以又称为纪南城。一路上，看到近处，紫陌朝天，垂柳夹道，车马来来往往，行人穿梭如织；再看远处，岸芷汀兰，郁郁青青，帆樯出没，水鸟上下腾飞。此时，一阵歌声从岸边传来，曲调十分悦耳动听，只可惜歌词听不大清楚。李白便沿着江岸找寻，却没有找到。向路上行人打听，行人说：“这有什么稀奇！你到酒楼上去，自有唱曲的人。本地的‘西曲’是天下有名的。”

接着，李白就在荆州住了下来。每天主要的事情，就是去寻访民间歌者，去倾听和收录民歌。一个月的时间里，他已搜集到了厚厚的一本。李白还依据当地一个船家女的歌谣作了一首《巴女词》：

巴水疾如箭，巴船去若飞。
十月三千里，郎行几岁归？

丹朱读了这首诗，知道是公子这个月来学习民歌的收获后，这才逐渐改变了自己从前瞧不起民歌的态度，转而夸赞公子不耻下问的学习精神。

一天，为了赏曲，他们特地找了一家十分清雅的酒楼。刚一落座，就有两个歌女怀抱琵琶走上前来，一个年方及笄，另一个已是徐娘半老。

李白让她们二人坐下来，随后接过她们送上的节目单一看，上面列着一长串曲名，有《荆州乐》《三洲歌》《采桑度》《作蚕丝》《女儿子》《那呵滩》……

李白来不及细看，便对二人说道："你们随意吧，想唱什么就唱什么，只拣你们拿手的唱来。"于是两人便调好弦子，一曲接一曲唱了开来。她们先合唱了几段《荆州乐》：

章华游猎去，纪郢从禽归。
溶溶紫烟合，郁郁红尘飞。

朝发江津路，暮宿灵溪道。
平衢广且直，长杨郁袅袅。

又合唱了几支《采桑度》：

蚕生春三月，春桑正含绿。
女儿采春桑，歌吹当春曲。
……
采桑盛阳月，绿叶何翩翩。
攀条上树表，牵坏紫罗裙。
……

李白听到这里，感到这儿的"西曲"比巴渝一带的歌谣还要优美动听，歌词也清新可喜，所以他把这些歌词都全部记录下来。李白又让那年轻的歌女独唱了几支曲子。她先唱了段《那呵滩》：

闻欢下扬州，相送江津湾。
愿得篙橹折，交郎到头还。

李白不禁高声叫好，丹朱也随着喊"好"。那唱曲的女子羞涩地低下头去，接着又唱了一支《女儿子》：

巴东三峡猿鸣悲，夜鸣三声泪沾衣，

我欲上蜀蜀水急，蹋蹀珂头腰环环。

那女子还没有唱完，李白的眼泪就落下来了。

尔后李白又叫那年纪稍大的歌女单独唱了几曲。她的声音显然不如少女的清脆圆润，但深沉厚实有功底，吐字也尤为清晰，显然歌唱功力远在那少女上。她开始唱了几支短曲，其中的《作蚕丝》声词俱佳，李白为之击掌赞叹不已，并把其中一首的歌词反复咏唱几遍：

春蚕不应老，昼夜常怀丝。
何惜微躯尽，缠绵自有时。

随后，李白连干三杯酒，并叫丹朱给两位歌女各敬一杯。最后那年纪稍大的妇人又唱了一支《西洲曲》：

忆梅下西洲，折梅寄江北。
单衫杏子红，双鬓鸦雏色。
西洲在何处，两桨桥头渡。
日暮伯劳飞，风吹乌臼树。
树下即门前，门中露翠钿。
开门郎不至，出门采红莲。
采莲南塘秋，莲花过人头。
低头弄莲子，莲子青如水。
置莲怀袖中，莲心彻底红。
忆郎郎不至，仰首望飞鸿。
鸿飞满西洲，望郎上青楼。
楼高望不见，尽日阑干头。
栏杆十二曲，垂手明如玉。
卷帘天自高，海水摇空绿。
海水梦悠悠，君愁我亦愁。
南风知我意，吹梦到西洲。

只听那妇人缓缓唱来，似怨似慕、如泣如诉，仿佛这支曲子就是她自己心里的歌。此时此刻李白连酒都忘记饮了。

“民间竟有如此动听的天籁！如此动人的绝妙歌词，这一支支曲子全都是浑金璞玉啊……”曲子早已唱毕，李白却还在深深沉思。

李白听罢曲子之后，又询问起了两个妇女的身世。年轻的歌女是船家女，父亲不幸葬身江底；年长的是商人妇，丈夫外出经商后一去不复返。两人都没有什么生计，不得不沦落成为酒楼歌女。李白听了，又为她们感叹一番，但又没有什么好办法，只好加倍给了赏钱，便打发她们二人走了。临走之时，她们再三道谢，李白却说：“我应该多谢你们哩！”两人很不明白，李白说道：“我给你们的是铜钱，你们给我的都是黄金。”两人更困惑了。最后，两人同声说：“但愿听曲的客人都如公子这样就好了。”丹朱送她们下楼时，她们又向丹朱道谢，丹朱说：“这几个钱算不了什么，只不过够你们几个月的生活罢了。如果我家公子做了宰相，请皇上下一道诏令，到那时彻底解救你们！”两个歌女瞪大了眼睛，又惊又喜。

这天晚上，李白写了几遍《荆州歌》。但前思后想，总觉得不如歌女唱的美妙动人，就把它们随手扔掉。幸好丹朱扫地时拾了起来，才替他保存了下来。

3. 大师教诲

李白在江陵，除了搜集了大量的民谣外，也去了马章台，还曾到城南狩猎，到江湾泛舟，甚至还去看过一次跳神。每到一个新的地方，他总是什么新鲜事都想尝试一下，几乎忘记了自己的干谒之事，他也不知道江陵还有什么人值得他去拜望。

有一天，蜀中友人吴指南告诉李白一个消息，道教大师司马承祯要去朝拜南岳衡山，恰巧此时路过这儿。李白假如想去拜访，他可以代为引见。李白还在匡山读书时就已听道士们谈到过司马承祯：字子微，自号白云子，向来隐居在天台山的玉霄峰，得道家真传，有服饵之术。李白也听赵蕤谈起过司马承祯：他原来也是一个士子，博学善文。特别是对老庄之学，功底很深，后来干脆便出了家，成了道门龙凤。武后之时，屡征不就。到了睿宗时，召赴京师，深得赏识，为他加官晋爵，但他毅然辞去官职，仍旧回到天台山中。玄宗即位之后，又召赴京师，颇加礼遇，仍不接受官爵。李白对此人早已有钦羡之心，便在吴指南陪同之下，欣然前往。

司马承祯一连几日门庭若市，高朋满座，更多的来访之人是州府官吏，他们所求也无非长生、黄白之术，所谈也无非是一些客套虚语。一个个言语枯燥无味，面目尤为可憎。司马承祯已是古稀之人，早已觉得精疲力竭，便把身子斜倚在几上，双目半闭，运气养神，只是不时地把麈尾轻轻拂动，表示他仍在接待来客。此时忽听得道童来报，道兄吴指南引客求见，随即呈上名刺，司马承祯定睛一看："峨眉布衣李白，字太白。"司马承祯便马上吩咐道："有请。"不一会儿就看到吴指南领着一个年轻人走了进来，好似带来一股清风。司马承祯不由得抬起头，睁开双眼，细细观看来人风神禀异，非同凡响。亭亭如孤松独立，飘飘似岸柳迎风。若不是王夷甫转世，想必是嵇叔夜后身。在交谈之间司马承祯更觉此年轻人不仅口才极佳，犹如寒泉漱石；而且天资聪颖，见识过人。他既不求长生、黄白之术，也不作世俗客套之语，只是来求教老庄精义。大师稍一提示，他便能举一反三，讲出自己胸中的许多新见解。譬如他向道长请教"无为"之义，司马承祯回答说："顺其自然。"他就说："用之养身，便应当像日月星辰一样运行。万物之荣落，不做违背天理之事；用之为文，便应当像芙蓉出清水，白云贯长空，不事雕琢之技；用之理国，便应顺百姓之情——民之所好好之，民之所恶恶之——不兴苛烦之政。故曰'无为而治'。"司马承祯连连微笑称赞："君之妙解，始可与君言道已矣！"等到阅读了李白《登峨眉山》一诗，又看着李白说："君家有仙风道骨，可与神游八极之表。"又接着说：

"我看你眉宇之间有股英气，言谈举止之间，念念不忘苍生社稷，毕竟志在匡济。你的才识，当此开元盛世，自是鹏程万里。等到你事君之道成，荣亲之事毕，再到天台山来找我吧。"李白看着道长的白须，脸上闪过一丝疑惑。司马承祯将麈尾一拂，笑道："岭上的白云，松间的明月，无往而不相逢。"李白恍然大悟，说道："功成，名遂，身退——这正是晚辈的宿志。"于是便欣然拜谢而去。司马承祯仍然倚几而坐，眼睛半睁半闭，连麈尾也懒得晃动了。

李白回到住处，一连几天，都在回味着司马承祯道长对他的指点和赞扬，不禁心际飘然有凌云之志，于是思绪万千。他想起了《神异经》中所说的："（昆仑山）上有大鸟，名曰希有，南向张左翼覆东王公，右翼覆西王母。背上小处无羽，一万九千里。西王母岁登翼上会东王公。"又想到《庄子·逍遥游》中所说的鲲鹏。他觉得司马承祯好像是那希有鸟，自己则好似是那鲲鹏。只有希有鸟才能理解鲲鹏，也只有鲲鹏才能认识希有鸟，其他的是无法了解鲲鹏之志的。于是李白便开始构思《大鹏遇希有鸟赋》，后来又改名为《大鹏赋》。

他好似看见北冥天池中的巨鲲，随着大海的激流，迎着冉冉升起的朝阳，化为大鹏，腾飞在天空中。它一开始鼓动翅膀，便使五岳为之震荡，百川为之崩溃。然后它便在广阔的宇宙中翱翔，时而飞翔在九天之上，时而又潜入九渊之下，那更是"簸鸿蒙，扇雷霆，斗转而天动，山摇而海倾"。又看到它"足系虹霓，目耀日月"；还看到它"喷气则六合生云，洒羽则千里飞雪"。它时而飞向北边，时而又折回南极。烛火给它照明，霹雳给它开路。三山五岳在它眼里只是一些小小的土块，五湖四海在它眼中只是一些小小的酒器。古代神话中善钓大鱼的任公子，曾经在大海里钓过一条大鱼让全国人吃了整整一年，见了它也只好束手作罢。夏朝时候有穷氏之君后羿曾经射落过九个太阳，见了它也不敢拉弓。他们也都不得不放下钓竿和弓箭，望空惊叹。甚至连开天辟地的盘古打开天门一看，也目瞪口呆。日神羲和也只有背靠着扶桑叹气。至于海神、水伯、巨鳌、长鲸之类，更是逃避得远远的，连看也不敢看了。

……

李白写完《大鹏赋》，感觉到从来未有的快感。从少年时代以来，一直在心头澎湃，而且越来越强烈的豪情壮志，现在终于能够淋漓尽致地抒发出来了。

俗语说，美不美，家乡水；亲不亲，故乡人。李白自从得遇吴指南后，好似如鱼得水，像鸟归林一般，把他视为弟兄和知己。两个人在江陵小住了一个月，共同游历了楚国古都与三国时期的一切名胜古迹，还深入民间搜集了大量民间歌谣。两个人志趣爱好相近，出则肩并肩，卧则同榻共枕，有书一起读，有疑问共同来探讨，不知底细的人还以为他们是亲哥儿俩哩！

4. 凭吊古人

夏去秋来，荷残菊盛，转眼间又是一个秋天来到了。他们雇船顺流东下，到达了巴陵岳阳。

岳阳位于洞庭湖畔。在洞庭湖畔，耸立着闻名天下的岳阳楼。楼在城西，楼基为岳阳西门。岳阳楼即岳阳西城楼，最早它是三国时期吴国水军都督周瑜与鲁肃的阅兵之处。它和江夏的黄鹤楼、豫章的滕王阁并称为江南三大名楼。

他们三人在一个天气晴朗的早晨缓步来到岳阳楼下。仰视全楼，看到此楼共三层，外貌似头盔形，飞檐翘角仿佛要展翅飞翔。金黄色的琉璃瓦在阳光照射下反射出波光，给人一种富丽堂皇的感觉。李白率先登楼，他每上一层都要仔细观赏楼中的匾牌、碑石，都有如同踏上历史的台阶的感觉，登上最高层凭栏远眺，真是心旷神怡，美不胜收。看近处，雨后的洞庭湖水浩浩荡荡，波浪汹涌，湖面上水鸟飞翔，百舸争流。眺望远方，湖心的君山小岛时隐时现，若沉若浮，一会儿是一片青翠，一会儿又是一片朦胧。李白此时神思飞扬，诗情画意在胸中涌动起来。

吴指南抬手指着远处问："贤弟，湖心中的小岛为什么叫君山？"

李白回答说："这还要从舜帝的两个妃子娥皇、女英谈起。舜帝南巡久久不回，娥皇、女英姐妹俩便随其后追寻至此。听到舜帝已在九嶷山驾崩，便日夜不停地啼哭，眼泪把身边的竹子都打湿了，印上了斑斑泪痕。传说今天湘妃竹上的斑点就由此而来。"

丹朱听得着了迷，插嘴道："难怪我们老家的斑竹就叫湘妃竹呀！"

"对。"李白点点头说，"娥皇、女英二妃过度悲伤，眼泪流干殉情而亡，后来葬于湖心岛上，成了湘水之神。屈原诗中吟咏的湘君湘夫人就是指她们。她们的墓地就被后人称为君山。"

丹朱说："公子，我们也去看看吧？"

李白说："当然要去呀！别忙，你急什么嘛！慢慢来。"

丹朱伸出舌头笑了笑，心想主人真好。他读万卷书，也同时教自己增长了许多知识；他行万里路，自己也是秃子跟着月亮走——沾了不少的光，识得多、见得广。尽管李白名为主人，但实际上却把自己当成了小兄弟一样看待，从来没有打骂和虐待过自己，想到此处，丹朱对主人的敬爱与感激又增添了许多。

第二天，天气依然晴和，一行三人泛舟到洞庭。湖水十分平静，没有激流险滩，没有惊涛骇浪。船儿平稳地徐徐前行，柔波轻抚着船头，发出了轻微的声响，回头遥望岳阳楼，是一种由下而上的仰望，忽然感觉名楼的气势和昨天登楼近望时截然不同，而别具韵味。近处，有几只渔船忙碌着，每网下去，总有活蹦乱跳的鱼儿被捞了上来。渔夫渔妇们情不自禁地随口唱起了渔歌，使得湖面又增添了几分祥和气氛。因为已是秋季，水温已有些凉，要是在夏季李白定会下水去畅游一番，那又是多么惬意呀！

船儿停靠岸边，三人登岸前行。他们寻到了二妃的合葬墓，墓冢上芳草青青。一块墓碑上刻有“娥皇女英之墓”六个大字，墓侧是丛生的湘妃竹，正在秋风中摇曳着身姿。李白叫丹朱去买来些香烛供品，带头行了跪拜礼，吴指南与丹朱相继行礼。李白信口吟咏起屈原《湘夫人》诗中的名句：“帝子降兮北渚，目渺渺兮愁予，袅袅兮秋风，洞庭波兮木叶下。”诗词太文雅，丹朱听得似懂非懂，问李白：“公子，你吟咏的帝子是谁？他在干什么？”

吴指南读过《楚辞》，代李白回答道：“帝子指的是娥皇女英，他们都是尧帝的女儿，就是后世所称的公主。尧帝把皇位传给了舜帝，同时也把两个女儿嫁给了他。姐妹俩千里迢迢不辞劳苦地寻舜帝到此，在秋风落叶的洞庭水波下，望穿秋水，心情非常惆怅。”

丹朱依然不明白，又问：“为什么惆怅呢？”

吴指南继续回答：“惆的是舜帝忙于国家大事，深入南方荒蛮之地，不能顾及自己的人身安危；怅的是君妃夫妻长久得不到团聚呀！”

“啊！我明白了！”丹朱点了点头，凝视着巨大的合葬墓冢，好像看到了墓穴中二妃的满脸愁容。

君山名为山，其实是一块平地，只有浅浅的丘岗。岗上种满了茶树，出产的君山茶远近驰名。此时不是采茶季节，满岗绿油油的茶树色泽不减，在凉爽的秋风中似乎还飘来茶叶的清香。三个人在客栈里安顿下来。李白随后来到茶农那里去收集关于湘君的传说和民间歌谣。他获得了很多故事，还有大量的民谣。三人一住就是十多天。

然而好景不长，忽一日，吴指南在旅途中忽然暴病而亡，李白不胜悲痛。为了尽朋友之道，他亲自为吴指南购买上等棺木，亲自把他安葬入土，又亲自祭奠一场。这场丧事办完后，李白再也无心游览洞庭，于是便回到江陵，决定坐船继续顺流东下。此时已是开元十三年的秋天了。

5. 名扬金陵

金陵，也是李白早已向往的地方，他很早就在历史典籍中了解了它，早就从前人的诗赋中想象过它，现在它终于出现在他的眼前了。

金陵的风光和成都比较相似，也是风和日丽，树木繁茂，郁郁葱葱，山川田野锦绣如画。但气势却比成都更加雄伟：城东莽莽钟山像一条苍龙盘卧着，城西巍巍石头城像一头猛虎而雄踞在那儿，城北是云蒸霞蔚的玄武湖，城南是莺歌燕舞的秦淮河。回首西望，茫茫九条支流从遥远的地方向它泻来；翘首东望，长江汇集了众水之后又朝着大海滚滚东去。金陵历来就是虎踞龙蟠，帝王之州！自孙吴、东晋到南朝的宋、齐、梁、陈，金陵一直作为帝都，已有300年历史。不过它在这300年中的名字是建业和建康，金陵却是它最早的名字。楚怀王的父亲楚威王在占有江东以后，认为这儿有王气，便埋金以镇之，并设置金陵邑。之后虽然名称屡有改动，在唐代，它只不过是江南道润州江宁县，但人们更喜欢称它金陵。

李白很想马上就到钟山，爬到那苍龙的脊背上，看看它是怎样威震吴京的，他很想立刻就去石头城，爬到那猛虎的头顶上，看看它是如何雄踞大江的；他还想立即就到秦淮河，到那儿的游艇画舫中去欣赏一下动听的吴歌；他还想立即就去玄武湖，不知它的岸边是否还有吴殿的花草、晋宫的罗绮？他更想马上就去追寻谢朓的足迹，探索一下他的名句“余霞散成绮，澄江净如练”产生的奥秘。

他还想马上就去谢安墩，寻找谢安的遗迹。这位起而安天下，归而卧东山的风流人物，在他心目中的地位不亚于诸葛亮。

虽然他一时什么地方都想去，但他心里惦记着一件更重要的事情。

自从峨眉山下来，特别是走出三峡以后，一路上就到处听到皇帝封禅的事。早在渝州时他就听到，以宰相张说为首的文武百官多次给皇帝上书说，天下太平已久，连年丰收，四夷臣服，大唐王朝已经是治定功成，应该告功于天地了，请求皇上举行封禅大典。他一出三峡，就看到皇帝的告示，布告的末尾写道：“……是以敬承群议，宏此大猷，以光我高祖之丕图，以绍我太守之鸿业。可以开元十三年十一月十日，式遵故实，有事泰山……”李白到达江陵后，又听到皇上已经诏命宰相张说带领众礼部官员在集贤书院，参照古代礼制，刊定仪注了。李白来到了浔阳，又听说皇上诏命大匠苗晋卿，带领工部官员，到泰山顶上修建祭坛去了。他到了当涂后，听到的消息就更多了，也更加热闹了。听说封禅大典已经万事俱备，据说泰山下有个县的县令连棺材都预备好了。别人问他为什么准备这玩意儿，他说：“成千上万的人马，说不定死上十个八个的，事先不准备好，临时哪来得及做？弄不好是要丢掉乌纱帽的。”他到达金陵后，还听说皇帝特别下了一道诏令，让全国各州府县荐举孝悌文武到泰山脚下观礼。

所以，李白一来到金陵就带上他一路上缮写好了的行卷，去拜访地方官吏及社会名流，并暗自庆幸自己正赶上这个良机。但他却没有料到，数日的辛苦奔波，却是“十谒朱门九不开”，因为大典在即，大家忙得不可开交，谁也顾不上接见他，更没有时间看他的行卷，尽管他把《大鹏赋》摆在行卷的开头。至于前去泰山下观礼的孝悌文武，各州府县的长官们心中早已有人选了。

李白伫立在石头城遗址上凝视着大江出神。他看到万里长江和它的九条支流，浩浩荡荡，奔流不息，永无休止。此时他很想驾起巨舟，扬起白帆，到大风大浪中去一显身手。就像那神话中的任公子，用日月作钩，以长虹为线，钓起一条巨大无比的鱼来，让全国的老百姓吃它许多年！忽然，他却看到正在奔腾咆哮的万里长江和它的九条支流上，一下子风平浪静了，再也不能乘风破浪了，鱼也彻底钓不成了。他这位任公子也不得不把钓竿收藏起来。

于是，李白在金陵纵情游览，恣意行乐，分享大唐王朝文治武功的幸福。

不及半年，在金陵翰墨场里，人们都知道有一个西蜀才子李白，才华出众，文思敏捷；在金陵游侠儿中间，人人都知道有一个巴山剑客李白，路见不平，好拔刀相助；在金陵的歌台舞榭中，人人都知道有一个益州公子李白，风流潇洒，能歌善舞；在金陵赌博场中，人人都知道有一个陇西王孙李白，腰缠万贯，出手不凡，一掷千金；在金陵的寺院里，人们都知道有一个青莲居士李白，喜欢游览名山古刹，广结善缘；在金陵的落魄公子当中，人人都知道有一个峨眉义士李白，仗义疏财，乐于助人，堪称当代的豪侠；在秦淮河畔，李白的诗歌成为最流行的歌曲，代替了过时的亡国之音《玉树后庭花》。

一只画舫驶了过来，唱着“扬清歌，发皓齿，北方佳人东邻子。且吟白苎停绿水，长袖拂面为君起。寒云夜卷霜海空，胡风吹天飘塞鸿，玉颜满堂乐未终”。仔细一听，原来是李白的《白辞》。

又一只画舫游过来了，唱的又是李白的歌词：“君歌杨叛儿，妾劝新丰酒。何许最关人？乌啼白门柳。乌啼隐杨花，君醉留妾家。博山炉中沉香火，双烟一气凌紫霞。”这便是李白所作的《杨叛儿》。

还有一只画舫驶过来，唱的还是李白的歌词：“妾发初覆额，折花门前剧。郎骑竹马来，绕床弄青梅。同居长干里，两小无嫌猜。十四为君妇，羞颜未尝开。低头向暗壁，千唤不一回。十五始展眉，愿同尘与灰。常存抱柱信，岂上望夫台……”

画舫游艇在招徕顾客时，总是会说：“侬家小囡会唱李公子的新词呢！”到了次年春天，李白在离开金陵前往扬州时，给他送行的朋友坐满了江边的酒肆。适逢春酒新熟，当垆的吴姬特地从小槽上取来了几瓶“真珠红”，请客人一一品尝。大家仔细一瞧，那酒的色泽鲜艳似玉，晶莹剔透，喝到嘴里，如同真珠一般的滑润。真是名满江南的佳酿！大家频频把盏，赋诗答对，抒离情、道别意。一直喝到月上东山，还久久不肯散去。最后，李白为了感谢大家的盛情，挥笔写下了《金陵酒肆留别》一诗：

风吹柳花满店香，吴姬压酒唤客尝。

金陵子弟来相送，欲行不行各尽觞。

请君试问东流水，别意与之谁短长？大家争相传阅，连声称赞。有人说：“好一个‘请君试问东流水，别意与之谁短长’！”有人说：“我们做了那么多首诗都不如李公子这一首。”还有人说“太白之诗就如诗中的‘真珠红’，也是誉满江南啊！”大家七嘴八舌地说个没完没了。

直到皓月当空，大家才陪着李白走出金陵北门，来到了征虏亭，坐上了去扬州的船。

6. 扬州遇困

扬州的名胜古迹虽比不上金陵，但它却是淮南道大都督府所在地，而且还是四通八达的交通要道，工商之盛远远超过金陵，这里的确繁华富庶。

开始李白在扬州也曾从事过干谒之事，希望尽早找到能识别自己这匹千里马的伯乐。怎奈没封禅泰山之前，州县官吏和地方名流都忙于准备此事；在泰山封禅之后，他们又忙于搞庆贺。李白的境遇依然还是“十谒朱门九不开”，仍然不得不安享太平。平日里，或者登高览胜，或者临水逐春；或者东城斗鸡，或者西郊走马；或者开琼筵观花，或者飞羽觞醉月。品茗高谈，时有精妙之论；当筵赋诗，每七步成章。酒酣击剑，无不逞倜傥意气；诗成作歌，总抒发壮志情怀。闷闷不乐时，又不免且呼五白，暂行六博，不论输赢，只图快乐。遥想那古代豪杰，家无粮米，却仍然一掷千金，大唐黎民百姓富庶，盛世多暇，谁不借此行乐？

在东南漫游中，李白花销很大，一直有出无进。而且他还常常行侠仗义，挥金如土，路见不平，拔刀相助，而且还出资救济。他曾多次遭到歹人的明攻暗算。在这离家出蜀的两年时间里，他完全用尽了从家里带出来的上万两银子。

一天晚上，在扬州的客店里，丹朱告诉李白钱财已用完了，而且现在还欠下店钱，店家已经催要了几次，不当家不知柴米贵的诗人听了丹朱的话竟然目瞪口呆，这是李白第一次为金钱发了愁。

中秋的月夜里，一轮圆月高悬天空。月光如水一样斜照进客店的床头前，地上好似铺上了一层银霜。起风了，随风飘进来阵阵桂花香。他看到月亮是如此的圆，忽然想起今天是中秋佳节，也想起了当朝诗人王维的著名诗句："独在异乡为异客，每逢佳节倍思亲。"特别是最后一句真是说出了人人心中共同的情感。他不由得思念起了远在西蜀家乡的父母。他取出了母亲临别时赠予的金凤簪。睹物思人，他的老母此时此刻正在做什么？她是否在忙完一天的家务之后也站在床前沐着明亮的月光在想念远在他乡的儿子？是啊，儿行千里母担忧。母亲就我这一个儿子，还天性不安分守己，不好好守着老母亲，在她老人家跟前尽孝，偏偏要行万里路追求学识，博得功名，从而使父母膝前空虚，少了一个晨昏叩首之人。想到这儿，李白不禁眼含热泪，随口吟出一首《静夜思》：

床前明月光，疑是地上霜。
举头望明月，低头思故乡。

故乡啊，万里之外的莘莘游子，在这月白风清的夜晚，我要向你倾吐一番心声，表表衷情：

"大唐王朝已经是功成名就了，我的功业却依然没有眉目。大好光阴一年年流逝，我却依然如同天空中的一片浮云，游荡在这东海之滨。金陵这个多情的地方，几乎让我丧失了自己的本性；扬州这个销金炉，几乎熔化了我的雄心壮志。我怎能忘记济苍生、安社稷的宏大志向呢？我怎么能在这千载难逢的盛世虚度光阴呢？古琴藏于匣中，没有谁来赏识它，它再珍贵，又有什么用处呢？长剑挂于壁上，没有人来使用它，它再尖锐，又有什么价值呢？我多么希望早日返回故乡，故乡却在远天之外。不然，我就回到你的怀抱，而你也是隔着千山万水。何况我当初曾以诸葛亮暗自期许，如今我怎可落魄还乡呢？”

李白在贫病交加的逆途之中，独自品尝着生活带来的苦涩，不知如何是好，只有把心中的愁思和离情，写成古诗一首，寄给赵蕤：

吴会一浮云，飘如远行客。
功业莫从就，岁光屡奔迫。
良图俄弃捐，衰疾乃绵剧。
古琴藏虚匣，长剑挂空壁。
楚怀奏锺仪，越吟比庄舄。
国门遥天外，乡路远山隔。
朝忆相如台，夜梦子云宅。
旅情初结缉，秋气方寂历。
风入松下清，露出草间白。
故人不可见，幽梦谁与适？
寄书西飞鸿，赠尔慰离析。

赵蕤除了复信劝勉一番以外，依然是束手无策。

最后，还是孟少府给李白找到了一条路，介绍李白前往安州。

第三章　安陆成亲

一、寻"妻"路上

1. 孟少府牵线

安州和扬州都属于淮南道，不过扬州在东面，安州则在西面。

安州的治所叫安陆，尽管不及成都之秀丽、金陵之雄伟、扬州之繁华，但也毕竟是一个中都督府所在地。地处长江支流郧水的东岸，春秋时代曾为郧国京城，所以又称之为郧城。有人考证说这里就是古云梦泽。

孟少府为什么要介绍李白到安州来呢？原来是这样，孟少府家和安州许圉师家原是世交。许圉师曾在高宗时做过宰相，孟少府的祖父曾和他同朝为官。许圉师的儿子也曾在中宗时做过员外郎，孟少府的父亲也曾经和他一同共过事。许圉师早已亡故多年，许员外也已辞官归乡。许员外膝下只有一个女儿，才貌双全，性情也特别贤淑，只是由于门第高，又广有家产，择婿要求不免过高了一些，姑娘已二十五六岁了，还在待字闺中。许员外这才着急，到处请托，宁愿降级以求，只图招郎上门。孟少府因受许家之托，就相中了李白。许家要求门当户对，李白是凉武昭王后裔，只不过谱牒早失；李白也为人高尚，心地善良，只不过略有些浮浪习气，但在时下贵公子中，这也算不得什么；在人才方面，李白更是千里挑一、万里无双，且不说安州找不到这样的人才，就连金陵、扬州也难得遇见。何况他胸怀大志，功名富贵自然不在话下。这样的乘龙快婿，许家不要他还要谁呢？孟少府认为李白是最恰当不过的人选。于是对李白细说原委，李白听罢本想拒绝："大丈夫功业未立，何以家为？"但招架不住好友的再三劝说，加上自己此时又无路可走，只好姑且听之任之，到了安州看看情况再说。何况孟少府又说安州都督马公也是一个惜才的人，李白此去定会得到赏识。另外，安州和襄州相毗邻，路途不太远，襄阳的孟浩然又是李白多年来仰慕的前辈。于是李白在孟少府的资助下，带上丹朱，离开扬州，前去安州。

2. 巧遇崔宗之

行至汝州地界，离洛阳已经很近了，李白本想去瞻仰一下东都风光，但想到洛阳那地方比起扬州还要繁华，且资费也只够到安州，还是路过南阳时再稍事逗留，探访一下诸葛亮的故居吧。

李白在南阳卧龙岗上整日流连，对诸葛亮的高风亮节和千秋功业思慕不已。但当想到诸葛亮在匡扶汉家社稷之际，才仅仅 27 岁，又感到极其惭愧。“我也即将二十七岁了，还是此般光景……唉！真是愧对先辈啊……”李白对着秋风落日，不禁长声叹息。

正在此时，他忽然发现一个年轻贵公子也在岗头徘徊流连。近前一看，此人眉清目秀，举止潇洒。那青年也向他凝目观看，并向这边走来。两人便同时上前行礼，攀谈起来。

“请问仁兄尊姓大名？”

“崔宗之。”

“啊，原来是崔兄！久仰久仰！早知崔兄学通古训，词高典册，才冠今时，闻名遐迩。在下蜀人李白。”

“啊，原来是李兄，久闻大名，幸会幸会！《大鹏赋》早已拜读过了。庄子寓言，原本壮阔，吾兄又加之豪气雄文发之，堪称一世杰作。不知兄何以到此？”

李白便将他如何仗剑去国、辞亲远游的事略述了一番，最后说道：“小时候读《隆中对》，倾慕之心由来已久，因而今日特来拜谒。”

崔宗之也把他丁忧闲居，想归嵩山别业幽栖之事略谈了一番。

李白听说崔宗之的父亲做过宰相，崔宗之本人也官居从五品左司郎中，就想求他引荐，便把那楚汉之事、王霸之道大谈特谈一番，表示自己具有经国济世之才。崔宗之却不知为何“王顾左右而言他”，对李白的心思好像没有明白似的，却请李白到嵩山去隐居，避而不谈李白所关心之事。他们二人在南阳连游数日后，李白只好托词要到安州去访古云梦泽，和崔宗之各赋诗告别。

3. 造访孟浩然

李白沿途流连，到了襄阳鹿门山时，已经是冬天了。冬天的鹿门山，仍然众木阴绿。由于楚地多橘，这鹿门山因此生长着成千上万的橘树。橘树在初夏之时开着白色小花，花虽小却纷繁，特别是和深绿的叶子相配，显得素净雅致。所以屈原《橘颂》中曾讲："绿叶素荣，纷其可喜兮。"到了冬天，百卉凋零之际，橘树反而果实累累，尚未成熟的青色果实和已熟的金色果实掺杂在一起，十分好看，因此《橘颂》谓之"青黄杂糅，文章烂兮"。橘树的果实不仅有灿烂的外表，而且有甜美的内容，再加上有一种特别的芳香，所以屈原把它比作品德高尚的君子。

孟浩然的居处，就是在一大片橘林当中。"方宅十余亩，草屋八九间"。虽然没有高堂华轩，却有天然佳趣。孟浩然已在此隐居多年，当时他已经 38 岁了，还没有去过京师，也没有人来三顾茅庐。生逢盛世，他并不是毫无"临渊羡鱼"之情，但却缺乏"退而结网"之术，不得不隐居在这鹿门山中。李白前去拜访，孟浩然对李白的到来，感到特别高兴。一方面是山居寂寞，正盼有个朋友来畅谈一番；另一方面是李白的才华和不羁的性格，他也略有耳闻；再者两人同是天涯沦落人，当然十分亲切。他们会面以后都以为相见恨晚，于是几日里都在谈诗论文，而且各自拿出自己的作品互相交换心得。李白对孟浩然的诗十分欣赏，觉得不仅古诗写得高雅，律诗也写得自然。特别是读到《过故人庄》，不觉吟咏起来："故人具鸡黍，邀我至田家。绿树村边合，青山郭外斜。开轩面场圃，把酒话桑麻。待到重阳日，还来就菊花。"李白在赞叹之余，又称孟浩然为"当今的陶渊明"。孟浩然也对李白的诗给以极大的鼓励，特别提及《峨眉山月歌》中短短四句，连用五个地名，竟毫无壅塞之感，真是难能可贵；对李白的《荆州歌》则誉之为："直追汉魏乐府。"两人都认为自然美是诗歌的无上境界，认为好诗应该是自然的流露。谈到投机之处，两人连连干杯，击掌开怀大笑。孟浩然此时忘记了他已年届四十，李白也暂时忘却了自己几乎不名一文。

李白在孟浩然处停留多日，孟浩然待他如亲兄弟一般。李白便将此时窘况和去安州的打算详细地讲了一遍，请求指教。孟浩然沉思了一会儿，说道："如今从事干谒，想寻求知己，耗费甚巨，甚至弄得破产的人大有人在，倒不单贤弟你一人。此去安州入赘许家，倒也不失为一个良策。许家世代簪缨，是安州望族，素有令名。许员外待人宽厚，而且藏书甚富，天下不多见。你这一来可有个安身之处，二来可以在学业上继续深造，三来凭借许家名声从事干谒也比较方便。”说着便颇有感触地把他的旧作念了几句：“乡曲无知己，朝端乏亲故。谁能为扬雄，一荐甘泉赋？”接着又说：“当今朝廷尽管广开言路，但如果毫无凭倚，往往不得其门而入。愚兄正是这样，只好终老山林野外。像贤弟萍踪浪迹，四处流浪，也非上策。”李白觉得十分有道理，于是把那入赘之心，定了一半。

二、如意郎君

1. 冤家路窄

李白经过数日的舟车劳顿到达了安陆。正值夕阳西下时分，主仆二人来到城里，见城市虽不如金陵、扬州之大，但街道甚多，商家亦不少，人来车往，十分繁华。二人在东街一家叫安居的客店里住下。稍作梳洗之后，李白便向店主打听马都督可在督署？店主告诉他马都督已前往长安述职，督署事务皆由崔长史全权处理。

第二天早饭过后，秋风拂面，气候十分宜人。李白一人离了客店，信步来到西街的都督府。只见府门高大，警卫森严。左右各有一只石狮子把门。李白向门吏投上了名刺，没一会儿，门吏便说：

“长史大人有请！”

李白整了整衣帽，登堂入室，来到一处古色古香的大客厅。接待他的长史大人衣帽雍容华贵，圆脸上充溢着一种得意的神色。李白觉得好像在哪儿见过，但一时间又想不起来了。

崔长史就是崔敬昌，原本是绵州昌明县令。此人不学无术，为官多年却毫无政绩，但又渴望高升。为了升官，他走了一条投机之路：他花重金巴结上了玄宗皇帝最宠信的大太监高力士，低三下四地认高力士为干爹，所以由七品县令一跃而升任到五品长史。他把做官当成了做买卖，觉得自己既然花了本钱，就得连本带利地捞回来。当他看到了“西蜀李白”的名刺，就想这真是冤家路窄，怎么在这儿遇见了？他想起了李白当年作诗讽喻自己之事，甚是不快，原不想见他，让他吃个闭门羹；但转念又一想：这不是财神爷找上门来了嘛。李白是西蜀大富商之子，他来求官走荐引之路，必然有重金在手，于是便传话接见，以便见机行事。等到在客厅里看到了阔别多年的李白还是那样一身素白打扮，就满面堆笑地说：“李公子，别来无恙？你我真是有缘千里来相会呀！”

李白此时已认出了这个又矮又胖的崔长史，正是当年的崔县令，不由得吃了一惊，霎时就有了不祥之感，但是强忍着没有表露出来，当下躬身行礼道：“恭喜大人高升！学生李白有礼了！”

“不必多礼，请坐请坐。”

二人分宾主落座，下人上茶。李白拿出了元演写给马都督的书信请求转交。崔敬昌接过信之后往茶几上一扔说：“李公子辞亲远游，算来也已经两年了，读万卷书，行万里路，拜万人师的结果是才名远扬，好诗倍出呀！”

李白谦虚地说：“学生才疏学浅，尽管如此，还是素有安邦济世之志，还望马都督与长史大人提携后进，大力保举！”

“好说好说，李公子新来乍到，请少安毋躁，先好好地游游山、玩玩水，等马都督回来，再从长计议！”

崔敬昌看到李白空着手而来，言语中丝毫没有送钱赠物的表示，心中便非常不快，寒暄几句话之后，便借口公务繁多，摆个官架子高声吩咐下人：“送客。”崔敬昌便走出了客厅。

李白知道崔敬昌过去的德行，也没有把希望寄托在他的身上，他想好事不用急，等马都督回来后再说。所以，他一连几天都像刚到任何一个地方一样，去游览观光，拜客写诗。

只在安陆城里待了5天，李白就爱上了这个山清水秀、气候宜人的地方了。他觉得自己自出蜀以来，野马般地到处奔跑已经两年，应该安静休息一段时间，仔仔细细、认认真真地消化吸收一下所见所闻了。因此就安心地在安陆城等待马都督的归来，暂且不想着游历了。

2. 热心元演

5天之后的一个傍晚，夕阳的余晖洒遍了整个安陆城，扬州的元演突然风尘仆仆地出现在安居客店内。李白见后一把拉着好友的手，意外惊喜地说：“元演兄，你怎么知道小弟我住在这里？”

元演比李白大两岁，个子却矮了一截，身体比较清瘦，但因家境很好，仕途又顺心，脸上总带着一种春风得意的表情。他拉着李白的手说：“出门人嘴巴就是路，我可以找人问嘛。”当元演知道马都督去长安述职不在安陆时，又说：“不要紧，贤弟你就安心在此等待吧！鸟儿飞久了还要回窝呢。安陆这地方我很熟悉，明天我就带你去拜访一位地方有名的人物。”

“哪一位？”

“这人在安陆是无人不知、无人不晓的。他是高宗皇帝的宰相许圉师的儿子许达，在中宗时当过工部员外郎，人们都叫他许员外。这人饱读经史，喜欢诗文。他和我父亲原是世交。”

李白每到一处都要拜会地方名流，这早已成惯例。现在又有好友引荐，当即就答应了。他叫酒保拿来酒菜，两个人高高兴兴地喝了起来。

李白说：“元演兄，兄弟我这是借花献佛——用你的钱我来请客呀！”

元演说：“如此区区小事，何必挂在嘴上。你我志趣相投，情同手足，相见恨晚，何必分彼此呢？”

两个人你敬我一杯，我还你一盅地喝得特别痛快。晚上就在一起同枕共眠，而不知东方已白。

许员外家住在安陆南街，是一个三进大院的高门大院。朱漆门额上有“宰相第”的镂金牌匾。由于元演昨天刚刚来过，看门的人早就认识，所以当他带着李白一块来时，不用通报就径直进去，走向了书房。

书房很大，三面墙都是盛满书的大书柜。许员外身着葛巾长袍，年近六十，中等身材，身体略胖，两鬓已经斑白，但精神还好。他见元演领了一个一身素白的高个年轻男子走了进来，不用问便知是元演昨天已说过的诗人李白了，便起身相迎：“欢迎，欢迎！”

元演与李白向许员外行了侄辈之礼后，就分宾主坐下。丫鬟荷香敬上香茶。

元演向许员外介绍道：“世伯，这位就是西蜀李白。他从小就有安社稷、济苍生的宏图大愿，今年才 27 岁，就读了万卷书、行了万里路。现在诗名大震，佳作倍出。蛟龙不会是池中之物，他今后定能成为大唐王朝的栋梁之才。”

“久仰，久仰，”许员外不断地打量着李白说，“李公子，你的诗文老朽早已拜读过不少。《大鹏赋》和《峨眉山月歌》都写得非常漂亮。”

“献丑，献丑！”李白客气地说，“晚生初出茅庐，原是绒毛鸭子初下水，各方面都很欠缺，还望老前辈不吝赐教！”

许员外稍微一笑说道：“李公子太客气了，自古英雄出少年嘛！”三个人谈论了一些国家政事，谈得十分投机，大有相见恨晚之感。不知不觉到了中午，许员外吩咐自家的老用人准备午饭。李白觉得初次见面不便打扰，提出要回去。许员外执意要留李白吃饭，元演打圆场说：“到许世伯家就像到了我家，贤弟就不用客气了吧！”

三人一块来到餐厅围着一个黑漆的八仙桌就座。许员外坐了上座。年老略胖的许夫人也从内室中出来坐下，四个人刚好一人坐了一方。许员外频频对李白敬酒，李白见许员外一片诚心，就开怀畅饮起来。酒足饭饱以后，李白提出告辞要回客店。许员外说：“李公子不必回去了。寒舍空房很多，闲着也是闲着，不如搬来同住，也方便热闹！”

李白非常感动：“晚生与老前辈萍水相逢，怎好这般打扰？”

元演说：“恭敬不如从命！贤弟你我就都住在世伯家里吧！”

许员外立刻叫用人去安居客店搬李白的行李并叫来书童丹朱，将李白安排在东厢房内与元演同住一室。丹朱则另住在紧邻的另一间客房内。

3. 月光琴声

一轮皓月徐徐升起在晴朗的夜空，银河两岸群星闪烁。李白与元演在客房中对坐下棋，忽然，一阵动听的琴声从后院传来。李白侧耳倾听，曲名叫《凤求凰》，就问元演：“此琴是什么人所弹？”

元演说：“愚兄也不知道。此曲弹得这般悠扬婉转，弹琴人绝非等闲之辈。贤弟怎么不前去探寻一番？这棋嘛，明天再下吧！”

李白说：“那我俩就一块前去吧。”

元演欣然答应：“好哇，贤弟先走，愚兄去方便一下就来。”

琴声还在“叮咚”弹着。李白顺声踏着月光来到后院，在一栋二层楼的阳台上，只见一个身着短衣长裙、身材窈窕、梳着高高发髻的年轻女子，在月光下盘膝而坐，正在轻拢慢捻地弹奏着手里的焦尾琴。女子聚精会神、一丝不苟地转动着纤纤素指，弹得十分专心。那琴声如泣如诉、如思如慕地表达了一个人对另一个人的倾慕与追求之情。李白知道这《凤求凰》曲子，是西汉时西蜀临邛的才女卓文君为追回大文人司马相如而弹奏的，不觉听得驻足发呆了。

一曲《凤求凰》弹完，李白意犹未尽，还想继续听第二只曲子，此时楼上弹奏曲子的女子发现有人在楼下偷听，如同一只受惊的小鹿，连琴也顾不上拿，就急匆匆地离开阳台回绣楼闺房中去了。

李白想呼喊却又不敢，心中怅然若失地好久不愿离开。

“贤弟，此琴弹得怎样？”这时元演出现了，笑嘻嘻地发问。

“妙，妙极了！”李白赞叹不已地说，“不知这弹琴女子是什么人？是否能和她见一面？”

元演扮了个鬼脸说：“夜深人静，男女有别，就留个谜让贤弟回去猜吧！”

二人边说边回到客房，稍作洗漱之后就上床休息。李白闭上眼睛后，久久不能入睡，思绪老围绕在那个弹琴的女子身上。

第二天早饭时，李白食不甘味，他又问起了昨晚楼上的弹琴者。

许员外说：“弹琴女孩正是小女许淑。她无意中为公子献丑，多有打扰了！”

李白说：“既然是小姐，为什么不让她过来与我们见上一面，也可容小侄当面请教呢？”

“这——”许员外捻着胸前长须略有些迟疑。在男女授受不亲的封建时代，尤其是官宦人家，一般妙龄女子是不轻易与成年男子会面的。

元演知道许员外的家规特别严，就开口说道：“贤弟既然承蒙许世伯厚爱住进家中，迟早都会与小姐谋面。世伯就不要拘泥礼法，索性请小姐出来认识一下吧？”

许员外也觉得元演言之有理，稍加沉吟后就传话：“荷香，请小姐出堂见客人！”

许淑小姐高髻长裙，薄施脂粉，在丫鬟荷香的引导下来到了前堂。李白顿时眼前一亮，仔细一瞧，好像在哪里见过许淑小姐，但一时间竟想不起来了。许淑看见高个长圆脸、一身白素穿戴的李白也有似曾相识的感觉，不由得凝神思索了起来。片刻，李白猛地一拍脑袋说：“许小姐，那日在河中不会游泳却下河救人的人，原来是你呀！”

许淑微笑着回答：“公子，那个施恩不图报、拒绝别人酬谢又不留姓名的大好人，原来就是你呀！”

两个“原来是你”的话，让在场的人听后都困惑不解，不知所云。元演问明情况后高兴地说：“真是无巧不成书，原来你们二人早已见过面，并且还有了交往呀！”

李白和许淑心中都暗暗称奇，脸上都不由得泛起了红晕，都感觉有些不好意思。李白这才仔细地打量这个女子：只见她细眉大眼，细腰长腿，唇红齿白，虽说不上十分漂亮，但那种青春的风韵，却非常招人喜爱。

出于少女的羞涩和严格的家教，许淑向李白和元演深深地施了一礼，道了个万福后就转身回到后院的绣楼上去了。接着许员外也借口有急事走开了。这样元演才言归正传地说：“贤弟，愚兄我从扬州特地赶来，为的是你的婚姻大事呀！”

李白因受孟少府的推荐，加上元演的鼓动，不觉有些心动。

正在此时，后院绣楼的闺房里，许员外夫妇俩正在和女儿谈话。许员外说：“男大当婚，女大当嫁，父亲就你这一个宝贝女儿，把你视作心肝宝贝。择婿之事，也就非常慎重，你决心要挑个称心如意的郎君，挑来选去东也不成、西也不就，为父总是依了你的性子，如今又该你说话的时候了。”

许夫人接着说：“淑儿呀！元公子带来的李公子与崔长史家的崔福相比，虽说家境差些，可人品却超过十倍百倍，这下你该满意了吧？”

许淑此时的心情，好像十五只水桶打水——七上八下，难以平静。俗语说：易求无价宝，难得有情郎。这个李白文有文才、人有人才，可算是文才双全，应该是个如意郎君了。但是婚姻大事，不能儿戏，性急喝不得热汤饭，还得再仔细想想。想到此，许淑便红着个脸说道：“爹爹，母亲，您二老爱女的心情，孩儿我知道了。俗话说：路遥知马力，日久见人心。反正李公子住在咱家，女儿还要再仔细地了解了解再定。”

“你呀！”许夫人嗔怪地说，“你可不能挑花了眼再错过了机会！”

许员外也说：“好吧，为父也不拿父母之命、媒妁之言来压你了。可怜天下父母心，你就再好好看一看、想一想吧！”

时光荏苒，几个月间，经过熟悉与了解，许淑终于下定决心嫁给了李白。

李白成婚之后，发现夫人许氏果然通情达理，性格贤淑，只是身体欠佳。丈人许员外也的确为人仁厚，而且对李白寄望甚高，给了女儿很多陪奁，以作栽培女婿之用。但是大舅哥许大郎对他却是一副不冷不热、不理不睬的模样。

孟少府不是说许员外膝下只单生一女吗？怎么又多出这么个大舅子呢？原来，许大郎是许员外死去的胞兄的儿子。许家虽然是世代簪缨，倒不是为富不仁一类。许圉师是进士出身，许员外也是明经及第，也算得上是诗书传家。只有许圉师的长子——许员外的胞兄许自然，却是横行乡里。有一次他在郊外行猎，践踏了别人的庄稼，人家找他赔偿，两边争吵起来，他竟将人家一箭射死，虽然没有抵命，许圉师却为此丢了官职。许大郎没有继承他祖父的良好家风，却遗传了他父亲的不好德行。他眼见叔父膝下无子，早有觊觎之心，只等他叔父一死，两房家财便由他一人独吞。至于堂妹嘛，一嫁完事。“嫁出门的女儿，泼出门的水。”许大郎的算盘正打得高兴，不料被李白入赘给搅黄了，因此，李白一到许家就成了他的眼中钉、肉中刺。

李白当然不屑于和他计较，准备过个三年五载，有了安身之地，就和许氏自立门户。谁知这许大郎不但冷漠无情，而且言语之间对李白竟逐渐地含讽带刺起来。李白决定“敬鬼神而远之”，便和夫人许氏商量，想另找一个清静地方去读书。许氏提起他们家在城西北 60 里的北寿山有一处院落，是祖父许圉师遗留的读书之所，只是年久失修，恐怕住不了人，需要修葺一番才行。李白听说有这样的一个好去处，便顾不得等待修葺，略收拾了一些简单行李，带上丹朱和一个家人，第二天就搬到北寿山去住了。

从安陆出发，骑马只用半天，他们就到了北寿山。李白一看，山虽不大，却是林木蓊郁，峰峦秀出，映霞吞云，曲径通幽。老宰相的读书堂就在半山腰，虽然十分破旧，但还没有倾塌，只需稍事收拾就可以了。于是李白和随同的人一起动手，不到天黑，便大致收拾停当。从此李白便在这里专心攻读，每隔十天半月，回去看看夫人和岳父岳母，他们也经常给他送一些东西过来。

第四章　干谒不成

一、一谒不成

许家藏书确实很多。李白整天饱读诗书，如饥似渴。上自经史，下至道藏。他越读越觉得以前学识的浅薄，他越读越觉得先前的作品还不成熟，也越觉得在金陵和扬州期间荒废了光阴。因此，他决定暂时不再出去从事干谒，甚至暂时也不写什么东西。

但李白的岳父却急着望婿成龙，早替李白到州县张罗做官事宜。郡督马公一来看在许家面子上，二来也看在元演情分上，三来觉得李白也确实是个人才，便表示有荐举李白的想法。

在一次宴会上，安州的朝野豪绅欢聚一堂，元演也适逢这次宴会。马公向大家推荐了李白，并请李白以这次宴会为题，当场作一篇序文，以为纪念。李白略加思索，墨刚研好，他构思已就，提起笔来，霎时成文。马公一看，高兴得连称“奇才！奇才！”，又对坐在他下首的长史李京之说：“我看许多人的文章都枯燥无味，好似山无烟霞，春无草树。李白的文章却写得清新流畅，更兼佳句不绝，妙趣横生，真让人百读不厌，长读不倦。”李长史虽然点头说好，但却是皮笑肉不笑，而且溜了许大郎一眼。许大郎脸色阴沉，一语不发。原来他们二人之间正在进行一桩“买卖”。李长史早已受过许大郎的请托，准备荐举他的小舅子。许大郎去年在李长史生日时就送过一件紫貂，近日又借他孙子满周岁送来一个金锁。而这位小舅子也是狗屎做的鞭——闻（文）也闻（文）不得，舞（武）也舞（武）不得。李白出现之后，这事就更难上加难了。李白无论如何也没有料到，都督马公的赞赏又让他成了李长史的眼中钉。

都督府宴会之后，李白本想马上返回北寿山中，但因元演在此，李白就陪他在城中多住了些日子。一天夜间，元演和朋友们置酒高会，自然邀请了李白。大家又是清谈长歌，又是联句赌酒，不知不觉到半夜，酒也喝多了一点。李白第二天早晨才起身回家，骑在马背上，还有些晕晕乎乎，又加上这天早上有雾，更觉得迷迷糊糊。只听见前面车轮响声，抬头望去，好像是都督府的主簿魏洽。他正准备要上前行礼，却听得一声怒喝："小子不得无礼！"原来他一下冲到了长史大人李京之车前。按规矩，李白是应该在十丈远之外就应该给李京之回避让道的。犯了这一条规矩，老百姓轻则当场挨一顿鞭子，重则捉到官府里去挨一顿板子。读书人轻则当场要赔礼道歉，重的还要负荆请罪。此事本来没什么大不了的，但李京之偏偏要小题大做，强说李白目中无人、目无尊长，故意冲撞他的大驾，甚至将他的车子撞翻等。李白当场赔礼道歉不行，还要李白呈递认罪书，等候处置。李白回去后，只给夫人谈起了此事，不敢惊动岳丈大人。许氏赶紧请他哥哥去讲情，结果反而越说越糟，声称要上笞刑。李白只得按捺住平时的脾气，写了一篇卑躬屈节的认罪书，用了连篇累牍的诚惶诚恐的词句，什么"入门鞠躬，精魄飞散"，什么"五情冰炭，罔知所措"，什么"昼愧于影，夜惭于魄"，什么"启处不遑，战跼无地"，什么"一忤容色，终身厚颜。敢昧负荆，请罪门下"……这才勉强完事。李长史将这份认罪书，又加上了他的按语，一起送到郡督马公案头。马公本来准备荐举李白的事，从此就不了了之了。

二、游历山川

1. 力救子仪

干谒无门，李白就和元演一起出门游历名山大川去了。

两个好朋友北行，渡过黄河，穿越太行山，仲冬时节到达河北的太原府。

太原是边塞要镇，唐高祖李渊在隋朝末年曾经在此担任过太原留守，是李唐王朝的发家之地，在开元十一年时被称为北都，虽然北都太原不及西都长安、东都洛阳的繁华，但商业也非常发达。城区店铺林立，人来人往车流不断，不时有驼铃叮咚之声在城区响起。一队队满载货物的驼队走过：从南面运过去的大都是皮毛、奶酪，向北去的大多是食盐、布匹和兵器、军帐等物资。

府尹元宏是一个年过花甲的忠厚老者，他对儿子的到来非常高兴。元演向父亲介绍了李白。元府尹见眼前的李白虽是布衣打扮，但高大英俊，眉宇间显出一股英武刚气，当即表示欢迎说："老夫早就拜读过李公子的许多诗篇，今天一见果然诗如其人，后生可畏呀！"

李白没有住在客店，和元演一起住进了元府，受到了嘉宾的礼遇。他和元演一道游览了许多名胜古迹，城西南八里的晋祠给李白留下了很深的印象。晋祠极其古老，曾是周武王儿子唐叔虞的分封地。李白记得《水经注》中曾有记："悬瓮之山，晋水出焉。"李白对唐叔虞遗迹的兴趣并不高，对于晋水源头滔滔不绝、长流不息的一股清泉倒是兴致很大。泉水清澈见底，流量很大，其味甘甜爽口。李白由此联想起了春秋时智伯堵晋水以灌晋阳（太原）城的故事，更觉得这泉水源远流长。"晋祠流水如碧玉，微波龙鳞莎草绿"的诗句便油然而生了。

李白这次太原之行，最值得大写特写的就是挽救了唐王朝的中兴名将郭子仪。要不是李白慧眼识英雄，天宝十四年（公元 755 年）开始，经历了近 8 年的安史之乱就很难说有什么样的结果了，唐朝历史将是另一番样子，而李白后来应邀相随永王李璘出征，糊里糊涂地犯下死罪，同样也就没有人出力相救了。

那是一个冬日少有的艳阳高照的中午。李白和元演信步出了太原城西门，在汾河边上赏景。虽然昨天刚下了一场大雪，四周是白茫茫一片，但因暖阳的照射，并且又没风，李白穿着羊皮袍，并不感到很寒冷。他们看见汾河已经封冰，河面平滑光洁。一群小孩正在天然的冰场上滑冰嬉戏，一队戎装的士兵则在河畔上持戈操练。忽然，一阵牛角号"呜呜"地吹起。

"让开！让开！"一阵吆喝声停止，一队骑兵飞奔而来。这是一队行刑兵队，他们押解着一辆囚车，囚车上面有一个被反绑双手、背插着斩标的青年壮汉。斩标上白底黑字清楚地写着："斩决犯郭子仪"六个大字，还专门在"郭子仪"三个字上打着三个红 ×。李白细看那犯人长得高大健壮，脸色黑得发红，眉宇间露出一股英武之气，不像是个坏人，再加上面对即将到来的斩刑，该犯人竟毫无惧色，真有点大义凛然、视死如归的气概。李白再想想，此人好像在什么地方见过，凝神细想，果然想起来了。那是不久前李白和元演从五台山游历归来的路上，从一家酒店门前，只见店老板正和一个军人模样的大汉发生争吵。李白上前一打听，才知道是军汉吃了店老板的酒饭后不付钱，店老板索要，军汉反而动手打人。店老板不服气，硬要拉这个不付钱的军汉去军营见他的上司。军汉穿着一身军衣，还要动手打人。路见不平，李白正想上前干涉。“慢！”正在这时，从围观的人群中走出了又一小头目打扮的高个子军人汉子，掏出一把散碎银子代付了酒饭钱后，便横眉教训白吃者说：“兄弟，人家是将本求利，我等吃着朝廷的粮饷，怎能随便去白吃人家的呢？回营去吧，以后没钱花了，只管到草粮营来找我郭子仪。”白吃者满面羞惭地低头走了。店老板对疏财仗义的郭子仪满心感激，坚决不收银子。郭子仪说：“收下吧，我代那个弟兄向你赔礼道歉了！”店老板感激不尽地说：“人们都说吃粮当兵的人，披一身老虎皮，个个都凶神恶煞，专门欺负老百姓。看来，吃粮当兵的人中还是有好人啊！”

李白看在眼里，对郭子仪产生了敬佩之情，于是掏出银子来垫还。郭子仪坚持不收，只深施了一躬就匆匆忙忙地归营去了。相隔才十几天而已，郭子仪三个字和他的一口关中口音还留存在他的脑海里无法忘记，怎么今天突然就变成了个死刑犯了呢？他转向行刑队头目，向他询问。头目也是奉命行事，也觉得郭子仪罪不该死，心里充满了怜悯之情，很希望有人出来为他说情减刑，于是破例停步做了说明：原来郭子仪是个草料营的小头目，统领着近百人。他平时管理部属非常严，特别叮咛部下要小心烟火，假如烧了军用的物资，当事人和主管人就不能活命。其中他的部下有一个小卒是个好色之徒，酒醉后去调戏一个良家女子。郭子仪发现后，便气愤地打了小卒二十军棍，并让其游营示众。小卒为了报复，于是在深夜里放了一把火后逃之夭夭。草料营被烧掉了大半。上司归罪于郭子仪，一怒之下就传令处以斩刑，并押赴城西法场立即执行。李白问清缘由后，便高喊：“刀下留人！”行刑队头目见李白口气极大，便问：“你是什么人？”李白回答：“小生西蜀李白，是府尹大人的座上宾。而这位是府尹大人的公子元演，扬州的元参军。”

“啊！既然有二位作保，在下就网开一面，暂缓行刑。”

“多谢了，人命关天，务请稍待！”

李白当下和元演一起飞马进城，面见元府尹，尽力出保郭子仪。元府尹答应缓刑，接着又查明了郭子仪犯罪的事实真相，结果以管教部属不严论处，禁闭 3 天而替代了死刑。郭子仪从枉死城的边缘被挽救了出来，“恩人李白”四字就牢牢记入了脑海。堂堂七尺男儿，竟然流着眼泪说：“得人滴水之恩，须当涌泉相报。恩人啊，有朝一日我定会加以报答的。”

李白仗义救出了郭子仪之后，就慢慢忘掉了这件事。他哪里知道，他救的不是一个普通的军官而是整个大唐江山——安史之乱起兵后，整个王朝开始土崩瓦解，要不是郭子仪披甲挂帅平叛，力挽狂澜的话，唐王朝能否延续下去恐怕都是个问题。这就叫时势造英雄，在特定的环境下，英雄也可造就时势。

2. 黄鹤楼处

这时已是开元十六年春天，李白本想还是返回北寿山中继续攻读。元演怕他一人回山中忧闷成病，劝他出去走动一下，而且告诉他孟浩然即将有江东之行。所以，李白决定去看望孟浩然。

游完隆中，二人又雇了一只小舟，顺汉水而下同游江夏（今湖北武昌）。

江夏位于长江中游的蛇山脚下，是汉水和长江的汇合处。

李白来到了江夏，正遇到一些朋友在准备给蔡十饯行。蔡十是安州人，远游归来，即将回乡。大家一见李白来了，便将饯行和接风放到一块进行，在黄鹤楼上置酒开宴。楼上有很多楹联匾额，还有一些题诗。李白一首首看来，感觉都不太出色，唯独崔颢的一首《黄鹤楼》鹤立鸡群，李白便高声诵读了一遍：

昔人已乘黄鹤去，此地空余黄鹤楼。
黄鹤一去不复返，白云千载空悠悠。
晴川历历汉阳树，芳草萋萋鹦鹉洲。
日暮乡关何处是，烟波江上使人愁。

大声叫好。大家一看，都十分佩服，便请李白也题诗一首，李白摇摇头，随口答道：“眼前有景道不得，崔颢题诗在上头。”众人说道：“听人说你非常骄傲，没想到今日竟如此虚心。”蔡十反复请求李白给他写点诗什么的留作纪念，于是李白即席作了一篇《早春于江夏送蔡十还家云梦序》。安州的廖秀才等人也写诗撰文留念。这一天，大家开怀畅饮，尽兴而去。

廖秀才对李白的诗文十分钦佩。他对江夏十分熟悉，自愿作李白在江夏的导游，陪同李白逐一游览了江夏的名胜古迹。他再三向李白请教作诗的技巧。李白告诉他说：“佳句天成，妙手偶得，实在并没有什么秘诀。”廖秀才问道：“那你的《巴女词》《荆州歌》《长干行》……这些好诗是怎么得来的呢？”李白笑道：“捡来的。”廖秀才以为李白跟他开玩笑。李白说：“你若不信，我们就到南浦去拾一首。”

南浦是城南的一个大渡口，南来北往、西去东来的商旅船只都在这里停泊。西去巴蜀，东下扬州，都要从这个渡口出发。这里片片征帆带去了多少妇女的心，这里的江水中洒下了多少离人的泪，这里的杨柳枝还没有完全青就已被送别的人攀折得七零八乱。

他们在那里走了半天，又到渡口边的一家小酒店去喝了一会儿酒。只见一个少妇面带愁容来到小酒店中，向当垆的少女打听有没有从扬州来的船只。那少女告诉她，从扬州来的船三天两头都有。那少妇就自言自语地说：“人不回来嘛，总该有个信回来嘛！说是最多一年，如今却已经三年有余了！……”说着，便从身上掏出手绢擦起眼泪来。那少女说：“都三年了，要回来早该回来了，你还为他擦眼抹泪干什么？你开始就不该……”那少妇说：“是啊，我后悔已经来不及了。可是这事由得我么？将来阿妹你……”两人于是同病相怜起来，放低声音，交谈了一阵。最后，那少女说：“那你就先回去吧。再有从扬州来的船，我找人去叫你，你就别经常到江头来看了。”那少妇谢过那少女，眼含热泪地离开了。李白眼望着那少妇远去的背影，脑海便又浮现出江陵唱曲那个妇人的身影，江陵妇人的影子逐渐和眼前这个妇人的影子叠在了一起，耳边又响起西曲哀伤的调子和歌词……廖秀才看他出神地坐在那里，便说：“这种地方，哪有什么诗呢？咱们回去吧。”

次日，廖秀才问李白：“李兄，你捡的诗在哪里？”他仍以为李白是在开玩笑。李白却指着案头一张诗笺说：“这不是么？”廖秀才一看，头上写着三个字《江夏行》：

忆昔娇小姿，春心亦自持。
为言嫁夫婿，得免长相思。
谁知嫁商贾，令人却愁苦。

自从为夫妻，何曾在乡土？
去年下扬州，相送黄鹤楼。
眼看帆去远，心逐江水流。
只言期一载，谁谓历三秋。
使妾肠欲断，恨君情悠悠。
……

廖秀才还未读完就赞叹起来，读完以后又穷追不舍地追问李白究竟是怎么捡来的，他怎么就没有捡到呢？李白说："自离蜀以来，江行数千里，一路上见到、听到不少商人妇的悲惨故事；巴渝、荆襄、吴越等地的歌谣中也流露出她们的哀思。心中便动了恻隐之情，但又无法解救她们，只好作几首诗替她们诉诉苦。昨天去南浦，恰好遇着一个商人的老婆在那里打听她丈夫的消息，一下子就触发了我心中这种怜悯的感情，因此便捡来了这首《江夏行》。作诗关键的是平日心中必须有所积累，否则即使碰到一些可以写诗的事物，目无所见，耳无所闻，心无所动，也就无所谓触景生情。天地间本有浑金璞玉，而吾人往往失之交臂，其原因就在于此。"廖秀才一听，茅塞顿开。

在江夏数日，终于等来了孟浩然，两位诗人在江夏拜会了当地的名流和诗友，还专门去汉阳的古琴台登高怀古，向当地老人采集有关俞伯牙摔琴谢知音的传说。他们对俞伯牙与钟子期的纯真友情表示了一番感叹。

该做的事情都已经做完，时间也过去了整整五天。孟浩然忽然提出要东下广陵去寻找旧友，并邀李白一同前往。李白也想一道同行，忽然想起安陆家中的许氏：屈指算来已怀孕数月，将近分娩。如果她临盆时，我这个做丈夫的不在她身边，难道不是太无情了？他把这一想法向朋友讲出，孟浩然当即表示理解："好呀，无情未必真豪杰，弟妹临盆大事重要。愚兄恭喜你早得贵子。你我来日方长，后会有期了。"

两位诗人，相互钦慕，相互敬重，相互切磋，在短短的相聚又同游的日子里，结下了深厚的友谊。一个晴天的早晨李白难舍又难留地在黄鹤楼下送别了孟浩然。他从客店一直送到江岸又送进了船舱。临别之时，李白还把扬州的元演介绍给孟浩然，叮嘱他届时前去拜会，定会受到很好的照顾。二人相约，来年再结伴同游。孟浩然则衷心希望李白早日西去长安，一展他的大鹏之志。

开船的时间到了又推迟，船夫等得不耐烦了，李白才又一次与孟浩然拱手洒泪作别。他刚一离船上岸，船夫就撑篙离岸，扬起了白色的风帆。船儿顺水又顺风，疾如飞箭。李白站在岸边极目远送。远了，远了，直到船儿已消失在水天相连之处。李白怅然若失，雕像一般地站在原处好久一动不动。这时，他思潮澎湃，那首以纯真的友情为基调的《黄鹤楼送孟浩然之广陵》的千古绝唱便诞生了：

故人西辞黄鹤楼，烟花三月下扬州。
孤帆远影碧空尽，唯见长江天际流。

三、再谒不成

1. 夫妻相聚

送走孟浩然以后，李白马上返回安陆。他雇了一匹马，一路上快马加鞭，第二天黄昏的时候就披着夕阳的霞辉，风尘仆仆地回到了安陆家里。许氏正挺着个大肚子在门前守候。她看见一个身骑快马的人落鞍下马，虽那人有满面尘土，但她还是一下认出了他，不由得喜出望外，迎上前去接过马鞭说："夫君辛苦了，妾身在此等候多时。"

李白听后惊喜地说："夫人，你怎么知道我今天会回来？"

许氏笑了笑，神秘莫测地说："这就叫做心灵感应。我的心告诉我，是你要回来了。"这一句应口的玩笑话表达了无限深情。其实自李白离家出游不久，她每天黄昏都要在府门前等候。她明知等候十有八九会落空，可还是心甘情愿地等，真是苍天不负苦心人，今天终于让她等到了。

拍打完一身尘土的李白，高兴地走进家门，略作梳洗之后就去上房拜见岳父岳母，递上这次出游在外写的诗稿。许员外仔细询问了女婿的活动日程，翻阅着诗稿。他尤为欣赏赠孟浩然的那两首，说这诗句不是用笔墨写的，而是带着纯真的友情写出来的，可作为传世作品，言外之意是他亲自挑选的上门女婿没挑错，将来就是做不了朝廷的栋梁，也必是一个名扬四海的大诗人。

入夜，一轮明月斜射进窗口，照见了互相拥抱在一起的李白夫妻俩。许氏像个小羊羔一样特别温顺地躺在李白的怀里。李白抚摸着夫人隆起的肚子，喜不自胜地说："恭喜你夫人，你快要做妈妈了。"

许氏满面红晕，低声说："也恭喜你快要当爸爸了。"

"是啊，我是快要当爸爸了。"李白在高兴之余，不由得轻轻地叹了一口气，好像有满腹心事似的。

知夫莫若妻，细心的许氏说："怎么，你又在为你的'安社稷，济苍生'的前程而烦恼吗？"

"夫人真是深知我心。"

"别急，性急吃不了热豆腐。夫君你还很年轻，前途无量嘛！不管何时何地，妾身永远支持你，永远都是你的追随者和最忠实的妻子。"

"谢谢，谢谢！"李白低头狂热地吻着温柔的夫人，熄灯后，两个人紧紧地相依相伴，有着久别胜新婚的感觉。

2. 回书浩然

与夫人许氏略叙寒暖后，李白便拿了藏书楼的钥匙，选了一大堆关于汉魏六朝乐府，特别是"相和歌辞""杂曲歌辞"的书籍，带着去了北寿山。这一次到了北寿山中，便经常是三两月也不回安陆一趟，不免惹得许氏气闷伤心，并向许员外诉苦。许员外也觉得女婿用功读书固然很好，但还是应该多到地方长官和社会贤达当中活动活动，才可能有出息。李白虽然口头上也连声答应，过后依然住在北寿山中，不大回来。

大约是许员外给扬州的孟少府写了信，请他规劝李白。于是，李白又接到孟少府一封致北寿山的"移文"。"移文"本是用于平行官署之间的文书，致北寿山其实是从李白门前过，转弯抹角地把李白责备了一番：开头是鄙薄北寿山小而无名，不值得人盘桓留恋；然后又责怪北寿山把贤人才士隐藏起来，有负于国家。孟少府写"移文"的目的也是奉劝李白不要总是待在山里读书，应该出去多走动走动，早日得个一官半职，也不辜负许老相公殷切的期望，也不枉自他孟某介绍一场。李白也顺水推舟，写了一篇《代寿山答孟少府移文书》。

此文书开头用北寿山的口气说，我虽是无名小山，无功无德，却也能"攒吸霞雨，隐居灵仙"，也能"产隋侯之明珠，蓄卞氏之光宝"。泰山虽大而又有名，但如果封禅，劳民伤财，连草木石头也会遭殃，也不见得多可贵。然后又用北寿山的口气说，“天不秘宝，地不藏珍”，贤才不出，原是王德不广，我有何罪呢？逸人李白从峨眉山来到我这里，我让他尽享自然之美，永葆青春，又有什么不好呢？他虽然身居山间，却并未忘掉他的宿志，仍然一心想着：“申管晏之谈，谋帝王之术，奋其智能，愿为辅弼。使寰区大定，海县清一，事君之道成，荣亲之义毕，然后与陶朱、留侯，浮五湖，戏沧洲，不足为难矣。”由此看来，我北寿山并不是什么宝地，而却是养贤人的地方。

李白借用北寿山的口，把自己的平生大志和暂且隐居山中的原因诉说了一番之后，很想把李长史和许大郎对他怀恨在心一事告诉孟少府，但又不便直写其事，不得不仍然借北寿山的口说话：虽然有山精木魅、雄虺猛兽，我也会把它们赶得离我远远的，不让它们来干扰和伤害李白；我又让清风为他扫地，请明月来与他做伴。让他得以一心一意地完成他的“万卷书”的学业，为他日后的“冲天飞”做好准备。我在北寿山养贤的心，可够诚恳了。孟少府啊，你错怪我北寿山了，也错怪那李白了。

李长史在李白心目中就是一头“猛兽”，那许大郎在李白心目中就是一条“雄虺”，还有一些在暗地里作梗的小人在李白心目中就是“山精木魅”。幸亏有北寿山这样一个去处，李白才得以免去更多的纠纷与灾难。

3. 谣言惑人

李白听到李长史升迁的消息，又觉奇怪，又是庆幸。奇怪的是：这样一个缺少才德的人竟然神通广大，官运亨通；庆幸的是：此人一走，无疑是去了自己头上的一颗灾星。

对继任的裴长史，李白早有耳闻，是一个文武双全的人。裴长史为人豁达大度，好客爱才，所到之处，宾客成群。公休之余，不是置酒开宴，款待众宾客，就是领上一些人出去驰马射箭。有些人给他编了一段顺口溜说：“车如流水马如梭，裴公门下宾客多。只须裴公一句话，胜似大比登高科。”由此李白对裴长史抱有很大希望。长史虽是副职，但却是都督府的实际主事人。

这年八月初五，是玄宗 40 岁的生日。早就有诏令下达，钦定八月初五为“千秋节”，皇上要在这天“与民同乐”，除在京城花萼楼下大宴群臣外，并令天下诸州各县宴乐 3 天。安州都督府和安陆县衙以及城中公私邸第，从八月初一开始，就已扎牌坊，搭戏台；商家纷纷油漆门面，一般庶民百姓也把住宅内外粉刷一新。这“千秋节”竟比过年还要热闹。

李白来到城里，看见到处焕然一新，喜气洋洋，一派升平盛世气象，他的精神为之一振。更使他高兴的是，一进许家大门，恰好看见都督府裴长史送来的请帖，请他在“千秋节”赴宴。在“千秋节”的宴会上，李白的高才又受到了裴长史的赏识。裴长史听说他还懂剑术，于是叫他当场表演一番。

裴长史亲自给李白倒了一大杯酒，李白一饮而尽，然后脱去外面的长袍，露出一身黑色打扮，衬托出他的白色皮肤，更显得英姿飒爽。他手拿家传的龙泉剑，走下台阶，来到庭中立定。左手反握剑柄紧靠臂后，右手握成剑指，两臂前伸，平举至胸。举目四望，好像一道电光扫过众人面前。然后右手将剑接过，便开始舞动起来。首先一个魁星点斗式的独立反刺，站立不动，稳如泰山，显示出他深厚的功力。再来一个燕子掠水式的仆步横扫，转换自如，干净漂亮，又显出他剑术的纯熟。然后转身斜带，如风卷荷叶；纵步平刺，如野马跳涧；耸身上指，如白虹贯日；撤步反击，如彗星袭月。只见他左盘右旋，上翻下跳，越舞越快，那柄长剑好似一条白龙在庭中翻滚，几乎不见身影。堂上堂下银光闪闪，寒风阵阵，看得大家都凝神屏息，许大郎竟不由自主地颤抖起来。庭中的白龙忽然消失得无影无踪，只见李白剑已回鞘。这时，随着裴长史洪亮的喝彩声，堂上堂下响起了一阵热烈的掌声。裴长史又亲自给李白斟了三杯酒，其他在座宾客也纷纷争着要向李白敬酒。满堂的人笑逐颜开，只有许大郎的脸变成了灰色，如坐针毡。

“千秋节”宴会之后，李白又整理了一份“行卷”，亲自送到裴长史府上。这次他特意把三篇大赋放在卷首，裴长史一见大喜，觉得李白实在是一个不可多得的人才，至少在安州这个地方是独一无二的。皇帝多次下达求士之诏，安州还不曾荐举过一个人，现在不荐举李白还能荐举谁呢?

不觉已是开元十八年春天，李白已经年满三十了。

在安陆的十年间，许氏先后生养了一女一儿。女儿取名平阳，小名叫明月奴，儿子取名叫伯禽。一双儿女都长得酷似父亲，聪明伶俐，给了做父母的很多安慰与欢乐。一日，李白正在山中苦读，突然，家人上山来报，说是许氏有要事相商，请姑爷近日马上回城。李白还以为是裴长史那儿有了好消息，兴冲冲来到家里，刚踏进房门正准备和许氏玩笑几句，刚问得一声：“夫人可好？”却见许氏面带泪痕，他还认为是夫人又怪他多日不曾回家，便随口说道：“不信比来长下泪，开箱验取石榴裙。”本想逗许氏开心，谁知许氏头也不抬，从怀中掏出一张叠成几叠的东西，交给李白。李白打开仔细一瞧，却是一张无头帖子，上有歪诗四句："冒充宗室假王孙，招摇撞骗滥斯文。拐带良家金陵女，畏罪潜逃安州城。"李白问夫人道："这东西是从哪里来的？"许氏说："家人从街上的墙上揭来的。督院街、衙门口、东市、西市……贴的到处都是……"说着又哭了起来。李白说："你我夫妻已有数载，难道还不了解我为人怎样？"许氏一想，除了不拘小节之外，李白的确也没有什么伤风败俗的恶习。便道："别的先不用说了，只是这'拐带良家'一事，从何说起？"哪知李白反而哈哈大笑起来："你去问丹朱吧，这事他知道得详尽。"许氏叫了丹朱来一问，才知道原来如此！

3 年前，在李白从金陵去扬州那个月明之夜，渡江的船只正要解缆，忽见岸上一个少女向他狂奔而来，直接跑上李白坐的那条船上，只说了一句"公子救命"，少女便昏了过去。这时，李白望见岸上火把闪烁，隐隐约约听见人声呼喊，很明显有人追赶过来。李白来不及问个究竟，便让船夫开船。船到江心，那女子才苏醒过来。李白仔细一看，这不是东邻的那个歌女吗？不等细问，她脸上的泪痕和伤痕已为她说明一切。当时，李白刚读了《谢安传》，访了谢安墩，便一心想学谢安。"虽不能马上学谢安运筹帷幄之中，决胜于千里之外；至少总该学谢安带歌女游山玩水，笑傲林泉。"就和丹朱商量说："把少女带上吧。"丹朱也说："真怪可怜的！不带上，叫她去哪里呢？"谁知到了扬州，李白不久就把钱花尽了，没有盘缠，李白只好把这女子交给了好友卢六。

许氏不禁轻声说道："这怎能叫拐带良家？"丹朱一听便跳了起来大声说道："谁说我们拐带良家，我去找他算账！"李白走来，说："明枪易躲，暗箭难防。去找谁算账呢？你还是给我打酒去吧！"丹朱只好气鼓鼓地出去了。

同样的一份无头帖子摆在裴长史的案上。面对这样的事情，裴长史的心中，有两种思想在斗争：一种是为国求才的思想，再加上他对李白十分喜爱。这种思想本来在心中占有重要位置的，他甚至对那几句歪诗产生厌恶之情，便把它抓起来揉成一团，准备扔掉了。但是另一想法又在他心中升起，这就是假如李白真是如此，他将受到连累。自己原本和李白素昧平生，虽然在安州这几年中，他并没有任何劣迹，但从前到底如何，以后又将怎样？自己好不容易熬到长史这个职位，和李白又非亲非故，万一因"谬举"降一级，还是多一事不如少一事。何况这无头帖子背后……想到这里，他不觉又将揉皱的纸团重新展开。那些歪歪扭扭的字迹竟好像是一张张邪恶的面孔，有的横眉竖目，有的挤眉弄眼，有的阴阳怪气，有的笑里藏刀。凭他多年官场经验，这份无头帖子背后的势力，恐怕不可小觑。这个念头才一升起，选贤和爱才的思想就节节败退，终于连找李白来问个清楚的想法都没有了。

因此，李白一连几次到都督府去求见裴长史，回答都是：长史身体不好，不见客。

安陆北寿山中，万籁俱寂。读书堂内，一灯灼灼。灯下，李白眉头紧锁，一双虎眼闪烁如电。他一会儿陷入沉思，一会儿挥笔疾书，一会儿低声吟诵：

> ……故知大丈夫必有四方之志，乃仗剑去国，辞亲远游。南穷苍梧，东涉溟海。见乡人相如大夸云梦之事，云楚有七泽，遂来观焉。而许相公家见招，妻以孙女，便憩迹于此，至移三霜焉。

念完一段，他站起来在室内来回走了一圈，又坐下来继续写下去。写完几段，又念起来：

> ……白窃慕高义，已经十年，云山间之，造谒无路。今也运会，得趋末尘，承颜接辞，八九度矣。常欲一雪心迹，崎岖未便。何图谤言忽生，众口攒毁。……

写到这里，他不禁想起近日来传出的谣言："……究竟是哪个造的这些谣呢？造我的谣又是为什么呢？搞得本来很器重我的裴长史也对我视而不见了。荐举入朝一事，想来又成泡影……准备写这封信去向裴长史表白一下心声。倘若不行，我就上长安。"于是他又饱饱蘸了一笔墨，略加思索，继续将最后一段写完：

> 愿君侯惠以大遇，洞开心颜，终乎前恩，再辱英盼。白必能使精诚动天，长虹贯日，直度易水，不以为寒。若赫然作威，加以大怒，不许门下，逐之长途。白即膝行于前，再拜而去，西入秦海，一观国风。永辞君侯，黄鹄举矣！

他原打算就这样结束，但又觉得意犹未尽，于是便站起来走来走去，顺手拨了拨灯芯。明亮的灯光，将他的影子投射在墙壁上，他看着自己这七尺高的汉子，到了“而立”之年，竟还是书剑飘零，寄人篱下，而且一连串的倒霉事几乎压得他在安州不能立足，心中好生烦躁。但又转念一想，天子既然一再下诏求士，而且除“贡举”“荐举”“制举”以外，又特令“草泽有文武高才，可诣阙自举”。“以我李白管、乐之志，扬、马之才，还能没有安身之地吗？安州没有我可以走的路，长安还能不接纳我吗？小小都督府对我闭门不纳，这算什么，长安的城门大开着哩！王公大臣的府邸大开着哩！”于是，他提起笔来在最后又加上一句：“何王公大人之门不可以弹长剑乎！”——“哪个王公大臣把我怠慢了，我将要向冯那样，弹剑作歌：‘长铗归来乎，食无鱼！’他就得给我开出上等伙食；‘长铗归来乎，出无车！’他就得给我派辆专车……”李白越想越高兴，就觉得这最后一句添得太妙了。这样才不致辱没自己的身价，文章也显得有始有终。

4. 东迁任城

但是，祸不单行，许家老员外夫妇相继而亡。之后许府门里就少了安宁，不是小两口在闹矛盾，而是半路里杀出个程咬金来。许氏的堂兄许大郎，闹着要继承叔父家的家产，理由是堂妹是嫁出去的女儿泼出去的水，并没有资格继承许家的遗产。

许老相国父子俩一生做官清廉，并没有多少遗产可继承，只有数十亩土地和一个三进大院，还有凡夫俗子瞧不起的万卷藏书。许大郎对藏书不感兴趣，说那些书不能吃也不能喝，他把目光集中在土地和房产上。许氏全力以赴，据理力争，认为她不是嫁出去的女儿，李白是招上门来的女婿，就是许家的儿子，就应该有继承财产的权利。许大郎胡搅蛮缠不讲理，说李白没有改姓许，他的一双儿女平阳和伯禽也并不姓许，就不是许家的人，因此不予承认。他欺负堂妹是个女流之辈，人单势薄。两兄妹闹得势不两立。许氏身体本来就虚弱，这样一闹，身体更加差劲，气得心口疼痛，而得了病久治不愈。

李白外游回来，面对此事，尽管也很生气，但显得很豁达，他奉劝妻子说：“我对钱财的事，向来看得极淡，钱财本来都是些身外之物，生不带来，死不带去。我所信奉的是：天生我材必有用，千金散尽还复来。对于你这个耍无赖不讲是非的堂兄，咱们惹不起他，难道还躲不起他？我看你干脆就把我这个入赘女婿的身份变一变吧？”

“怎么个变法？”

“咱们干脆离开这个家，离开安陆，去另外找个地方安家，就算你出外嫁给我，好吧？”

“你说得倒很容易，不当家不知柴米贵，破家值万贯哩。你是一个穷书生，重立个新家谈何容易？这又不是吹糖人，吹口气就出来了。”

“俗话说：在家靠父母，出门靠朋友。就连要饭的都有几个穷朋友嘛。”

“那你说咱们去哪里？”

这时李白有想回西蜀老家的打算。离家已经 12 年了，恐怕父母都老了很多。携妻带子回乡，父母一定会非常高兴。可是转念一想自己还是个布衣身份，怎么有脸见家乡父老呢？还是再等一等过些时候吧。思来想去，李白想到了一个地方：去东鲁任城（今山东济宁市），那儿有孔巢父、韩准、裴政等五位朋友，他们会帮忙给我们安下个新家的。

“好吧，我就依你了。”

许氏夫唱妇随地决定了出走。可是，许氏一想起就要离开这个生她、养她的老家，不由得就热泪盈眶了。李白用手巾替妻子拭干眼泪，极力安慰她说：“夫人，这十年来你为我吃尽了苦头。我名义上是许家上门女婿，实际上却像个流浪汉长年在外漂泊，很少回家，就是回家小住，也是好酒贪杯，时常长醉不醒。这个家，全靠你全力撑持，就是卖尽了你的金银首饰，也毫无怨言。我一个堂堂七尺男儿，虽有千首诗篇，却换不回柴米油盐，真是愧对于你呀！”

“别说了，谁让我是你的妻子呢？谁叫我们是恩爱夫妻呢？”

“夫人，我写有一首《赠内》，你愿意听吗？”

“当然愿意！妾身洗耳恭听。”

李白当下在夫人耳边吟诵了起来：

> 三百六十日，日日醉如泥。
> 虽为李白妇，何异太常妻？

诗中，李白把自己比作后周时的太常周泽。周泽每天在皇宫中打更，让妻子天天晚上在家中独守闺房。许氏说：“夫君，我成为你的妻子并不后悔。你长年累月在外，四方游历，是想行万里路、读万卷书、拜万人师，为了找寻写诗的材料。你爱酒如命是把酒当作了诗的灵感和发酵的引子。喝的酒越多，写的诗也就越多，你就更加名扬天下。总有一日，老天爷会开眼，让伯乐发现你这匹千里马的。”

“生我者父母，知我者夫人也。”李白得到妻子如此的安慰与支持，连喝酒成癖的坏习惯妻子也不反感，真是人生得一知己足矣。他激动得一把抱起妻子在屋里转了一大圈。

“别让人家看见，当心叫儿女们发现。”

“看见怕什么？我就是要叫孩子们知道，他们的爹爹是多么喜欢他们的妈妈嘛！”

夫妻俩会心地一笑，达成了共识。第二天李白就找许大郎交谈，提出许家的一切财产他都愿意放弃，只要全部藏书，以及妻儿随身的行李就可以了。

许大郎为人刁钻，这次蛮不讲理争夺叔父家产，本来理由和底气都不足，只想胡搅蛮缠能分到一半就心满意足了。现在竟然想不到能全部获得，真是天上掉下了大馅饼，他假装不好意思地说：“多谢老弟慷慨无私，这，这怎么行呢？你和妹子一家人还要生活，我看还是咱们平分吧。”

“不必了，不必了。俗话说，好男不吃分家饭，好女不穿嫁时衣。人人都有一双手，我们是饿不死的。”

“那我也就不客气了。”许大郎说完，心里美滋滋的。

很快，李白就带着家人和书童丹朱、丫鬟荷香，以及几大车书籍，东迁到东鲁任城。他在孔巢父等朋友的帮助下，在城内的一条僻静小巷内购置了一个小院落居住了下来。

第五章　初闯京城

一、游赏长安

1. 京城之游

李白举家东迁到任城后，他并没有在任城稳定下来，仍像在安陆时那样，只是将任城作为一个落脚点，他仍然时常在外游历、访友、写诗。他东游齐鲁的时候，在兰陵（今山东临沂市）的一家酒店，喝到了当地特产的兰陵美酒，感到既香又醇，味道美极了，比他从前喝过的任何酒都要好。酒家主人知道他是大诗人李白之后，一定要恳求他题诗留念。李白不加推托，又喝了三杯之后，大笔一挥而就写出一首七言绝句《客中作》：

兰陵美酒郁金香，玉碗盛来琥珀光。
但使主人能醉客，不知何处是他乡？

在两次江南漫游的一年当中，李白觉得南方的天空特别明净，山岭特别秀美，江水特别澄清，就连空气也特别清新，非常像西蜀的昌明老家，于是，就萌发了举家迁移的念头。他一回到任城，就把此意对许氏夫人提起。许氏夫人开始不答应，说搬一次家不容易，太麻烦了。后经李白的劝说，她才觉得夫君作为一个诗人，不应该固居一个地方而应该多住几处，这样才能把不同地域的山色风光写进诗中，于是便答应了。

在许氏的支持下，李白开始了他的长安游历。开元十八年初夏时分，李白取道襄阳、南阳、内乡、上洛、蓝田，前往长安。1 500 多里的路程，加上途中耽搁，整整花了一个月时间。到达长安，已是盛夏时候。

为了使自己早日谋到一个称心如意的官职，李白来长安的心比较急切，到了长安后，他感到长安的天空好像特别晴朗，万里无云；长安的太阳好像特别明亮，发出的光是那样灿烂耀眼；长安的道路也特别平坦宽阔，像箭一样笔直地伸向远方。从灞上到长安，清一色的高大的垂柳形成一条长 40 里、宽 50 步的绿荫大道，用它们的浓荫挡住火辣辣的骄阳，用它们下垂的长条迎送着来来往往的马匹和车辆。一路都有饭馆、酒店、凉亭、小摊，出卖各种饮食和水果，尤其是卖西瓜的，在路边堆成一座座的小山。卖瓜的小贩们，用又弯又长的刀，把一个个西瓜打开，大声地叫喊："哎！都来买我的瓜啦，薄皮沙瓤，保熟保甜，不甜不要钱！"那瓜皮绿得如同翡翠，瓜瓤红得好似珊瑚，再加上小贩起劲的吆喝声，任谁也要止步停下来，花上三文两文的钱，吃上它一个半个的。李白却不顾人困马乏，直接来到城门跟前，却又不马上进城，反而勒住马缰，停在了路旁。啊，他终于看到了长安，他总算来到了长安，这大唐王朝的京城！这赫赫有名的皇城！

城门大开，上面刻着"春明门"三个金光灿灿的大字。高高大大的三个门洞，进从左门，出从右门，行人熙熙攘攘，却是秩序井然。再向上望，是一带整齐的女墙，女墙后面站着头戴羽盔、身穿金甲、手握长戟的禁军。再向上望，就是巍然耸峙的城楼，它那飞檐山脊和雕梁画栋好像嵌在蓝天上，直看得李白头晕目眩，眼花缭乱，脖子发软，这才低下头来。这时，他才感到又饥又渴，疲惫困乏，便下马，来到一个西瓜摊跟前，买了一个，一面吃着，一面和卖瓜的老汉说起话来：

"请问老伯，春明门是长安城最大的城门吗？"

"不，最大的是正南的明德门，有五个门洞。"

"听说长安共有 12 道城门，要是绕城走一圈有多少路程？"

"有 80 里！骑上马，你一天也转不过来。长安城大得很！你先住下再慢慢地游吧！"

李白又向老汉问起旅馆情况。老汉说："这春明门是长安城的正东门，有一条天街与城西的金光门连着，有 20 里长哩！还有南北走向的一条大道叫朱雀大街，也有 20 里长。这两条纵横的大街交叉处是全城的中心，也是全城最热闹繁华的地方，旅馆基本上都在那一带。你要去，光走路也得半天。这会儿天色已晚，旅馆怕都住满了，找一个住处不容易。到了酉时，街鼓一响，到处坊门一关，你就不能随便在大街上走动了。犯夜可不是玩的！不如就在这东门里趁早找一家客栈先住下再说。”李白见他说得有理，就起身进城，在东门里的道政坊找了一家小客栈安顿下来。

第二天天色刚亮，果真听见一阵隆隆的鼓声。鼓声之后，坊门轧轧地开了，店门也接连地打开了，人们开始在大街上来回走动，街上的车轮声、马蹄声、小贩叫卖声、行人谈话声逐渐多起来。长安城又一个车水马龙、熙熙攘攘的日子开始了。

李白一大早就来到朱雀大街。朱雀大街正对着长安城的朱雀门，皇城坐北朝南，有一带赭红的墙垣把它紧紧包围，郁郁葱葱的松柏之中，稍微露出琉璃瓦的屋顶。李白认为皇帝可能就住在这里面，后来才发现这是三公、六省、九寺、十四卫府所在的地方，也就是朝廷文武大臣的衙门。朱雀门前的大广场上，停着许多彩绘的车辆。广场两旁的大槐树下拴着一匹匹骏马，银鞍下还搭着锦障泥，一些官员正在大街上穿梭，有的身穿绿袍银带，一看就知道是六品、七品；有的身穿绯袍金带，一看就知道是四品、五品；还有的身着紫袍玉带，众人看见他们都赶紧让路，显然是三品以上的大员。李白远远站着、看着，心里十分羡慕。他多么希望将来能走进他们的行列，和他们齐心协力、同心同德，辅佐大唐皇帝，济苍生、安社稷，最后功成身退，名留青史。

晚上直到华灯初上，李白才又回到客店里。本来想马上写几首诗把长安歌颂一番，但刚开始构思，一个翘得很高的鼻子老是挡住他的思路。他想既然是歌颂帝都，还是以赋为好，或用长篇歌行也好。那就等过几天把头等大事办了再说吧。于是他从行囊里找出岳父大人给光禄卿许辅乾写的亲笔信来。

许辅乾是许员外的侄孙，算起来是李白的姻侄。但由于他是长房之后，年龄却比李白还要大。光禄卿是给皇帝专管饮食的官员，因此荐举一事还得请托别人。许辅乾看了他叔公的来信后，叫李白先搬到家里来，待他忙过了这段时间再说。这段时间，他正忙着准备玄宗 46 岁诞辰的筵席。

在许辅乾家等候的日子，李白又观赏了太极宫、大明宫、兴庆宫、曲江池、慈恩寺塔等名胜。

太极宫在长安城正南面，又称“大内”。它的南门叫承天门，每逢国家盛典，比如改元、大赦、阅兵、受俘等，皇帝都要登上承天门举行“外朝”，就好比现在国家领导人登上天安门检阅一样。宫内有太极殿，是皇上平时接见大臣，处理朝政国事，举行“中朝”的地方。宫内还有个两仪殿，是皇帝召见少数大臣，商谈大唐机密，举行“内朝”的地方。

大明宫位于长安城东北，又称“东内”。它的南门叫作丹凤门。宫内有含元殿、麟德殿、金銮殿。太宗时始建，高宗时曾扩建，比原有的太极宫显得更为高大宏伟，富丽堂皇。从高宗之后，皇帝举行“外朝”“中朝”“内朝”，就都移到了大明宫里了。

兴庆宫在大明宫南面，又称“南内”，原是玄宗没有登基以前的住处，后来又经过几次扩建而成。开元二年之后，玄宗就经常在这里居住和听政。兴庆宫虽不像大明宫那样宏大，但庭园之盛却没有能比得过的。它的勤政务大楼紧临春明门大街，玄宗千秋节“与民同乐”就在此地。

不管是太极宫、大明宫还是兴庆宫，李白都只能在它们的宫墙外徘徊，在它们的宫门前远远地站住，瞧瞧而已。他设想着，总有一天，他也会大摇大摆、名正言顺地通过这些禁卫森严的大门，来到红墙以内，而把他们这些贾昌之流赶走。

曲江池在长安城的东南角上，秦汉时代就已经非常有名。玄宗时又再次扩建，并特意开凿了一条大渠，把渠水引到池内。除了原有的芙蓉和杨柳以外，又栽种了很多奇花异木，使曲江池成了一个万紫千红的蓬莱胜境。但此处只有皇宫中的贵人可以随时来玩乐，考中进士以后可以来此观赏一天。李白这时也只能在外面溜达溜达。他想：有朝一日，我做了宰相，一定要给皇上建议，把这些地方全都开放，真正做到与民同乐。

慈恩寺塔，现在俗称大雁塔，在南城里，原是佛教寺院。玄奘和尚在此翻译过他从天竺国取回的佛经，后来这里便成了达官贵人行乐之所。但禁卫不像上述几处地方那么森严，凡达官贵人不来的日子，倒也可以通行无碍。李白运气不错，正赶上开放的日子，因为这大热天，许多达官贵人都去自已的离宫别馆避暑去了。李白先在寺院里转悠了一圈，然后来到塔下，看到塔下嵌着许多石碑，上面雕刻着历届及第进士的姓名，这就是所谓的“雁塔题名”。凡是新科进士及第之后，总有三件让他们终生难忘的得意事：一是瞻仰“大内”，二是曲江赐宴，第三就是雁塔题名。李白望着那一个个进士姓名，心里好不羡慕，却又转而一想："这有什么可荣耀的？待我将来济苍生、安社稷，功成名就之后，可上凌烟阁！"少年时代所见过的凌烟阁的木刻本，丹青妙手曹霸所画的大唐开国功臣李靖等二十四人在凌烟阁上的图像，个个英姿飒爽的模样，又在他脑海里出现。他仿佛看到那上面也有自己的图像。

最后，他登上塔的顶端。从塔顶的窗户向外望去，好像置身在九霄云外，鸟儿反而在下面飞了。南望终南山，山色苍茫，积雪皑皑，犹如帝京的天然屏障；东望骊山，绣岭蜿蜒，紫气缭绕，皇帝正在那里避暑，那里的温泉宫就在那一片紫气祥云的环绕中吧？西望原上，五陵松柏，郁郁葱葱，汉唐的列祖列宗的坟墓就在那一片青蒙蒙的云霭之内吧？北望长安城就在眼前，太极宫、大明宫、兴庆宫三大宫殿群坐落在一望无际的林海之中，或隐或现，正和太阳争辉斗艳。笔直的朱雀大街，两旁无数的里坊就像一畦畦整齐的苗圃。"这皇城帝陵，固若金汤的千里京畿！这赫赫扬扬，威震遐迩的大唐皇朝！我要为你赴汤蹈火，我要为你绞尽脑汁，我要让你永驻青春。请你为我敞开所有的大门，让我展翅腾飞！"李白在慈恩寺塔上热血沸腾，孕育出了他的《帝京篇》，也叫《皇都赋》，或者就叫《长安颂》。他十分佩服骆宾王的《帝京篇》，写得那样雄浑："山河千里国，城阙九重门。不睹皇居壮，安知天子尊。"却不明白为什么结尾却是如此衰退："已矣哉，归去来！马卿辞蜀多文藻，扬雄仕汉乏良媒……谁惜长沙傅，独负洛阳才！"大概是武后之朝不如当今，而现在的开元盛世远远超过了秦皇汉武时代！

总而言之，初到长安，目睹帝京文物之盛的李白，心情舒畅，意气风发。他一心认为，登朝入仕，指日可待，大展宏图，为时不远了。

许辅乾光忙于置办千秋节的宴会，李白等了半个多月之后才又见到他。他给李白介绍了几位自己熟悉的卿相的近况：开元初期的贤相姚崇、宋璟已经离职了，中书令萧嵩主理兵部，户部侍郎宇文融主管财政，显然让他们荐举是不合适的。左相源乾曜是出了名的"署名宰相"，一向不管事，找他也是没用的。中书侍郎裴光庭，虽然兼职吏部尚书，但与他交往很少。只有右相张说较为熟悉，而且他一向喜爱推贤进士。他的三个儿子张均、张垍、张埱都能诗善文，尤其是次子张垍，既是驸马，又是个三品卫尉卿，擅长应制诗文，非常受皇上宠爱。于是，他们经过再三权衡，决定去拜望张说父子。但李白又等了半个月，许辅乾才抽出时间来。

李白总算被许辅乾领进了右相府，但不巧的是张说却在病中，身体欠佳，只好吩咐他的二儿子张垍接待李白。

张垍看上去是一位漂亮的贵公子哥，面如冠玉，唇红齿白，言谈举止，温文尔雅。李白一见，就觉得他是个做驸马的模样，但他凭什么年纪轻轻就做上了从三品卫尉卿呢？相比之下，李白简直成了个乡巴佬。

在张垍看来，李白也的确是一个乡巴佬，但既然是光禄卿许辅乾引荐来的，又是他以推贤进士出了名的父亲嘱咐他接待的，因此对李白倒也还算客气。寒暄之后，他便一本正经地说道："当今皇上，求贤如渴；家父爱才，素有令名。兄长之事，小弟自当尽力。"他一边用好听的声音和李白谈话，一边却考虑如何打发这乡巴佬才好。他想还是先看看李白的"行卷"再说吧。李白正想对他倾肝吐胆，把自己的抱负、学业和诗文从头说起。他却紧接着又说："兄长不远千里而来，想必鞍马劳顿，权且休息几日，待小弟拜读大作之后，再上门求教。"说罢便命令家人送客，李白也只得起身告辞。

张垍看完李白诗文之后，觉得此人不可轻视，如果让他在长安久留，东钻西撞，一旦碰见欣赏他的人把他荐了上去，就是自己的对手。可得好好想个两全其美的办法，让他自己心甘情愿、死心塌地地离开长安城。"既能堵住他的进身之路，又不伤我家爱士的名声。"张垍主意已定，便去回拜李白。

李白回到住处，以为又要等许多日子，谁知第三天，张垍竟然上门拜访，并且对李白更彬彬有礼。张垍告诉李白，皇上有一个亲妹妹，叫玉真公主，她信奉道教，十年之前就出家做了尼姑。皇上在城里给她修建了一座玉真观，还在终南山楼观台建了一座玉真别馆，那可是个好去处，山清水秀，福地洞天。玉真公主嫌城里烦，常常想去那里住个十天半月；但去了那里，住不了几天，又嫌山居寂寞，想找几个人来聊聊，而且爱谈老庄，讲诗文。"李兄，"张垍拍着李白的肩膀亲热地说，"倘若你到那里去待着，难道不比在城里强？"李白正想回答："推贤进士原本是卿相之事，与公主何干？"张垍却好像早猜透了他的意思，接着说道："只要我姑姑一高兴，即日奏知圣上，你就可以平步青云。卿相荐士却有许多规矩，说不定要让你等个一年半载。"李白一听，自然愿走这条捷径，便按张垍安排，马上前往终南山。临行，张垍又亲自来给他送行，并附耳叮嘱勿为外人言及，显得他对李白十分关照。

李白由两个相府人员陪同，出了长安正西的金光门，顺着渭水一直向西，骑马走了大半天，到达终南镇，又折向南边，便看见宫观林立，紧靠山脚。原来这楼观台，不仅是自汉以来的道教圣地，而且是唐代贵人们的幽处之所，玉真别馆就在靠西的一座小山上。上得山来，进入馆中，已是暮色天晚。李白看不清楚，只觉得此处确实清静无比，除了陪送他来的人之外，似乎再没见到别人。

一连几日，李白一人在房里走来走去，只觉得度日如年。他决定找点事来做，便把随身携带着的自己亲笔手抄的古乐府在那里看了一遍又一遍，又把破了的地方补了又补，还不见张垍那里有什么消息传来。他在房里翻来翻去，发现一箱子东西，上面都是些道教书籍和应制诗文，下头却有几本碑帖，还有纸墨笔砚。“还是来练练字吧！”李白把它们都搬了出来，挑了一本神龙年间拓的《兰亭》，欣赏了一阵便临摹起来。

永和九年，岁在癸丑，暮春之初，会于会稽山阴之兰亭，修禊事也。

“这才是神龙拓本的原件！北寿山中那两本大概都是假的，一本太瘦，另一本又太肥。这本正好肥瘦适中，恰到好处……他张垍是真的不了解这玉真公主别馆是如此的荒凉吗？不管它，在这里静下心来练练字也好。”一本《兰亭》，写了刚有一半，思绪不但收拢不起来，反而跑了出去。

他好不容易把思想收回来，找到了“是日也，天朗气清，惠风和畅……”一行，却又感到索然无味，便起身走到院中耍了一会儿剑。

除了读书、练字、舞剑之外，他有时也到山脚下的楼观台去转悠转悠，看看这个传经授道的地方。他还到终南镇买过几次酒，顺便买了一些豆腐干回来，拉着王老汉坐下一块喝几杯。半个月过去，他总以为张垍应该派人来找他了，这时天却下起雨来。

雨一下就是半月，时小时大，山上山下到处是泥泞。张垍派的人来不成，玉真公主就更不会来了。这玉真别馆竟变成了一座愁城！白日里已经是寂寞难耐，翻翻旧书，喝喝闷酒，看着门窗上的蜘蛛织网发呆，望着灰蒙蒙的天空出神；夜里更是辗转反侧，难以入眠。偏偏那台阶下的蟋蟀越到夜深人静时，越喜欢叫得响、叫得急、叫得人心烦意乱，好像有意和发愁人过不去。他决心第二天把阶下的蟋蟀全部铲除。越心烦越睡不着，越是睡不着，就越是胡思乱想。他想起了自己的故乡，他那亲爱的匡山，他的《别匡山》一诗：“莫怪无心恋清境，已将书剑许明时。”他想起他 24 岁那年，仗剑去国，别亲远游。他想起这些年遍访诸侯，却屡次没有结果。他想起在来长安之前他写的《安州应城玉女汤作》中的诗句：“可以奉巡幸，奈何隔穷偏。独随朝宗水，赴海输微涓。”这皇城长安的确像一片大海，金色灿烂的大海，花红柳绿的大海，但这片大海却好像也容不得他这涓滴之水。他从小时候起就无限崇敬的“圣主”，他的雄心大志得以实现的“明君”，虽已经近在咫尺，却仍然是远隔天边。于是《楚辞》中一些章节、段落、词句便纷至沓来：

> 思美人兮，揽涕而竚眙。媒绝路阻兮，言不可结而诒……
>
> 独申旦而不寐兮，哀蟋蟀之宵征。时亹亹而过中兮，蹇淹留而无成。

这些词句在李白脑子里翻来覆去，使他越发不能入睡。于是，汉魏六朝人的诗句接二连三地又在脑子里浮现：“生当复来归，死当长相思。”“长相思，久相忆”。“长相思”“长相思”……忽然，就冒出一句：“长相思，在长安。”紧接着又出现两句：“络纬秋啼金井阑，微霜凄凄簟色寒。”李白便一翻身坐起来，重新点着灯，略加思索，就又接着写下去：“孤灯不明思欲绝，卷帷望月空长叹。美人如花隔云端。上有青冥之长天，下有渌水之波澜。天长路远魂飞苦，梦魂不到关山难。”他停下手中的笔，从头至尾念了一遍又一遍，突然又拿起笔在结尾处添上两句：“长相思，摧心肝！”然后把笔一扔，重新又上床躺下，直到凌晨方才迷迷糊糊地睡着。

睡了没有多大一会儿，却又做起了梦。他梦见自己回到长安，正在朱雀大街上行走，张垍迎面向他走来。他急忙上前打招呼，张垍却掉头而去。他想去上前抓住他问个明白，却无论如何也抓不住。他想大声叫喊：

“你为什么让我在终南山里受冷落？”却怎么也喊不出声音来。最后他竭尽全力大叫一声，“你为什么……”这时却把他从梦中惊醒了。这段日子里，他勉强压抑下去的猜疑，终于在这个梦里显露出来。

等呀，盼呀，盼呀，等呀，天气终于放晴了，长安方面还是没有人来接他。连续半个月阴雨连绵的天气已经把夏天送走了，早晚都得披着夹衣了，这样待下去还能有什么意义呢？但李白却还不敢冒冒失失地回长安，恐怕再失掉和玉真公主见面的机会。他决定打发王老汉的儿子先送个信去问问张垍，但又觉得有些话不方便直说，写首诗吧，情与景都不要再去想，而且他已酝酿了好长时间，于是提起笔来写道：

愁坐金张馆，繁阴昼不开。空烟迷雨色，萧飒望中来。翳翳昏垫苦，沉沉忧恨催。清愁何以慰，白酒盈吾杯。吟咏思管乐，此人已成灰。独酌聊自勉，谁贵经纶才。弹剑谢公子，无鱼良可哀！

2. 陷入困境

李白一直等到 9 月，眼看毫无指望，只好脱去他的鹔鹴裘给终南镇上的酒肆做抵押，换来几百文，一半还了酒钱，另一半付了王老汉的饭钱及牲口吃的草料钱，然后懊恼地回到长安。

许辅乾还得看在私情上，没有让他吃闭门羹，却告诉下人给他一千文，让他自个打道回府。李白猜想是那两首诗得罪了卿相，弄得许辅乾也下不了台，不愿意再留他了。

既然事情已经这样，他就不得不离开光禄卿的府第，仍旧找了一家小客栈住下。许辅乾送的盘缠，他却一个子不动地又放在客房的桌子上了。

在长安的牲口市场上一个比较僻静的角落里，一棵老柳树下拴着一匹马。相马经书上说："马头为王，欲得明。"——这匹马的头正是方方正正，气宇轩昂。"目为丞相，欲得方。"——这匹马的双眼，却是又大又亮，好像明星闪耀。"脊为将军，欲得强。"——这匹马的脊梁，正好又平又直，好像青铜铸就。"胸为城郭，欲得张。"——这匹马的胸脯，恰是又宽大又突出，好似一座雄伟的城郭。"四下为令，欲得长。"——这匹马的四条腿，是又挺又长，好像石雕玉削。头一昂，龙游天门；尾一摆，风生凤阙；嘴一张，红光闪闪；眼一瞪，紫焰灼灼。这匹马如果不是千里马，也是千里马的坯子。

在这匹马的后面，老远地站着一人，也许是这匹马的主人吧。只见他面带愁容目光羞涩，有些颓丧，大概因为这匹马既没有红璎珞头也没有锦幛盖背，马鬃也没有经过修剪梳理，马尾也没有挽成螺髻，同其他的好马那样，所以待在那里半天，竟没有人来一问。马的主人已经显得有些忍耐不住了，在老柳树下转来转去。这时，却走过来一个人，把这匹马看了又看、瞧了又瞧，然后又望了望马的主人。看了好大一会儿，才走上前来和马的主人搭话。

“请问仁兄，你这匹马是不是要出卖？什么价？”

“你看值多少钱？我没卖过……”

“我看你也不大像是卖马的人。”

“那你就出一千文吧！”卖主不好意思地说。

“应该不止这个数目。”买主出乎意料地说。

“那你就给一千五吧！”卖主更加不好意思地说。

“还是不止。”买主更加奇怪地说，“这是匹千里马，可惜没有调养得好，否则至少能值三千。”

“仁兄你既然识得这匹马，我也只要一半的价钱就够了。”卖主也大大方方地说。

于是买卖两人相视而笑，互报姓名来历：“在下蜀人李白。”“小弟吴郡陆调。”李白和陆调就这样认识了。原来陆调和李白一样，也是个誓将书剑许明时的人，也是还没有找到安身之地。不过他比李白用钱上要强一些，他在长安有一个叔父是家资千万的富商，供给他花销，因此手头还较为宽裕。两人越谈越投机，于是一块来到酒楼上，畅叙平生，互赠诗文。陆调说：“你们姓李的人，既是天支帝胄，在皇城本家很多嘛！”李白说：“谱牒久已丧失，没有任何联系，竟不知道本家中有什么人在京。”陆调说：“邠州长史李粲和我叔父有些交往，他很好客，三日一小宴，五日一大宴，一年下来，需要好多山珍海味，都是托我叔父的货庄代办。亲不亲，都姓李，你怎么不投奔他试试看。”李白正准备说没有盘缠，陆调已慷慨解囊相助，劝他把马留下。

李白于是去了位于长安西北的邠州。邠州长史李粲果然像陆调说的一样好客，热情地接待了李白，因为他正想要一位才华出众、即席挥笔的文人。李白在邠州住了两个月，的确是三日一小宴、五日一大宴，不过他只能坐在最差的座位上，陪别人饮酒赋诗，欣赏歌舞。他想，虽然不愁吃喝，却不是个长久之计，何况主人近日对他已不像初来之时那样。于是便写了一首诗《豳歌行上新平长史兄粲》送给李粲，诗中抒写了自己羁旅窘况，飘零情怀，希望他加以提携，帮助找个出路：“……忆昨去家此为客，荷花初红柳条碧。中宵出饮三百杯，明朝归揖二千石。宁知流寓变光辉，胡霜萧飒绕客衣。寒灰寂寞凭谁暖，落叶飘扬何处归……”虽然说得连自己也觉得十分寒碜，但也顾不得了这些，何况本来这也是实情。谁知这首诗不但没有博得李粲的可怜，反而惹得李粲不高兴起来："我过着太平日子，闲暇无事，让你陪着玩耍，谁管你'凭谁暖''何处归'？"他原想把李白随便打发了事，又恐怕有损他好客的美誉，忽然想起坊州司马王嵩，也需要这么一个"帮闲"的角色，不如推荐他到那里去，岂不是两全其美?

李白只有拿着李粲的书信去了坊州。

坊州在长安正北200里的黄帝陵下，王司马是坊州里主理军事的官员。天下太平，长史喜欢歌舞无休，司马更是要偃武修文了。所以李白的到来，受到了他的热情招待，并给李白介绍从长安来他这里做客的阎正字互相认识，陪伴他登高饮酒，对雪赋诗。时值隆冬岁暮，华筵当前，对着山上的皑皑积雪，怎么会没有诗可作呢？于是王司马首先作了一首诗，阎正字立即奉和一首，李白自然也就不甘示弱地来了一首《酬坊州王司马与阎正字对雪见赠》。诗的末尾，他又忍不住透露出渴望王司马荐举的用意："主人苍生望，假我青云翼。风水如见资，投竿佐皇极。"王司马一见，认为他只不过是想多要点盘缠罢了，便按当时规定加倍赠予。李白本想谢绝，无奈阮囊羞涩；想要收下，又觉得自己已落到"文丐"地步，不免感慨万千，又写了一首《留别王司马嵩》："鲁连卖谈笑，岂是顾千金？陶朱虽相越，本有五湖心。余亦南阳子，时为梁甫吟。苍山容偃蹇，白日惜颓侵。愿一佐明主，功成还旧林。西来何所为，孤剑托知音。鸟爱碧山远，鱼游沧海深。呼鹰过上蔡，卖畚向嵩岑。他日闲相访，丘中有素琴。"表示自己来到长安后遍游邠州、坊州，是为了寻觅知己，通过荐举入朝，辅佐君王，然后功成身退。既然遍寻知音不顺，自己也就预备像李斯微贱时一样，呼鹰追兔，以打猎为生；或者如同王猛少年时那样，以卖畚箕为业——回安陆去了。

3. 旷世名篇

开元十九年（公元731年）开春，李白冒着春雪又回到了长安。

长安城的元宵节，各条大街，灯火辉煌。朱雀大街两边的树上还吊着各式各样的灯笼，好像银河落在长安城里。朱雀门前的广场上，搭建了一座小山。这是一座用五颜六色的彩绸扎成的假花山，山上立有一棵数丈高的灯树，这座山的上上下下挂满了成百上千的花灯。山下是一座大露台，台上也用绿色的彩绸糊成碧波荡漾的海面。男女戏子扮成各式各样的水中动物，在碧波荡漾中翻滚舞蹈。到了午夜时分，突然钟鼓齐鸣，笙管交响，奏起了一曲又一曲的乐歌，鳌山上那棵灯树上便喷射出五光十色的焰火来。焰火过处还出现一幅巨大的黄幡，上写："开元神文圣武皇帝万岁万岁万万岁。"

"好个热闹的长安城啊！但是长安虽好，我却没有这等福分居住。长安的天那么高、那么蓝，我为什么仍然感到气闷？长安的地那样宽，我为什么仍然感到狭窄？长安的大道那么平，我为什么走起来还是磕磕绊绊？长安的宫殿千门万户，我却为什么不得其门而入……"

壶中的酒已喝没了，桌上的灯也快熄灭了，出去看花灯闲逛的人都已陆陆续续地回到自己店里了，李白却站起身来，走了出去。

时过半夜，街上空空荡荡，没有了人影，树上的灯也灭了，有的已落在地上。这个喝得半醉的人却摇摇晃晃走向城市的中心。朱雀门前的鳌山已经熏歇烬灭，光沉响绝，只留下一堆可怕的残骸。广场的地上扔满了垃圾，还有被人挤落了的鞋子。一片狼藉，满目荒凉，什么可看的也没了，只有天上一轮偏西的明月，在他头上洒下寒冷袭人的余晖。他在广场上徘徊、徘徊，好像在寻找什么东西。他是在寻找，他在寻找他失去了的《帝京篇》《皇都赋》《长安颂》……他多么希望能把它们找回来。他痴痴地望着朱雀门楼，看了很久很久……忽然，他立即向它走去，几乎是冲到它跟前，伸出拳头在门上乱击，又用头在门上猛撞，并且发出悲愤的呼声："开——门！开——门……"在这空旷的广场上，在这高大的宫阙下，在这厚约尺余的大门前，他的力量和声音显得是那么微弱无力，连守皇城的羽林军都没听到，他们也许都醉倒在城门那边了。

从此，长安城的斗鸡场和赛马场的赌场中便又多了一个赌徒。

一年匆匆过去了，李白想起这一年来的遭遇，既感到非常悲愤，又大为不解："说什么'广开言路'，到底路在何方？官运亨通的大道只在张垍等人的脚下，只在贾昌之流的脚下，而我却没有立足之地，寸步难行！怪不得鲍照要写他的'行路难'，只是鲍照因生在乱世，自然遭遇不幸，我却是生活在盛世呀，为何也如此倒霉呢？……哦，王勃讲得好，'屈贾谊于长沙，非无圣主；窜梁鸿于海曲，岂乏明时！'原来君王治理的盛世时代也有'行路难'啊！"于是李白便写下了他的《行路难》：

大道如青天，我独不得出。羞逐长安社中儿，赤鸡白狗赌梨栗。弹剑作歌奏苦声，曳裾王门不称情，淮阴市井笑韩信，汉朝公卿忌贾生。君不见，昔时燕家重郭隗，拥篲折节无嫌猜；剧辛乐毅感恩分，输肝剖胆效英才。昭王白骨萦蔓草，谁人更扫黄金台？行路难，归去来！

李白写完《行路难》，仍然难平悲愤。这天夜里，又觉得脑海里波涛汹涌，心中特别难受。忽听得胸中闷闷出声，好似在说：“我要出去！我要出去！”李白问：“你是谁？”那声音道：“我是愤怒，是你心中的不平之气，是你多年来所受的屈辱积聚下来的，特别是你在长安受人捉弄嘲笑和欺侮时所产生的怨恨。让我出去，否则你会爆炸。”又有一个声音冒出来，好似闪电和霹雳：“我要出去！我要出去！”李白问：“你是谁？”那闪电和霹雳似的声音说：“我是惊愕，是你心中一连串的疑虑，是你几年来大大小小的失望所积累下来的，特别是你来长安后从幻想的空中跌落下来时所产生的。让我出去，不然你会发狂。”最后它们一致地呼喊，像大海的浪涛。李白说：“我不是曾经让你们出来过吗？在上元节之夜的醉酒后，在斗鸡场的角斗中，在赛马场的奔驰中，在北门内的厮打中……”声音们一致对他嘲笑：“那算什么？那算什么？你应该有你自己的想法。”李白说：“我不是写了《行路难》吗？”“你那首《行路难》篇幅短小，怎能容纳我们？”“你难道忘记了《诗》《骚》比兴的传统？你难道不懂得《文赋》所谓：‘虽离方而遁圆，期穷形以尽相’的秘密？”李白还想问个究竟，忽然感觉一只手在他额头上拍了几下：“念兹在兹，自然触发。”随即所有声音悄然而逝。李白马上侧耳再听，只听到远远传来的鸡鸣声，窗户上也露出了晨光。

李白在陆调为他饯行的宴席上认识了王炎。王炎与陆调是同乡，也是客居长安，由于没有遇到知己，准备去蜀中游历。李白和王炎一见如故，两人见面后都感到特别有共同语言。李白说：“长安尚且无路，蜀中岂有坦途？”王炎说：“我正感到前途茫然，想去请教严君平。”李白就说起他在武侯祠求签的事，他讲道：“诸葛灵签，尚且不灵，严君平又怎能知道啊！”其间，王炎请李白谈了蜀中的风土人情，并请李白作诗文留作纪念，李白于是挥笔写了一篇《剑阁赋》：“咸阳之南，直望五千余里，见云峰之崔嵬。”起得倒很有气势，但既然是赠别之诗，就应该寒暄几句祝福平安、壮行之类的话，可是心中没有那种思绪，还没写到十句就结束了。王炎看了说："李兄何其惜墨如金啊！"李白看着最后两句："若明月出于剑阁兮，与君两乡对酒而相忆。"也觉得文气没完，但他如果再续下去，便会引发自己的牢骚来，那就有点不伦不类了，也只好说："言不尽意，就这些吧。"王炎又请他再作一首诗，他喝满了三杯酒，又即席口作诗一首：

见说蚕丛路，崎岖不易行。
山从人面起，云傍马头生。
芳树笼秦栈，春流绕蜀城。
升沉应已定，不必问君平。

在离开长安的头天晚上，李白原想早点休息，明晨好起早上路。但他哪里能够入睡？他于是尝试给《古蜀道难》琴曲配词，用以消忧解闷。当他一面背诵阴铿等人的诗句，一面回味王炎的琴声时，古蜀道的岩畏途却越来越清晰地展现他的眼前；同时，宽阔笔直的长安大道也出现在他的眼前。一会儿是古蜀道，一会儿又是长安大道，突然两者合而为一。亭台楼阁变成了层峦叠嶂，桃红柳绿变成了枯藤老树，莺歌燕舞变成了虎啸猿啼，承天门、朱雀门、丹凤门，变成了一夫当关，万夫莫开的剑门……连日来，潜藏在心头的种种难描之景，蕴积在心中的种种难言之痛，那些在他心中翻腾的东西，使他突发灵感，文如泉涌：

噫吁嚱，危乎高哉！蜀道之难，难于上青天！蚕丛及鱼凫，开国何茫然。尔来四万八千岁，不与秦塞通人烟。西当太白有鸟道，可以横绝峨眉巅。地崩山摧壮士死，然后天梯石栈相勾连。上有六龙回日之高标，下有冲波逆折之回川。黄鹤之飞尚不得过，猿猱欲度愁攀援。青泥何盘盘，百步九折萦岩峦。扪参历井仰胁息，以手抚膺坐长叹。问君西游何时还？畏途巉岩不可攀。但见悲鸟号古木，雄飞雌从绕林间，又闻子规啼夜月，愁空山。蜀道之难，难于上青天！使人听此凋朱颜。连峰去天不盈尺，枯松倒挂倚绝壁。飞湍瀑流争喧豗，砯崖转石万壑雷。其险也若此，嗟尔远道之人胡为乎来哉！剑阁峥嵘而崔嵬，一夫当关，万夫莫开。所守或匪亲，化为狼与豺。朝避猛虎，夕避长蛇，磨牙吮血，杀人如麻。锦城虽云乐，不如早还家。蜀道之难，难于上青天！侧身西望长咨嗟！

《蜀道难》一气呵成，一时间，笔墨狼藉一片，李白脸上涕泪纵横。

李白站在渭水流向黄河入口处，站在风陵渡的峭岸上，望着流水滔滔不断，看着莽莽田野，望着苍茫天空，感慨万分。

黄河，波浪滚滚，大浪滔滔，东流不息。

一只小船在波浪中颠簸，起伏，顺流直下。

一行大雁，自南向北，横过黄河上空，发出咿呀的鸣叫声，引得船上的李白露出头来，他走出船舱，站在船头，长久地注视着大雁，一直到它们隐入苍莽的原野，才低下头来，发出一声叹息。

大雁都回家了，李白却有家难回。

一年之前，《上安州裴长史书》结尾的得意之笔“何王公大人之门不可以弹长剑乎？”，此时好似一柄利剑刺着他的心。他怕看到妻子的眼泪，他也怕听见家人的叹息，于是他只好在外漂泊。

梁园，也称梁苑，汉代梁孝王修建的园林宫殿，将近一千年的历史，现在它已经只剩下一片残瓦颓垣，古木涸池。

就在这一片凄凉的遗址上，一个孤独无奈的旅客在游荡。

李白来到这园中的高大的平台上，仿佛看到梁孝王正在宴请他的大臣们。

李白好似看见司马相如等文武大臣正在临席吟咏，得意地在给梁孝王朗诵着他们的诗文。

李白好似看见台下的碧绿的水池旁边，戏子们正在轻歌曼舞。

李白正打算到他们中间去时，忽然，这一切又都消失得无影无踪，只见一轮皓月当空，映着一片废墟。

李白只有回到城里的酒楼中，借酒浇愁，以诗遣怀。

二、挥泪别京

1. 河南之游

李白离开长安之后，从黄河坐船而下，来到河南道开封、宋城一带访古，算来已经两个多月了。这两个多月中，李白一直郁郁寡欢，优柔寡断，失望和悲哀沉重地压在心头。他多想把压在心头的这些大患一下倾吐出来！阮籍的咏怀诗忽然出现在他的脑海，他便拍着阑干吟诵起来："徘徊蓬池上，还顾望大梁。渌水扬洪波，旷野莽茫茫……羁旅无俦匹，俯仰怀哀伤。"吟着吟着，他仿佛觉得眼前一片巨波浩荡："啊，我的故乡在哪里？我的前途又在哪里……"阮籍的诗不但不能为他消忧解闷、排忧解难，反而使他更加感叹。于是李白便写出了《梁园吟》一诗：

> 我浮黄河去京阙，挂席欲进波连山。天长水阔厌远涉，访古始及平台间。平台为客忧思多，对酒遂作《梁园歌》。却忆蓬池阮公咏，因吟"渌水扬洪波"。洪波浩荡迷旧国，路远西归安可得？人生达命岂暇愁，且饮美酒登高楼。平头奴子摇大扇，五月不热疑清秋。玉盘杨梅为君设，吴盐如花皎白雪。持盐把酒但饮之，莫学夷齐事高洁。昔人豪贵信陵君，今人耕种信陵坟。荒城虚照碧山月，古木尽入苍梧云。梁王宫阙今安在？枚马先归不相待。舞影歌声散渌池，空余汴水东流海！沉吟此事泪满衣，黄金买醉未能归。连呼五白行六博，分曹赌酒酣驰晖。歌且谣，意方远。东山高卧时起来，欲济苍生未应晚。

嵩山，它巍巍矗立在中原，因处在东岳泰山、西岳华山、北岳恒山、南岳衡山间，故称中岳。有诗云："嵩高维岳，峻极于天。"其实它并不比峨眉山高，但是却比峨眉山更加雄伟壮观。嵩山号称三十六峰，东面的主峰是太室，西面的主峰是少室，并称"二室"。所以名"室"者，因其下多石室，传说室中有石床素书，是仙人所居之地。嵩山的名胜古迹也比峨眉山较多。传说，夏禹的儿子启出生时，刚一落地，他的母亲就变成了一块巨石，现在还在嵩山下，大家称它启母石。又有传说，周穆王时的甫侯和申伯，都是辅佐周王朝的栋梁之臣，他们就是嵩山神灵降生。周灵王的太子，爱吹笙作凤鸣的王子乔，就是在嵩山仙人的接引之下，乘鹤而去。据说嵩岳庙前面有汉柏，最粗的要七人合抱，次者六人合抱，再次者五人合抱，曾经被汉武帝封为“三将军”。还有达摩面壁处，玉女捣帛处，鬼谷子学仙处，张道陵得符处等。嵩山可以说哪一峰都是古迹，都有传说，处处多仙踪。

李白游遍嵩山三十六峰，访尽嵩山各处名胜古迹。吹笙驾鹤而去的王子乔最令他向往，但是时隔已经千余年，到哪里去寻找王子乔呢？李白听说，有一个女道士，人称焦炼师，是齐梁时代人，已经两百多岁了，看起来却只不过五六十岁的模样。她居住在少室山下的石室中，不吃五谷杂粮，只食石髓。然而她身轻体健，行走似飞，千里之遥，却能够朝发夕至。于是李白就在嵩山中到处寻找这位当代的活神仙。但在嵩山中找了许多日子，只看见山月好像是她的晓镜，只听见松风仿佛是她的琴声。一年开多次花的贝多树，花落了又开，他始终没有发现这位活神仙的痕迹。李白只好写了《赠嵩山焦炼师》一诗留给她做纪念。在诗的结尾表示了他心甘情愿想跟她修道学仙的心情。

在嵩山最高处，可以看见颍水自西向东，又转向东南，流向千里之外。李白的好朋友元演新盖的别业“颍阳山居”，就在嵩山脚下，颍水岸边。此地北靠马岭，连峰嵩丘，南瞻鹿台，北极汝海，云岩掩映，颇有佳景。

李白来到元演那里，看了故人新建的别墅，心里十分羡慕，真想与他一起隐居，于是接连写了几首诗送给元演。元演又特地请李白把其中一首五律《题元丹丘山居》写成一个大的横幅，请工匠裱了，悬挂于他山居的草堂壁上：

故人栖东山，自爱丘壑美。
青春卧空林，白日犹不起。
松风清襟袖，石潭洗心耳。
羡君无纷喧，高枕碧霞里。

龙门，据说是大禹疏导洪水而留下的遗迹，峙立在洛阳西南的一座大山上，好似被巨斧从中劈开成两半。两边的悬崖峭壁形成了一道高大的门阙，伊水从中间流过，北入黄河。因此，龙门又称伊阙。

龙门的冬季，寒冷而又荒凉。远近的游客都已经回家去了，连最著名的香山寺也已空荡无人，只有李白还滞留在这里。他游遍了龙门十寺，饱览了壁间的石刻，从秋天一直留到冬天，只有一箱书籍与他做伴。

有一天深夜，李白忽然被惊醒，再也无法入睡。他索性起床点燃灯烛，在空荡荡的客堂里来回踱着步。偌大一个客堂仍然使他感到憋闷，他索性又推开窗户。窗外是一片冰雪，伊水已变成了冰河，在黑夜中闪闪发亮，两岸的峭壁挂上了银白色的铠甲，映衬着黑暗中的天穹，清晰可辨。阵阵寒气侵袭，冻得他瑟瑟发抖，他更感到衣履的单薄和境遇的凄凉。夏天，在梁园用狂饮浇灭了的火焰，又在心头燃烧起来。秋天，在嵩山让松风吹去了的凡心，又回到了体内："想那殷代傅说，原是一个泥瓦匠，殷高宗发现了他的才干，他一下子就当上了宰相。自己这些年遍访诸侯，历抵卿相，却一直没有遇上开明的皇上。当此天寒岁暮时仍漂流在外，在这荒凉的佛寺中对着冰雪暗自惆怅。啊，他人都有冬尽春来的出头之日，我却一直在寒冬之中苦苦企盼。"于是他便把那悲叹不遇的古乐府《梁甫吟》高声朗读起来。忽而又转念一想："想那朝歌屠叟姜尚，到 80 岁才遇周文王；想那高阳酒徒郦食其，也是落魄多年才遇汉高祖。自己不过 30 出头而已，要走的路还长着哩，又何必自找苦吃呀！何况现在毕竟是大唐盛世，皇帝毕竟是一代英王，又怎会长期埋没人才呢？只不过是我的机会没有到罢了！时机一到，直上青云，自然有路。我还是少安毋躁，静候英王吧！"

开元二十年（公元 732 年）冬天，在龙门香山寺壁上，李白留下了《梁甫吟》一诗：

长啸梁甫吟，何时见阳春？君不见，朝歌屠叟辞棘津，八十西来钓渭滨。宁羞白发照清水，逢时壮气思经纶。广张三千六百钓，风期暗与文王亲。大贤虎变愚不测，当年颇似寻常人。君不见，高阳酒徒起草中，长揖山东隆准公。入门不拜骋雄辩，两女辍洗来趋风。东下齐城七十二，指挥楚汉如旋蓬。狂客落魄尚如此，何况壮士当群雄……梁甫吟，声正悲。张公两龙剑，神物合有时。风云感会起屠钓，大人峴安之！

洛阳，是大唐皇朝的东都。它的城郭宫殿，它的坊里阡陌，它的熙攘繁华，都与长安比较相似，只不过长安城是由朱雀大街划分为东西两市，洛阳城是由一条洛水分为南北两岸。洛水上架着十几道桥梁，桥从头至尾，商贾林立，南北两岸，绿树成荫。

洛阳春天夜间，在热闹的天津桥上，一辆辆油壁香车过去了，一队队银鞍宝马也过去了。天津桥下，一艘艘商船近岸了，一只只画舫停泊了。嘈杂的市声逐渐沉寂下去，一轮明月升上了高空。

在万籁俱寂中，不知哪家的玉笛悄悄地吹奏起来，随着春风飘荡在洛水两岸。声音时远时近，忽隐忽现，原来是一支《折杨柳》曲，凄凉的古乐府。它那悠扬婉转的声音，抒发着剪不断、理还乱的离情别绪，好似一片云烟，飘过龙楼凤阙，飘过九衢十街，飘过天津桥头的客舍，一个不眠的旅客正在对月长嘘。那笛声绕着客舍回旋、回旋……一下子钻进了李白的心中，然后带着他飞回到了故乡匡山脚下，李白看见他父亲头发已经白了，看见他母亲在倚门遥望。笛声又带着他的心飞到任城，看见他夫人在灯下落泪。最后笛声又将他的心带回洛阳旅舍窗下，变为一首七绝，从这个旅客口中吟出。于是李白写下了他的《春夜洛城闻笛》：

谁家玉笛暗飞声，散入春风满洛城。
此夜曲中闻折柳，何人不起故园情。

2. 重建家园

开元二十年秋，李白回到家中，并携家人迁居到南陵（今安徽南陵县）的乡下，找个靠山近水的地方建立了新的家园。这次搬迁，丹朱本也想要携妻同行的，但被李白劝阻了。这是因为丹朱在任城的杂货店生意很好，李白不愿意断了他的财路；再说，此去是乡下，不是经商的场所。临行之时，荷香没有言语，丹朱却再三表示：忘不了故主，以后会不断前去问候；如果主人有用得着他的时候，只要捎个话，就是赴汤蹈火也一定会去。李白也表示，有时间还会来任城看望他们，并嘱咐他要爱护荷香：“可不要商人重利轻别离，如同我一样，一出去就不顾家。”许氏夫人也一再叮嘱荷香：“你要照顾好丹朱。夫妻二人要互敬互爱，有了矛盾吵了架也不要放在心上。夫妻间没有隔夜的仇！”主仆四人依依惜别，洒下了许多热泪。

李白在南陵的五松山下青弋江畔，一个背风面阳的地方选定了住址，准备重建家园。刚开始，他们寄住在一个姓荀的农妇家中。荀妈妈年已过六十，与儿子一起过活，此时正忙着收秋。她对李白全家的到来，极其欢迎，觉得能和一个大诗人为邻是个缘分，也是个荣耀，于是对他们格外关照：腾出房间，匀出并不富裕的粮食，并且像对待孙儿孙女一样爱护李白的一双儿女。

在一个月光明媚的夜里，荀妈妈用托盘送来了用菰米做的雕胡饭。李白一家人从来没有吃过这个，吃起来特别香甜可口。小儿女吃完了连声说好吃，嚷着还要，荀妈妈笑着说："好好，我明天再给你们做，你们城里人是尝新鲜，换个口味。"

吃完晚饭，许氏领着孩子去房中安歇。荀妈妈还要刷碗喂猪，准备第二天的早饭，儿子还要去地里用箩筐挑回未担完的稻谷。李白想去帮忙，荀妈妈不许，说："这不是你们读书人做的事，会累坏了身子的。"

李白说："我在家乡时就常做农活，不要紧的。"

荀妈妈的儿子叫荀山夫，身体长得特别壮实，性格内向，少语寡言。他一担能挑近 200 斤，却只在李白箩筐里装上一半不到。李白长时间不干农活了，也就不能与荀山夫相比。两个人来回五六趟才把田里的稻谷全部担完。

夜深了，李白因担谷非常疲乏，看着窗外皎洁的月光却久久不能入睡。这时，"咚咚"的舂米声又响了，这是邻居家女子用木杵在石臼中舂米的声音。正屋里，荀妈妈做完了家务，又穿针引线缝补着儿子的衣服，因为明天一早下地劳作时还要穿。有感于农家的劳苦生活，和荀妈妈对自己一家人的热诚招待，他联想到西汉开国名将韩信年轻时，穷愁潦倒，乞食于漂母的故事。李白坐在小油灯下，写出了《宿五松山下荀媪家》的五言律诗一首：

我宿五松下，寂寥无所欢。
田家秋作苦，邻女夜舂寒。
跪进雕胡饭，月光明素盘。
令人惭漂母，三谢不能餐。

在荀妈妈一家人的协助下，一个五间茅草屋的独院很快就建好了，李白夫妻俩又专门在院里栽了一棵李子树。生活慢慢地稳定下来，一整个冬天李白没有再出去漫游。他依然是早起来练剑，晚间读书写作，白天教女儿认字与儿子玩耍，空余时间同乡邻聊聊天，帮助干些农活，听乡农们讲民间故事、唱民歌。

荀妈妈的儿子还是个纤夫，农忙时在家务农，农闲时就外出拉纤，挣钱养家。他时常和李白这个新来的邻居谈起他的纤夫生涯，唱一些船工号子。李白还坐过他拉纤的船，看着纤夫们在烈日中挥汗如雨，一步一步地拉着满载大石料的木船上滩时的情景，有感于内，他用乐府吴歌《丁都护歌》的曲名写出了新诗：

云阳上征去，两岸饶商贾。
吴牛喘月时，拖船一何苦。
水浊不可饮，壶浆半成土。
一唱《都护歌》，心摧泪如雨。
万人凿磐石，无由达江浒。
君看石芒砀，掩泪悲千古。

两首以平民百姓普通生活为题材的诗词，一时间就在南陵流传开来。荀家母子二人虽然不认字，但一经李白稍加解释，便全懂诗的意思了。荀妈妈拉着李白的手说："先生，你的诗写得真好，写的都是我们穷苦人的生活，要是让皇帝老爷看到了，你说他会有什么想法？"

李白没来得及回答，荀山夫就说："皇帝老爷能知道我们贫苦百姓养家糊口的不容易，能少点征粮派伕和苛捐杂税就谢天谢地，心满意足了。"

李白说："我以后如果有机会能见到皇上，一定要把你们的痛楚和要求呈上去的。"荀妈妈说："菩萨保佑先生能有光宗耀祖的那一天，到那时我们穷人也有了说话撑腰的人了。"

3. 他乡遇旧

春天又到了，绚丽的山花和田野中的禾苗显示出勃勃的生机，也唤起了李白的游兴。他把夫人和孩子托付给荀妈妈照顾，便腰挂龙泉宝剑，肩背酒葫芦，离妻别子东游吴越，寻访春秋时吴越交兵的旧址去了。

姑苏台坐落在胥山上，原是春秋时吴王阖闾所建，后来他的儿子夫差加以扩建。当时姑苏台连绵五里，亭台楼阁各具特色，耗费了巨大的人力物力，历时 3 年才建成。夫差攻破越国，得到越王勾践作为贡品进献的美女西施后，又在台中修建了豪华的馆娃宫，金屋藏娇，专供他和美人寻欢作乐。李白慢步登台，那台早已不是春秋时的模样，断垣残壁隐没在萋萋芳草当中。乌鸦“呱呱”地叫着，给人以凄凉之感，真是世事变迁，好景不在。李白想到了勾践卧薪尝胆，经过十年生聚、十年教训，终于灭吴复仇的旧事，胸中不觉又诗情涌动，大声吟诵起他的即兴之作《乌栖曲》：

姑苏台上乌栖时，吴王宫里醉西施。
吴歌楚舞欢未毕，青山欲衔半边日。
银箭金壶漏水多，起看秋月坠江波。
东方渐高奈乐何？

“好诗！好诗！”旁边一个游人高声称赞。

李白一看，来人一身道家打扮：头梳高髻，横插木簪，外套玄色道冠，身穿玄色道袍，脚穿牛鼻梁道鞋，手拿一根拂尘，个子高高的，瘦削的脸庞，尖尖的鼻子，大约四十几岁，好像有些面熟。凝思一想，有了，好像是在匡山读书时认识的道友吴筠，时隔十多年了，他还不敢肯定，于是贸然问了一句：“阁下是不是吴筠道兄？”

“善哉，善哉，”道人稽首行礼，“阁下如何得知贫道姓名？”

“你果真是吴道兄呀？”李白惊喜地说，“小弟就是西蜀李白呀！”

“啊，你是李白贤弟？”吴筠也惊讶地大步走到面前，拉着李白的手道，“别来无恙？一向可好吧？”

他乡遇故知如同久旱逢甘雨、洞房花烛夜、金榜题名时一样，是人生四大喜事之一。两个久别十年的老朋友坐在一个玉石栏杆上互诉了别后的情况。

吴筠是华州（今陕西华县）人，比李白长两岁。他曾赴长安参加科举考试，空有满腹才华，由于没有向主考官李林甫行贿而名落孙山，一怒之下，从此潜心学道，云游四方，采石炼丹，虽然对长生不老之术存有质疑，但借此也可寄托一点精神。他听完了李白的诉说后十分感叹地说：“贤弟，你我可算是同病相怜啊！”

“是呀，你我有幸遇上这天下太平的开元盛世，却空有济世安邦之才而不能被明主所用。”

“这是由于浮云遮天，奸相李林甫曾向现在的皇上奏说野无遗贤。”

“什么是野无遗贤？”李白第一次听到这种说法。

吴筠愤恨不平地说：“李林甫任主考官主考了一届进士考试。堂堂大唐王朝，地广人多，人才济济，竟然没有录取一人为进士。皇上问及此事，他的回答就是‘野无遗贤’，意思是说，天下贤才已经选拔完毕，四野再没有贤人遗留了。”

“荒唐，真是荒唐。”李白气得直摇头，胸前的三绺青须也随之颤动。他联想起了自己自从太原元府尹、安陆马都督推荐以后，又通过荆州韩刺史等许多地方官多次上表推荐，结果仍然像前两次一样石沉大海，杳无音信，这大概也和李林甫辈的阻塞贤路有很大关系吧？

“贤弟不必过于气恼。”吴筠安慰李白道，“浮云遮天总归是暂时的。贤弟写诗的名声，四海皆知，且有安邦济世之才，总有一天会被接纳的。”

久别重逢，两人就近找了一家酒店对酌共饮。由于爱好志趣相同就约定做伴同游。他俩在姑苏停留了 5 天，游览了虎丘、山塘、太湖等地，然后乘南去运河大船到达杭州，饱赏了西湖风光后又东去越州和剡中（今浙江嵊县）。

在这期间，李白仍然诗作不断，吴筠成了他的忠实读者。著名的浪漫主义代表作《梦游天姥吟留别》，就是这时完成的。诗人的诗思犹如天马行空般地在仙山中遨游，想象着“熊咆龙吟殷岩泉，栗深林兮惊层巅。云青青兮欲雨，水澹澹兮生烟。列缺霹雳，丘峦崩摧，洞天石扉，訇然中开。青冥浩荡不见底，日月照耀金银台。霓为衣兮风为马，云之君兮纷纷而来下。虎鼓瑟兮鸾回车，仙之人兮列如麻”。李白将仙山上的仙人、仙景描写得如此美好而淋漓尽致，结尾时笔锋又一转，从天上转回到了社会的现实，发出一声长叹：“安能摧眉折腰事权贵，使我不得开心颜！”

“妙哉！妙哉！实在是妙哉！”吴筠读后又连连称赞，“人生活在世上要有点志气，贤弟满身傲骨，蔑视权贵，可敬可敬！”

春去夏来，李白与吴筠在越中结伴共游，诗酒唱和已经两个月了。有一天，吴筠收到一封长安来信，是当今圣上亲妹妹玉真公主写来的。玉真公主从 16 岁起就看破红尘，不言婚嫁，皈依道教，是吴筠在长安时结交的道友。她邀吴筠到长安，共同研讨道教祖师爷李耳的经典之作《道德经》，并说她的哥哥玄宗也信奉道教，特诏吴筠入京共同探讨道术。吴筠看信后十分高兴地把信递给李白观看。

李白一口气看完信后问道："吴兄去不去？"

"当然要去，为我，也是为你！"

"为我？"

"是的，此去就有可能面见皇上，愚兄会当面奏请皇上，大力保举贤弟。"

"那——小弟非常感激。不过，吴兄还是自荐自己吧！"

"善哉！善哉！贤弟之才华要超过我十倍百倍，于公于私，愚兄都要首先保荐小弟。愚兄早就憋着一口气，窝了一肚子火，要让口蜜腹剑的李林甫之流睁开眼瞧瞧，天下不是野无遗贤，而是大有英才。"

李白的心中腾起了巨大的希望和信心。临别之日，二人免不得又要痛饮一场，预祝他们的预言早日实现，能在京城早日重逢。

第六章　三诏入京

一、“天”不负人

1. 三“诏”茅庐

不久后的一个中午，秋阳高照，秋风习习，院中的李子树叶沙沙作响。李白趁一家人午饭后小憩的时候，一个人来到院中树底下舞动龙泉宝剑。

龙泉宝剑是父亲李客传的传家之宝，李白一直带在身上，并且天天闻鸡起舞，极少间断，一为健身，二为防身。最近夫人的身体欠佳，3天来为她请医熬药，早晚服侍，眼见病体日渐好转，高兴之余，这才想到3天没练剑术，就抽空补一补。他左劈右刺，前挡后护，由慢到快，剑光闪闪，习习生风，只见一团白练在快速旋转着。

“好剑法！”

李白练得正在兴头上，听到叫好声连忙收住了架势，抬头一看，只见眼前来了一个身着乌纱紫袍的中年官员，旁边还有一青年随从牵马跟随。他认出来此人是本县的父母官张知县，连忙躬身施礼道：“知县大人，今天是什么风把您吹到寒舍来的？有请，有请。”

张知县是进士出身，喜好诗文，曾两次慕名到李白家中拜访。李白也曾去县衙回访过，两个人也算是比较熟悉了。李白当下把张知县请进堂屋，招呼孩子敬上了香茶。

张知县坐在李白家堂屋正中的竹椅上，手捻着下巴上的一撮山羊胡子，朝着李白笑了笑。李白立即问道：“知县大人公务向来繁忙，今天进山可能有什么公事吧？”

“下官是无事不登三宝殿。我是前来贺喜的，恭喜恭喜！”

“喜从何来？”

“圣上下诏，宣你立刻进京面见。”

“啊——”李白猛一惊喜，马上想到在剡中时与吴筠的惜别情景，料定这次是吴筠举荐发挥了作用。自己奔波半生，不就是等待这一天吗？这样看来，皇上还是圣明的皇上呀！

张知县收起笑脸，整冠理衣，十分严肃地说：“圣旨到，李白跪听宣诏。”

李白赶紧跪下：“臣布衣李白洗耳恭听。”

张知县从怀中拿出了一卷黄封绢书打开后高声读道：

奉天承运，皇帝诏曰：嗟尔李白胸怀大志，辞亲远游，读万卷书，行万里路，拜万人师，写诗千首，闻名遐迩，可谓奇才。朕素有爱才之心而求贤若渴。今特诏卿进京陛见，早授官职，为国效力！

钦此！

“谢主隆恩！万岁万岁万万岁！”

张知县放下手中的诏书，双手扶起李白说道：“先生此去一定会来个鱼跃龙门。这是先生您的无上荣耀，同时也是我们南陵县的荣耀！这里有纹银百两，权当路资！望先生笑纳。”

李白设家宴款待了张知县，许氏亲自杀鸡宰鹅下厨操作，她的喜悦心情甚至还超过了李白。回想起自己这个相门之女，当初嫁给李白时，早就看出他才华非同一般，一定会有乘风破浪的这一天的。现在夫君的才识终于得到认可了，这真是社稷幸甚！家门幸甚！小伯禽知道爹爹刚回家又要离家出走，噘起个小嘴十分不高兴。平阳说：“弟弟，弟弟，爹爹这次出门和以往不一样，他是去京城长安面见皇上呀！”

“京城在哪儿，离我们这儿有多远？皇上是多大的官呀？”

“京城离这儿有几千里之遥。皇上是管全部大官和小官的官呀！”

“那，爹爹也会做官吗？”

“当然要做官啦！”

“爹爹做了官以后还会回来看我们吗？”

“不会回来了。”

“我就不让爹爹出去当官。”

“傻弟弟，爹爹不回来是由于公务繁忙，他会接我们都到京城居住的。”

“啊！太好啦！太好啦！我们也能到京城去了。”伯禽高兴得拍手直跳，“那就快点让爹爹到京城见皇上，做个大官吧！”

“快切肉吧！”许氏敦促女儿，“别跟你弟弟磨嘴皮说傻话了。”

家宴之后，张知县叮嘱李白要早日启程，就带领随从骑马回县城了。当杯盘狼藉的八仙桌旁只剩下一家四口人时，许氏这才喜不自胜地吩咐一双儿女：“快，快向你们爹爹磕头祝贺。”平阳首先跪下讲道：“女儿祝贺爹爹。”

小伯禽看到姐姐跪下，也学着姐姐样子跪下说：“爹爹做了大官后，可要早点派人来接我们呀！我也想到京城去。”

“当然，当然！”李白搀起了一双儿女。

许氏说：“夫君，不知你什么时候启程？”

“不急，不急。”

“怎么不急？你不是为了这一天，都忙了大半辈子了吗？”

“娘子可知道刘玄德三顾茅庐的故事？”

“你想学那诸葛亮？等圣上也来个三顾茅庐？”

李白点了点头：“是的，我可不是个招之即来、挥之即去的凡夫俗子。圣上若真的求贤若渴的话，也必会像蜀汉的刘玄德！”

“那——你就再等一等你的刘先帝吧！”许氏虽然有些担心，但也不好说什么，还是依从了李白。

10天之后，果然张知县又来下达皇上的第二道诏书了。李白接诏后仍然稳坐不动。又是一个10天后，张知县又来下达皇上的第三道诏书了。李白这才准备行装，启程奔赴长安。张知县这时感慨地说：“先生，下官算是服了你了。”

“服我什么？”

“服你猜透了圣上的心意，让你这个当今的诸葛亮被三请以后才能出山。”

众人前呼后拥地陪伴着李白缓缓前行，一直来到了江边的渡口上。李白此时心潮起伏，诗情激荡，随口吟出了《南陵别儿童入京》一诗：

白酒新熟山中归，黄鸡啄黍秋正肥。
呼童烹鸡酌白酒，儿女嬉笑牵人衣。
高歌取醉欲自慰，起舞落日争光辉。
游说万乘苦不早，著鞭跨马涉远道。
会稽愚妇轻买臣，余亦辞家西入秦。
仰天大笑出门去，我辈岂是蓬蒿人？

2. 进京待召

大唐天宝元年（公元 742 年）的中秋佳节，42 岁的李白，经过十几天的长途奔波，经许昌、洛阳、潼关，终于来到了大唐的首都长安。他风尘仆仆地住进了东门里的招贤馆，一打听，馆丞答道："皇上同杨贵妃娘娘到骊山华清宫去了。先生你就耐心地在这儿等几天吧！"他看到李白面有难色，又说道："先生是皇上召见的人，算是贵宾。馆里的吃住都是不收银两的，您就放心吧！"

李白也只好如此了。经过长途跋涉，鞍马劳顿，虽说十分疲倦，但他心里依然是十分激动的。

自古帝王都的长安，地处关中平原的中部，渭河的南岸，南面的终南山高耸入云，发源于山中的沣、灞、浐、皂等 8 条河流左缠右绕如同人体的脉络一样绕着长安奔流不止。高大坚实的城墙与宽深的护城河使得长安易守难攻。城南的大雁塔和小雁塔是佛家圣地，每天都有众多善男信女去烧香拜佛。城里的街道像棋盘一样纵横交错，城中心的钟楼和鼓楼飞檐斗拱，钩心斗角，金碧辉煌。上百万市民，每日在晨钟里忙于经营，在暮鼓中掩门休息。时逢大唐盛世，经济文化空前发达，国力昌盛。闻名于世的丝绸之路以长安为出发点，叮叮咚咚的驼铃载着金发碧眼的洋人和洋货都来到了这里，这些洋人又载走了五光十色和令人眼花缭乱的丝绸与中原文明。丝绸之路像一座长桥，连接着亚欧各国。周边的国家，尤其是高句丽、安南、暹罗和日本，以唐为师，不断派遣使者和留学生长期居住，真可谓年年进贡、岁岁来朝。长安城和古罗马城一样，分别成了东方和西方的两个超级大都市。

在等待召见的日子里，李白将他在路途中反复构思的《宣唐鸿猷》关于颂扬太宗，宪章贞观，慎始慎终，革除时政弊端的十大措施写了出来，然后反复修改，最后修写整齐，收拾妥当。

3. “金龟换酒”

有一天，李白来到城东北的大宁坊紫极宫，这是李白又一次来游，见寺内外比起 13 年前越发宏伟宽敞和辉煌。自大门至大殿前的甬道拓宽了，而且用碎石铺砌改为特制的青砖铺砌，显得更加平坦整齐。院墙之内，到处种植的松竹，很像仙居。大殿重新油漆一新，殿上老子一气化三清的塑像也重换金身。人们传说着前不久皇上来此拜谒的盛况，宫门匾额上的“琼华”二字便是御笔亲题。大殿后面又扩建了一座八卦亭，亭上 8 根石柱，石柱是 8 条活灵活现的金龙，全用石材雕刻而成。亭内中间是一座高高的平台，台上立着一个龛子，龛子里面就是从楼观台发现的老子真面孔。李白仔细一看，差一点嚷了出来：“这不是吴道子的笔墨吗？难道李老君会请吴道子画像吗？”李白好生奇怪。

李白内外瞻仰已毕，正往回走，刚到了大门口，却见大门外进来一人，鹤发童颜，便衣布履，拄着一根筇竹杖，好像一个老寿星下了凡。李白不禁停步打量，谁知“老寿星”也驻足看他。李白正欲上前请问姓名，又不好造次，只好看着筇竹杖说：“此乃临邛山中千年之物！”老寿星也就和他搭起话来：“你是蜀郡人吗？请问尊姓大名？”李白答道：“不敢，晚生蜀人李白。”那老人一听，鼓掌大笑起来：“嗬，嗬，嗬，你就是李太白。可是奉诏前来？老夫就是贺知章，你听说过吗？”李白连忙倒身下拜，连称“久仰大名”。贺知章连忙扶起他来，拉着他的手，一同来到紫极宫客堂坐下。

“后生可畏呀，你诗名远扬，名闻京师。圣上连下三道诏书，求贤若渴，满朝皆知。老朽虽然老态龙钟，但眼明耳聪，当然晓得喽。”

“这就叫物以类聚、人以群分嘛！”

“大人的《咏柳》名句‘不知细叶谁裁出？二月春风似剪刀’，《回乡偶书》名句‘儿童相见不相识，笑问客从何处来’，晚生早已倒背如流了。”

“‘酒为知己饮，诗向会人吟。’你的名句老朽背得来的也不少。”

大凡诗人都有一颗童稚的心。贺知章已年过七旬，大李白 30 多岁，并且已是三品官，把布衣出身的后生李白仍然当成好友。

酒过三巡，菜过五味。贺知章迫不及待地说：“老弟有何新作？让老夫先睹为快。”

李白急忙从衣袋里取出一卷诗稿，双手递给贺知章，道：“这是近作《蜀道难》，敬请老前辈赐教。”

贺知章接过诗稿，揉了揉那已模糊不清的眼睛，展读了起来，刚读几句，就被深深吸引住了。想象那么丰富！比喻那么奇特！气势那么磅礴！他摇头晃脑地就开口朗吟了起来："噫吁嚱，危乎高哉！蜀道之难，难于上青天！蚕丛及鱼凫，开国何茫然？尔来四万八千岁，不与秦塞通人烟。西当太白有鸟道，可以横绝峨眉巅。地崩山摧壮士死，然后天梯石栈相勾连。上有六龙回日之高标，下有冲波逆折之回川。黄鹤之飞尚不得过，猿猱欲度愁攀援……"贺知章越读越兴奋，一口气读完后忍不住拍案叫绝："太妙了，真是太妙了！杰作，杰作！空前的杰作！"

李白自谦地说："不敢，不敢，老前辈言重了。"

"不言重，不言重，老弟你是天上的神仙下凡到了人间呀！"

"老前辈更是过奖了！"

"嘿，你真是个谪仙人啊！你可能是令堂大人梦见长庚星怀才生的你呀！"

此时酒保端上了新的酒菜，贺知章倒满两杯酒说："来，为小老弟的传世佳作《蜀道难》干杯！"

"谢谢！"

两个人碰杯后一饮而尽。真是酒逢知己千杯少，他们边喝边谈，谈起当今诗坛的事情，评判起当代诗人的一些作品。两人都为唐诗的繁荣而感到由衷地高兴。酒足饭饱之后，贺知章说："小老弟，你天生我材必有用，老夫我面见圣上时一定要全力保荐！圣上也是个诗人，他的诗你拜读过吗？"

"读过，读过！"李白当然读过玄宗皇帝的一些御制诗，诗的好坏，却不敢评头论足。但物以类聚，内心还是有同类相亲的亲切感。他不由得对自己的未来，充满了希望与向往。

"结账！"贺知章喊来酒保，李白要抢先付账，贺知章不同意："老夫久居长安，是主人，小老弟你是远道而来的客人，哪有主人请客，让客人付钱的道理？"说完就伸手从衣袋中去拿钱，可是怎么掏也掏不出来，不禁脸上发红，心想：糟糕，今天出门时忘了带钱了，怎么办？稍一思索就摘下官衣上佩戴的饰物金龟交给酒保说："先拿去抵押酒钱吧，这可是纯金的！"酒保不敢拿，说道："贺大人您是本店的常客，今日忘了带钱，就暂记账上吧！"

"不不！"贺知章连连摇头："哪有做官的人，欠百姓钱财的道理？你先收下，明日我带钱来赎回去不行吗？"

酒保这才勉强收下。李白还要掏钱付账，贺知章坚持不肯，这就是“金龟换酒”的故事。从此一老一少两个诗人便成了忘年交。

分别时，贺知章对李白说：“我这个秘书监，虽然说管的是经籍图书，但总是个从三品，在皇上面前奉承几句还是可以的。等老夫明日上朝奏上一本，请皇上早日召见你。你回招贤馆去候着吧！”

4. 得见天子

果然不几日，便有内侍下达圣旨，召李白进宫。不但是皇帝亲自召见，而且还是在大明宫金銮殿召见。李白心潮澎湃，激动不已。第二天一大早，他就跟着内侍来到大明宫。12 年前，李白只能在它外面远处瞧望，而现在却可以昂首挺胸地由当中最大的一道门——丹凤门直走进去。到了丹凤门里，抬眼望去，一条用一尺见方的青砖镶铺的平平坦坦的坡道，笔直地通向半空里。半空里一座高高的殿宇，不仅比长安城所有宫殿都高大雄伟，而且东西两头都有阁楼辅翼，犹如蟹螯对峙，更显得气势非凡。内侍告诉他，这便是大明宫的正殿——含元殿。两边的阁楼，东名“翔鸾”，西名“栖凤”。国家遇有大典，如改元、大赦、阅兵、受俘等，就在这里举行。他们走了足足有一顿饭的时间，才来到含元殿前。内侍又告诉他，整个大明宫是建在长安城东北高地——龙首原上，站在这里可以俯瞰全城。李白回头一瞧，果然长安城尽收眼底，终南山就好像在对面，刚走过的那条坡道，就像巨龙的尾巴弯曲着拖向长安城的东面。李白情不自禁地接连赞叹：“啊，不愧是九天阊阖！真像那玉帝灵霄！”

内侍带李白绕过栖凤楼下，转向西北，走了大约一袋烟的工夫，又看见一座坐西向东的宫殿，略微低于含元殿。内侍告诉他，这就是麟德殿，皇帝上朝一般在这个地方。经过麟德殿下再向北去，又到了一座宫殿跟前，其规模大小虽次于麟德殿，但金光闪闪，令人眼花缭乱。李白远远便看到殿外警卫森严，殿内香烟缭绕，只听内侍轻轻说了一声：“金銮殿到了。”便告诉他在阶下等着，自己上殿去了。李白凝神屏息，又大约等了一碗茶工夫，忽听得殿上高喊一声：“圣上有旨，宣李白上殿。”只见先前那个内侍带着李白，沿着汉白玉石阶一台一台走了上去。只见地上铺着大红地毯，两旁站立着不少文职官员。当中宝座上端坐一人，穿戴着皇帝宴见宾客时的服装：乌纱帽檐上嵌着一块白玉，绛纱袍当胸绣着一团盘螭，腰系真珠宝钿带，足登白底乌皮靴。“想来这就是开元天子，天宝皇帝了？怎么目光那样昏暗、两颊那样松弛？他往日的英姿到哪里去了？”李白脑海闪过一串疑问，“但坐在这上面除了他还能是谁呢？”于是快走几步，拜伏在地，高声说道：“臣，西蜀布衣李白奉诏参见皇上，愿吾皇陛下万岁万万岁！”

玄宗李隆基作为承平时代的太平天子历时已久，因武惠妃的去世，心情整天忧郁不振，为找新欢，在高力士的精心安排下，在华清池偷看了寿王李瑁的妃子——杨玉环入浴后，便被她倾国之貌深深吸引而魂牵梦绕，为掩人耳目，将杨玉环度入道观（道号太真）作为过渡，然后又从道观中接进宫来纳为妃子，自此，玄宗心情一直非常好。玉真公主推荐李白后，就马上下诏召其进京。时间一久，不见人到，于是连下两诏，以表其求贤若渴之情。此刻，他看到下跪的李白年富力强品貌端正，就从龙椅上走下来就近细看。李白也得以仔细端详这位风流天子，他发现皇上虽然年过六十，但肤色红润，步履还稳，心想他自从发动宫廷政变，平定韦后之乱，执政为帝以来，重用姚崇、宋璟两位贤臣，广开言路，发展农商，因而继太宗贞观之治以后，又出现了开元之治的盛世。如果我能有机会在其位而谋其政施展自己抱负，辅佐皇上，励精图治，兴利除弊，鼓励农商，减少百姓赋税徭役，那么国家就会变得更加富强，人民就会减少更多苦痛。玄宗皇帝一直走到李白身边，弯腰搀起李白道：“贤卿请起！”

这是一种特殊的礼貌，表现了皇上的礼贤下士、爱惜人才。贺知章等正直大臣感到十分高兴，而宰相李林甫、礼部尚书杨国忠和高力士却高兴不起来。李林甫曾经对皇上讲过“野无遗贤”，而如今这位“遗贤”反而受到了皇上的特别青睐，不是在打他的嘴巴吗？高力士不理解的是：他的干儿子，现任斗鸡令崔敬昌早就进了李白的谗言，并且好多次都扣押了地方官员推荐李白的奏折，使得李白多年来到处游荡不能进朝做官。现在李白居然有模有样地进来了，来了以后，也不像其他人一样，走走后门，送上点金银财宝之类，真是目中无人。他日如果知道我高总管多次压他之事，并让皇上知晓了，那还得了？所以此时，他和李林甫两人都心怀鬼胎，冷眼旁观。

玄宗已说“平身”，并吩咐“赐座”。李白忙侧身坐下，只听得皇帝一本正经、从容不迫地说道：“卿是布衣，名为朕知，非素蓄道义，何以及此？”李白原本想说：“我今天可算是张良遇到了汉高祖，姜尚遇到了周文王。”可是他却说：“白本山野之人，才学疏浅，仰赖圣朝雨露，主上隆恩。”又听玄宗说：“朕三十年来，广开贤路，亲选群才。上者为栋梁，下者为柱石。山林野遗，靡不毕至。李卿既有扬、马之才，何其来迟？”李白原想说：“我从少年时代起，就将书剑许明时，但我不得其门而入，因而蹉跎至今。”但他不得不这样说：“只因小臣久居僻壤，耳目闭塞，又兼疏懒成性，不堪识拔。自弃圣朝，久负圣恩。”又听玄宗说：“从这以后，卿可在翰林院供职，随时等待。竭尔麒麟之笔，为朕佐佑王化，润色鸿业。使后世之人不独知汉武帝有司马相如，亦知朕有李太白。”李白正想借机献上自己的《宣唐鸿猷》，把自己的满腹经纶痛快表述一番，只见玄宗轻轻把手一挥，内侍已上来引他退立一边。紧接着便见两旁的大臣前来道贺，有的说：“谨贺皇上探海得珠，举网罗凤。”有的说：“谨贺圣朝济济多士，万邦咸宁。”有的说：“元首明哉，股肱良哉！”有的说：“德配天地，功参造化。”……最后大臣们齐声高呼：“吾皇万岁，万岁，万万岁！”庆贺完毕，玄宗皇帝又吩咐设宴招待，于是便宣布退朝。在宴酒会上，大家再向李白表示庆贺，又把皇上的恩德歌颂了一番。

这一天下来，李白只觉得浑身飘飘然，头脑蒙蒙然，耳边哄哄然，既像是在演戏，又像是在梦中。

散朝了，李白身佩御赐的锦袍玉带，满身荣耀地走出大明宫。贺知章在临下殿时，却狠狠地瞪了高力士一眼，看到高力士年老没有胡须的嘴角上露出一丝得意的狞笑，怨恨这个权势熏天的太监太多嘴。因为，如果不是他吹耳边风、出馊主意，李白完全可以被封为有实权的官职的。这翰林学士既无官品也没有实权，仅是随时待命听候皇帝诏唤去草拟诏告或应制作文，用现今的话来说，就是个御用文人，只能做一些诏告或歌功颂德的官样文字而已。贺知章虽然心中不悦，但老成持重的他并没有表示出来，而是和王维一起对李白表示了热情的祝贺。李白没有当官的经验，对官场一无所知，对翰林待诏一职，也没有认识。自己从一个平民百姓，到突然身着锦袍，能够经常待诏听命于当今皇上，他已经很是满足了。他在回归招贤馆的路上，又在继续筹划他取名为《强唐鸿策》的策论。他要在此策论中旁征博引，有理有据地表达出自己对于富国强兵，兴利除弊的多项变革主张，如蒙皇上采纳实行，就能实现自己多年来“济苍生，安社稷”的宏图大愿。走着，想着，不觉面带笑容，步履轻盈，带着阳光，向着美好理想的未来大踏步地走去。

李白从招贤馆搬入大明宫翰林院。

翰林院在金銮殿旁边，是一个四合院，院内院外种着各类品种的竹子。院外是拂云参天的南竹，虬枝盘空的龙竹；院内是枝叶娟秀的紫竹，牙黄的底色上呈现出丝带般碧绿线纹的琴丝竹，还有浑身泪痕斑斑的湘妃竹。每日里，凤尾森森，龙吟细细，使这四合院显得更加幽雅别致。

这小院一连几天热闹非常，大家都要来瞧瞧天子亲自召见的翰林学士——当代的司马相如。第一天是同院的翰林们都来拜访，第一个是活神仙张果老，据说他已活了几千岁，尧时就是侍中；其次是能掐会算的邢和璞，据说他能知过去未来，寿夭祸福；再次是视通幽冥的师夜光，听说他能看到鬼在何处；还有一个叫孙甑生的，他能使石头打架，扫把走路，现在受宠的杨贵妃已经召他进宫去表演过好多次了！李白听了他们鬼话连篇，心里也不由得一怔，但却只得和他们应对一番。

然后是同朝的官员前来拜贺，张垍竟然是第一个！他依然是那么温文尔雅，并且称李白作“故人”，甚至说是皇帝召见元丹丘和李白，都是持盈法师的功劳，而归根结底又是他在持盈法师面前提起，李白本着“君子不念旧恶”的信念，对张垍仍然以礼相待，何况他掌管翰林院，日后还是得仰仗他。眼下新来乍到，这禁中许多规矩就得靠他指点。张垍给李白介绍了一些翰林院的情况，又特别叮咛李白说：“翰林待诏，顾名思义就是等待圣上随时下诏。所以，除了十天一次休沐日可以出去以外，其余时间均不能随意走动，一定在院中恭候圣上的差遣。”

从此李白既不敢随意闲逛，也不能任意喝酒，生怕误了社稷苍生大事，有负圣明天子的期望。每日里就在院中温习经史，把那周公辅成王，张良佐汉高，诸葛亮相蜀，以及唐初魏征、马周、房玄龄、杜如晦等一些名臣贤相的事迹来回研读，并将一部《贞观政要》背诵如流。写起诗来，也是剖心沥胆，一派报效的语意。和新交旧好酬唱赠答，以及送人远行、赴边，甚至贬谪，满含勉励之语。他如同一匹千里马，套上了络头，备上了鞍鞯，满心以为从现在就要开始驰骋了。

二、壮志难酬

1. 良策难献

时间如梭，眨眼一个月过去了，仿佛是皇上把他遗忘了一样，李白一次也没被皇上召见过。李白开始有些失望了，在夜深人静的时候，他一个人独坐书房里，非常想念远在南陵乡下的妻子儿女。当初三次被诏进京之时，设想得未来非常美好，如若得了一官半职，有了安身之处，就把家眷接进京，共享天伦之乐；进一步还设想到官运亨通，有所建树时就携带妻儿返回西蜀老家，来一个衣锦还乡，荣归故里，让父母喜从天降，岂不美哉？但是现在皇帝竟封了自己个翰林待诏，一个没有衙门和有职无权的官，只有一间卧室、一间书房，根本就没法安排妻小居住。他只好写信给许氏，做了些安慰，并表示一有希望就会接她进京。许氏很通情达理，虽然身染疾病，但在回信中加以隐瞒，劝慰丈夫安心尽职。她在乡下生活虽有难处，但有荀妈妈母子和邻居们照应，还有丹朱夫妇不时的探望接济，生活还是过得去的，李白的愁眉才稍加舒展开来。

树的叶子在萧瑟的秋风中慢慢凋零，转眼间冬天就到来了，雪花漫天飘落，街巷与城墙上白茫茫一片。大多数人家都以木炭取暖，出门的人都穿戴得十分厚实。

这段时间李白曾奉诏写过几次诏书，但都是通过小太监传旨授意，按时写完后又由小太监拿走，李白连见一次皇上的面的机会也没有。写一篇千字左右的官样文书，对李白来说不过是雕虫小技，只用少许功夫，挥笔就出，接下来仍是漫长的等待。真是日长似岁闲方觉！有一次他和同院的王翰林下棋时，说出了自己的心事。王翰林比李白大几岁，来此也好几年了。他摸着嘴上的八字胡须说：“贤弟，你是初来乍到，觉得奇怪，我可是见怪不怪，习以为常了。我们这个翰林院没权没势，是个坐冷板凳的地方。你我都是黄牛掉进了深井里——有劲也没法用的人，着什么急呢？反正有吃有喝有薪水，耐着性子慢慢磨吧！”

李白摇了摇头说：“可你我都已是中年人了，时间不等人啊！再这么白吃白喝地消磨几年，不就变成个一事无成的白发老头了？”

王翰林苦笑了一声，也摇了摇头：“唉！我刚来时和你一样着急。可急又有什么用呢？你没看到我们的张驸马，每天不是闲得只干那斗鸡斗蛐蛐的事吗？来来来，快来，咱们还是下棋下棋！”话虽是这么说，李白却没有和同事们那样，饱食终日，无所事事。他除了偶尔下下棋外，绝大部分时间仍是在读书写诗和练剑，渴望着皇上的召见。

一晃又到了十月。一天，内侍果然前来传旨，让李白做侍从陪伴皇上前往骊山温泉宫。李白认为既然让他伴驾前往，说不定到了温泉宫皇上会召见他，讨论一些国家政事，所以他特别将《宣唐鸿猷》带在身上。

骊山在长安以东 40 里，李白骑着御赐的飞龙马，拿起御赐的珊瑚鞭，跟着浩浩荡荡的队伍，先出春明门，又过了长乐坡，再过了浐桥和灞桥，一路上骑马慢行，整整走了半日。到了骊山脚，但见林木葱郁，山上山下，宫馆林立。赭色的宫墙，自西到东，自下至上，围成一座小小的山城。它既有城市的豪华气势，也有山林的清幽，比起长安城中的太极宫、大明宫、兴庆宫来，又别具一格。长安宫殿是雄伟庄严的皇帝起居，骊山别馆则是超凡脱俗的仙境。此地因为有温泉，地气特暖，冬季如春；而到了夏天，这里树木特别茂盛，人烟稀少，又比长安城中凉爽。所以每年玄宗既在这里过冬防寒，又在这里消夏避暑。从开元后期以来，每两三年就得整修扩建一次骊山温泉宫，不久前又在半山坡上建成一座专为皇帝斋戒用的长生殿，在山脚下又修建了一处宜春汤专供杨贵妃沐浴用。

刚到骊山温泉宫，李白真感觉是到了人间仙境。

第二天，皇上对随从大臣们传旨“赐浴”。李白一丝不挂地泡进带有硫磺味的泉水里顿感浑身清爽舒畅，身上污垢全无。第三天皇上传旨“赐宴”。李白吃着，也不过是一些山珍海味，没有什么特别的。到了第四天皇上传旨“赐游”。李白这才兴奋起来，他一口气爬到了最高处的烽火台，抬眼回望蓝天白云下的远景：只见渭水东来，犹如一条长龙又向西游去。

远处的长安城隐约可见。站得高看得远，也就想得多。李白想起了周幽王烽火戏诸侯的故事，那个入宫后常年没笑脸的大美人褒姒，不就是在此看到了山下各位诸侯勤王的人马匆匆赶来，却看不见一个敌人，因而出现了她一生难得的一笑吗？这一笑竟笑掉了周幽王的人头和西周王朝几百年打下的江山。从古到今，很多皇帝都是既爱江山又爱美人，目前，玄宗皇帝在开元时期励精图治还算是一个英明的皇帝；但是改年号进入天宝年间以后，尤其是在宠幸杨贵妃以来，就逐渐沉湎于淫乐之中，时常不早朝，不理国政，这次来骊山 3 天了，天天都和美人歌舞欢宴，这可是值得忧虑的大事。来到骊山都十天半月了，只听见半山上的宫殿里，阵阵音乐随着清风飘下来，悠扬婉转，日夜不停。到了夜晚更是听得真切，甚至连歌词也断断续续听到了几段：

……

趁天风，惟闻遥送叮当。宛如龙起翔千状，翩若鸾回色五章。

……

伴洛妃，凌波样；动巫娥，行云想。音和态婉转悠扬，珊珊步蹑高霞唱，更泠泠节奏应宫商。

……

步虚、步虚瑶台上，飞琼引兴狂；弄玉、弄玉秦台上，吹箫也自忙。凡情仙意两参详。

……

银蟾亮，玉漏长，千秋一曲舞霓裳。

这《霓裳羽衣曲》真是像琼浆玉液，令人心醉神迷。

李白本来也可以沉醉在这仙境和仙乐里，他却偏偏惦记着皇帝某一天会召见他咨询国政，甚至向同来的侍从官打探皇帝什么时候上殿问事，同来的侍从们都说不知道，并且都用惊奇的眼光打量他。有一个人居然还反问他说：“有什么大惊小怪的事，要万岁爷在这里升殿视事？”一个服侍李白的小内侍给李白沏茶时，才告诉他说：“皇上和杨贵妃这会儿正在忙着排练霓裳羽衣曲，这霓裳羽衣曲听说是皇上梦游月宫听来的。他到这里来就是为了陪着杨贵妃尽兴玩乐，还升啥殿？视啥事？即便有事，内有高将军，外有李相公，哪里还用得着皇上操心呢？”然后又小声对李白说：“你有福不享，打听这些做什么！”李白也只好安心享福，不敢再多打听了。

大概是霓裳羽衣舞排练得差不多了，有一天内侍传下旨来，让李白应诏。李白以为皇上终于要与他商量国家大事了，连忙弹冠整衣，伏俯阶下，结果却是让他写一首驾幸温泉宫的诗。他马上作了一首：

羽林十二将，罗列应星文。
霜仗悬秋月，霓旌卷夜云。
严更千户肃，清乐九天闻。
日出瞻佳气，葱葱绕圣君。

“好诗！好诗！”杨贵妃当场拍手称赞。

“好，李翰林果然出口成章，不愧为当代诗人。”皇上附和着杨贵妃，龙颜大悦，赏绢一匹。

李白赶紧跪拜谢恩，但当他起身站立准备主动向皇上呈献《宣唐鸿猷》时，皇上已经传旨摆驾，要去新建的豪华的贵妃池主持开池典礼了。李白侍立一旁，第一次目睹了杨贵妃的芳容，只见凤冠霞帔包裹着的丽人，果真貌似天仙，美貌非凡：肤色洁白似玉，白里透红。一双凤眼饱含着盈盈秋水，顾盼之间有着千种风情。两颊上不笑也显示出两个深深的酒窝，笑起来就更加美丽动人了。虽然略微显胖，但是唐代流行的是女人以丰腴为美，所以说胖点正合乎唐代皇帝的审美眼光。难怪作为公爹的皇上要将自己的儿媳妇不顾天下人耻笑而占为己有了。只是，眼下的皇上可不是无道昏君周幽王可比拟的。皇上是个英明的再造之主，开元盛世是他领头开创的！不过，人是可以改变的，特别是老人，居安要思危，应该防微杜渐，总是这样沉湎于女色，不理朝政，持续下去也不是什么好事。作为大唐臣民的李白，虽然不是谏官御史，人微言轻，却也想找机会冒险进谏一番逆耳的忠言。

李白每天急盼着与皇上共论国事，天天从日出盼到日落，却全都落了空。皇上与杨贵妃每天吃喝玩乐，歌舞升平，根本就把李白给忘到九霄云外了。

2. 酒鬼诗仙

冬天一过，大地回春，草木发芽，八百里秦川的麦苗儿一片葱绿，就像是一张无边无际的绿地毯。在骊山基本上坐了一冬天冷板凳的李白又随皇上一行，浩浩荡荡地回到了长安。过了几天，小太监前来宣李白进兴庆宫见驾。

兴庆宫坐落在长安城东南，宫内除了应有的亭台楼阁以外，只有一片茫茫清水的兴庆湖。湖上泊有龙舟画舫，水中倒映着春日蓝天。皇上正在花萼楼前设宴款待杨贵妃的姐姐们：韩国夫人、秦国夫人和虢国夫人。杨氏几姐妹，一个个都是天生尤物，一个比一个漂亮，深得皇上的喜爱。

李白此行，再一次奉旨写诗，作了《宫中行乐词八首》，并且得到皇上赏赐的百金。对于这些，李白并不感到高兴，反而有些不愉快，因为自己渴望多年进长安的目的不是做一个报喜不报忧、歌功颂德的御用文人。自己满腹的经纶和治国安邦的方略，竟然无法上达天子，看来皇上只不过是喜欢自己的诗而已。因为不愉快，李白就不得不借酒浇愁了。他那刚来长安时的兴奋心情渐渐淡了下来。

不到半月，点点鹅黄变成了一片新绿，刚出巢的雏莺在枝头歌唱。玄宗出游宜春苑，李白又奉诏作《侍从宜春苑奉诏赋龙池柳色初青听新莺百啭歌》。

3 月间，江淮使韦坚，引浐水到御苑的望春楼下汇流成潭，又造新船数百艘标上全国各州、郡的名号，摆上各州、郡的名贵出产，载着上百的歌伎，唱着庆贺天宝年号的《得宝歌》："得宝弘农野，弘农得宝耶……三郎当殿坐，听唱得宝歌。"排着几十里长的队伍，陆续来到望春楼下，向玄宗奉献各种山珍海味，奇珍异宝。玄宗也在望春楼上大设筵席，热闹了整整一日。李白又奉诏作诗《春日行》。

仲春时节，春风习习。一日，艳阳高照，气候宜人，皇上和杨贵妃在兴庆宫沉香亭赏花。沉香亭是用名贵的沉香木建成的，木质坚硬，且带有经久不灭的香味。亭的周围是大片的牡丹园，此时已经开成了一片花的海洋，这是从东都洛阳移植过来的名贵品种：魏紫、姚黄、焦骨等，棵棵枝繁叶茂，一朵比一朵多姿多彩。一阵清风吹过，芳香沁人心脾，无数的蜜蜂"嗡嗡"地在花蕊当中采花酿蜜。

宫廷乐队首领李龟年指挥着梨园弟子组成的大型乐队演奏着《霓裳羽衣曲》。皇上听此曲听得太多了，便感到厌烦，说道："赏名花，对美人，必有新词。李卿不要再弹旧曲了，快去宣李翰林进宫，填写新词！"

"臣遵旨！"李龟年正值壮年，精力旺盛。他马上与一个小太监一道带了四名年轻的卫士，快步出宫，各骑一匹快马来到翰林院。张垍说："今天是休沐日，李翰林一早就出去了。"

李龟年问："他会去哪里呢？"

张垍答："说不定又去哪个酒楼喝酒了。"

李龟年立即掉头去寻找长安街上的酒楼。天子脚下，堂堂皇城，酒楼很多，个个豪华阔气。李龟年串东家进西家已找得满头大汗，气喘吁吁，终于在西市的终南酒家楼下听到了有人在大声诵吟：

三杯通大道，一斗合自然。

但得酒中趣，勿为醒者传。

李龟年兴奋地说："这不是李白吗？"于是大步走上楼，发现李白正在靠窗的酒桌上一个人饮闷酒，竟然喝得烂醉如泥。李龟年连声呼唤："李翰林！李翰林！"

李白满脸通红，醉醺醺地不答应。

小太监忙说："他已经喝醉了，算了吧！"

李龟年说："咱俩可是皇命在身，今天无论如何也要把他带进宫去！"这时跟随的两个卫士把李白抬下楼扶上了马，小心地护持着来到兴庆宫门外。李龟年飞快地进宫到沉香亭面陈："李翰林酒醉如泥，现在就在宫门外的马背上。按例是宫内不能骑马，请圣上定夺。"皇上说："今天朕就特许李白骑马进宫！"

"臣遵旨！"李龟年快步又走出宫门，与随从一道簇拥着李白的人和马来到沉香亭旁，然后搀下马背上的李白，小心地来到皇上跟前。

这时，皇上的随侍高力士有些不悦，因为李白平日见到他都昂首挺胸、目中无人，听崔敬昌说，李白非常瞧不起他这个大总管，嘲笑他是不男不女、不公不母的人，这不是胆大包天，不把我高力士放在眼里吗？今日见李白的喝醉酒的样子，于是趁机说："启奏圣上，李白恃才傲物，有失做大臣的礼节，既然醉成了这般样子，就改天再命他写诗吧！"

"不行，朕和爱妃正在兴头上，不许拖延，让他躺下，赶快送上醒酒汤来。"

"遵旨！"高力士不得不命小太监搬来一个金丝楠木卧榻，扶李白仰面躺下。很快，御膳房的鲜鱼醒酒汤也由一个小宫女用银碗盛着端了过来。

玄宗说："快让李翰林喝下。"

小宫女一勺一勺地将醒酒汤喂给李白喝。然后，皇上又令小宫女吐两口兴庆湖水喷在李白脸上。内外夹击，李白这才醒过酒来，看到眼前的光景，李白连忙跪倒在地说："小臣唐突圣驾，有罪，有罪！"

"恕卿无罪！"皇上说，"今天朕赏名花对美人，快给朕写一首新诗上来！"

“臣遵旨！”李白这时醉意全无，转眼看到盛开的牡丹花与雍容华贵、浓妆艳抹的杨贵妃，不由得激起了作诗的灵感。

李白凝神构思片刻，小太监早已取来了文房四宝。皇上命令高力士亲自侍候李白，高力士本不乐意侍候这个高傲文人，可是君命难违，只好忍着性子执行。

李白接过了高力士手中的狼毫大笔，饱蘸了浓墨，俯首在铺着金花笺的小条几上，一口气龙飞凤舞地写成了《清平调》三章：

云想衣裳花想容，春风拂槛露华浓。
若非群玉山头见，会向瑶台月下逢。

一枝红艳露凝香，云雨巫山枉断肠。
借问汉宫谁得似？可怜飞燕倚新妆。

名花倾国两相欢，长得君王带笑看。
解释春风无限恨，沉香亭北倚阑干。

一笺一首，每当写完一首，高力士就拿去呈给皇上看。皇上边看边吟，吟完便呼：“好诗好诗！高才高才！”随手又转交给伴坐在身旁的杨贵妃欣赏。杨贵妃也出身书香门第，是写过读过诗的人，她看着想着，心中一阵狂喜。诗人把自已比作天上的仙女，说云像她的衣裳，花像她的容貌，尤其是形容她像一枝红艳艳的花朵，正散发出凝重的芳香。皇上问杨贵妃：“爱妃，你看写得怎么样？”

杨贵妃原本扬扬得意，但还是装作谦逊地说：“诗人有些过奖了，妾妃没有他说的那么美。”

“不过，不过，依朕看正是恰到好处。”皇上立刻传命李龟年，“立刻给诗谱曲演奏上来！”

“臣遵旨！”

不一会儿工夫，宫廷乐队就把新写的诗谱上曲子演奏了起来，还伴有一个歌女独唱。皇上听后非常兴奋，还亲自吹起玉笛，参与伴奏。

演唱完了一遍，皇上仍不过瘾，传旨又演唱了两遍。

杨贵妃听后觉着浑身轻飘飘的，好似在腾云驾雾一般。她特命宫女用西域进贡来的夜光杯盛满了葡萄美酒，赏赐李白作为酬谢，李白接过来一饮而尽。杨贵妃手举金壶，又接着斟满了一杯。李白拜谢说：“请贵妃娘娘见谅，臣不敢再喝了！若再喝醉了，又要失礼了！”

高力士瞪了李白一眼，趁机说：“我看你还是不喝的好，这儿是皇宫禁地，并非酒店。”

杨贵妃瞪了高力士一眼说：“高公公，不要管他，李爱卿是酒喝得越多，诗就写得越好！”

高力士不说话了。皇上也对李白说：“李爱卿，你是出名的斗酒诗百篇之人，酒醉后失态，朕与爱妃都不会怪罪于你的！”

“谢圣上开恩！”李白举起酒杯，斜视了高力士一眼之后一饮而尽，感觉得这两杯皇赐御酒香醇可口，是任何酒家之酒都无可比拟的。

“爱妃，那边还有好花看哩，快跟朕一道去观赏吧！”

“妾妃遵旨！”

皇上挽起杨贵妃的玉手，慢慢离开了沉香亭，却把李白丢在了一边，好似忘了一件刚刚用过的物品一样。

李白独自站在沉香亭北，走也不好，不走也不好。高力士趁机走过来讽刺道：“李翰林，你怎么还不回去呀？是不是还等着贵妃娘娘赏赐给你的葡萄酒呀？那可是千金难买的！”

面对这个老男无须、语音不男不女、权势很大的总管太监，李白又想起了高力士的干儿子崔敬昌，以及他俩狼狈为奸干的丑事，顿时心中产生了一种厌恶感，很想痛痛快快地把高力士臭骂上一通，但是，想到投鼠忌器，打狗还要看主人，故欲言又止。他毕竟是皇上身边最得宠的人呀！李白强忍着心头的愤怒，转身向宫外走去。他边走边在心里说：“哼，别看你狐假虎威没人敢惹，总有一天我会给你点颜色瞧瞧！”

从开元后期以来，玄宗已很少去大明宫上朝了，平日多居住在兴庆宫。由于差遣繁多，李白又奉命从大明宫的翰林院搬到兴庆宫的翰林院，守候在皇帝身边，以便随时听从召唤。上面又派了两名宫女专门侍候李白，伙食也变得比以前好了。每天除了鸡鸭鱼肉，又特意赏赐给他西凉进贡来的葡萄酒一斤。穿的衣服更是不用愁，冬天还没过完，春衣已经早就送来了；春天还没尽，夏衫又已送来了。娘娘怕他寂寞，又特赐他一只陇西进贡的鹦鹉。鹦鹉立在珊瑚架上，用一条黄金做的小链系着，挂在檐前。宫女们每日用江南进贡来的香稻和终南山的清泉喂它，还教它念李白的诗哩！

李白这时吃有吃的、穿有穿的、玩有玩的，真是要什么有什么。不仅翰林院中其他的人望尘莫及，就连三品五品的文武官员中也有人羡慕不已。王公贵人经常来请他听歌、观舞、赴宴，还恐怕他不赏脸。每到休息日，他更是应接不暇，徐王李延年府里的宴会还没结束，汝阳王李琎早派人在此等候了。刚从左司郎中崔宗之家里出来，张垍兄弟三人又来迎接。这个休沐日还没过完，玉真公主已叫人来请他下个休沐日务必去她的玉真观，李白成了长安城里第一大红人。

3. 欲求清静

偏偏在他大红大紫的时候，李白反而感到厌烦极了。

又一个休沐日，他清晨起来就从翰林院偷偷溜了出去，既不去公卿府第，也不到游乐场所，只想找个清静的地方待半天。他想来想去只有南门里兰陵坊一带大雁塔附近，风光甚好，而且那里又人烟稀少。虽处闹市之中，却如同乡村一般。于是李白便穿过朱雀大街，直往南门而去，在菜畦、花园、荷塘、鱼池之间，信步转悠了一阵。走过几处竹篱茅舍，他停下来看了看；走过几处豆棚瓜架，他也停下来望一望。这些地方，自然远远不能和宫中相比，但却有天然的野趣。最后，在快到南门的地方，有一个十分简陋，却收拾得十分干净，桌上小土罐子里插着一束野花的小酒家吸引了他。他信步走了进去，要了一壶很普通的米酒和几碟极普通的下酒小菜，一边自斟自饮，一边与卖酒的老汉扯着闲话，在这里，他感到好久没有感到过的舒服自在。不知不觉又喝得多了一些，就趁势卧在酒家的小土炕上睡了起来。正睡得香甜，而且梦见两个孩子向他跑来，他刚把两姊弟一手一个抱了起来，却听见有人吵吵闹闹进了屋里，一连叫道："李学士！李学士！"他心里好不厌烦，想赶紧抱着孩子躲开，却迈不开步子。有人上来拉他、推他、摇他，他依然不能动弹。过了一会儿，没有动静了，他又蒙胧睡去，又继续做他的梦："孩儿，你们怎么来的？爹爹还没有自己的住处，你们住在哪里呢？"突然，却听见"扑"的一声，一盆冷水从他头上浇下。他正想找个地方躲开，又是"扑"的一声，他猛地醒了过来，坐起来一看，才发现几个内侍端着一碗水立在炕前，向他点头哈腰赔笑说：“李学士，我们找得你好苦哇！皇上要在白莲池划船，等着你回去哩！高公公传下旨意说，非要把你找回去不可，找不到你，我们可就下不来台了。”另一个说：“别啰唆了，赶快回去吧！”

没等李白答话，他们就七手八脚地扶他上了马，簇拥着直奔兴庆宫而去。路上风一吹，李白一肚子酒涌了上来，非常难受。强忍到兴庆宫门前，终于呕吐起来了，弄得衣服上、马鞍上一片狼藉。这怎么能上龙船呢？内侍们连忙去禀告高力士，高力士叫人赶快弄碗醒酒汤给李白灌下去，又让人把衣服给他换下来，把手和脸洗净。李白昏昏沉沉，由他们摆布。他真想闭目养了一会儿神，却听见小太监说：“高公公来了。”李白赶快把眼睛合上。“怎么酒还没有醒？万岁爷等了大半天了。”这高力士说话不仅不男不女，怎么还怪声怪气的？李白眯起眼睛一瞧，原来他站在门外还没有进来，就拿手绢把鼻子堵上了。李白真想唾他一口：“呸，你这个给皇帝提夜壶的贱臣！”但他转而又想：“何必和这种人计较呢？”李白只好忍了又忍，听任内侍扶着他来到池畔。上了龙船，正想进舱，高力士又传下娘娘旨意，不让进去了。他吩咐内侍搬来了一张小方桌放在船头，摆好了纸墨笔砚，叫李白就在那里写《白莲花开序》。李白趴在小方桌上久久没有提笔，他需要让自己镇静一下，否则无法控制自己，就会写出以下这句话来：后世子孙切勿为翰林待诏。

李白写毕《白莲花开序》，太阳已经快要落山了。他平生写诗作赋从来没有感到如此为难。

也不知是杨贵妃嫌他酒气逼人，还是皇帝嫌他文思迟钝了，从此李白就很少奉诏了，而且还奉命迁出了兴庆宫，仍到大明宫翰林院待诏。这时，呈献上了长生秘术的张果老被加封为“银青光禄大夫”，已经搬到皇上赐给的宅第去了。

天宝二年（公元 743 年）夏天，终南山麓，一片松林深处，隐藏着一个小小的山庄。门上钉着一个木牌，上面写有“斛斯山庄”几个字。

暮色苍茫中，李白伴着一弯新月从山上走来，沿着一条苍翠的小路直走进松林，来到庄前敲门。开门的小童兴高采烈地叫道：“原来是李学士来了！”

听到小童说话，主人早已从草堂中走出来，客人这时也走进了院中。

“啊，李学士！贵客临门，有失远迎！你怎么这个时候才到？”主人一边拱手致敬，一边让李白进正屋里坐。

“啊，斛斯山人，久违！久违！”李白一边回礼一边就在院中小石桌边坐了下来，然后才说：“我刚从紫阁峰上下来，和那里的老道谈论了一天《道德经》。”

“想必很有些体会了？”主人叫小童给李白打来了洗脸水，泡上了茶水。

“老子五千言，甚为玄妙，虽自幼诵习，却只知道一些皮毛。近年来，对祸福盈亏的道理，才真正有所体会。”李白洗完了脸，拿起了茶杯。

“祸兮福所倚，福兮祸所伏。这确是千古不易的道理。”主人也端起了茶杯。

“这盈亏的道理也是一样呀！你瞧月亮，总是暂满还亏。你再看太阳，总是日中则斜，眼瞅着它是正当顶，金光灿烂的，谁知它早已经开始西下了。我原先还不相信，现在才明白。”李白无不感慨地说。主人也听出了一点弦外之音，他既然是两耳不闻窗外事，一心不问世事的隐者，便随意地把话岔开：

“元丹丘怎么没有和你一块来？”

“他刚给玉真公主写了《受道灵坛祥应记》，又奉命去华山采药炼丹去了。丹丘之学本属清静无为的人，即使有些吐纳之术，也是顺其自然，他哪里会什么长生不死之方？没料到把他召到长安去，让他干起了江湖游医这一套，这些日子也实在把丹丘害苦了！”没料到又引发李白一番感慨，就连主人也不禁替元丹丘忧虑起来：

“那他该怎么办呢？”

“这事说难就难，谁也炼不出长生不死之药；说容易也容易，把那参、苓、术、草之类的草药，掺和一些开胃健脾、消痰化食的平补药物，把它们合起几十剂不就完了？”李白说毕把手一拍，笑了起来，引得斛斯山人也笑了。

谈话之间，小童已端来几样简单的菜肴，主人特意又抱出一坛新丰酒来。

“自从去年我们长安一别，你与元丹丘说来，但总不见来。我这坛酒一直舍不得开，还给你们留着哩！”

“唉，说来话长……总因家务缠身，脱不开身啊！”

打开酒坛，一股扑鼻的酒香散发开来，加上微风送来的松针气息，特别清新宜人。李白没等主人请他，他自己已喝起来：

“好酒！好酒！”

“李学士在皇宫里什么样的好酒没喝过，倒称赞起这老百姓喝的普通酒来。”

“老百姓的酒，自有它的原味。宫中的酒虽好，总爱加许多香料和糖。初喝很香甜，喝得多了，就觉得还是这种原味好。”

两人在院中月光下，你一杯我一杯地对饮起来。主人抱歉说没有来得及准备，只有几种小菜，李白却赞不绝口。

李白环视四周，周围有数亩小园，几间茅舍，屋后是几块菜畦，屋前种的是四季花草。桐间露落，柳下风来，虽处盛夏，竟如高秋。李白又是羡慕不已。

斛斯山人说：“我这山居野处又有什么好羡慕的，怎能和你们那里的深宅大院相比？”

李白也不回答，却在那里背诵起庾信的《小园赋》：“若夫一枝之上，巢父得安巢之所；一壶之中，壶公有容身之地。况乎管宁藜床，虽穿而可坐；嵇康锻灶，既暖而堪眠。岂必连闼洞房，南阳樊重之第；赤墀青琐，西汉王根之宅……”

斛斯山人也说道：“这也是实话。席前方丈，所食不过一饱；广厦千间，夜眠也不过八尺。”

到后来，李白越发不拘形态，竟然放声高歌起来。斛斯山人也搬出琴来，随着弹了几曲。歌声琴声，伴着松风，荡漾在终南山麓。

这一天，李白感到了许久以来没有过的自由和舒适。

天宝二年秋天，长安西城的长寿坊，这个地方十分僻静，太子宾客贺知章的府上。

这是一个油漆脱落，年久失修的院子。堂下，放着十来盆菊花，堂中的桌案上堆满了画轴，贺知章正在陪着李白一起赏画。

粉壁中央挂了一幅山水画——李思训的《蓬瀛图》。一片浩瀚的大海，波涛汹涌，云雾弥漫，三座仙岛耸峙于间。那岛上的层峦叠嶂，青松翠柏，让李白好像听见了沁人心脾的鹤唳；那仙岛上的一片红霞，数点金粉，使李白好似窥见了秦人避世的世外桃源。低头注目，画幅的左下角，一只小船上挂着一片白帆，正朝着仙岛方向驶去。李白仿佛进入了画中，变成了站在船头上的那个飘飘欲仙的道人。

“贤弟，你站得太久了，坐下稍稍歇下吧！”贺知章在提醒着李白。

“啊，人虽然不能到，心向往那里也行。”李白好像还没有从画境中走出来。

看完《蓬瀛图》，贺知章又叫家人拿出一幅水墨人物——吴道子的《东篱图》。画中描绘了一片疏篱，几丛菊花，篱边一个年老的高士，手拿竹杖，半侧着身子，脑袋略偏，出神地看着远方，远方的南山只留一点浅淡的影子。秋风吹起他凌乱的胡须和头发及松弛的衣带，略微飘起，天空有一片微云也呈自然舒卷势态。整个画面无处不给人悠然超脱之态。李白又恍惚进了画中，成了“采菊东篱下，悠然见南山”的陶渊明。

贺知章又招呼李白喝茶，这才把李白从画中拉回来。

两人一边喝着茶，一边讨论着画。“谢赫六法，首重气韵生动。李将军金碧山水，吴道子水墨人物，都做到了这一点。这二人在我们这一代艺苑中，可以说是各有千秋。”

“可惜的是吴道子自入内廷以后，便不能任意作画了。我这一幅他的画还是他早年画好送给我的。”

李白忽然想起紫极宫八卦亭内那幅老子真容，便笑着问贺知章说：“那幅老子真容是吴道子的近作吧？”

贺知章却说道：“你真是大惊小怪，这有什么稀罕？”

这下子引出了贺知章一肚子牢骚来，讲了一大堆李林甫媚上的事。

“……总而言之，皇上好神仙，他就装神弄鬼；皇上慕长生，他就招揽术士；皇上爱游乐，他就广求贡献；皇上厌烦绳检，他就杜绝言路。皇上只要一下旨，他立刻办到；皇上还没有出口，他早已未雨绸缪。桩桩事件，都做得恰合皇上心意，好似皇上腹中的蛔虫。你说他神不神奇？本领大不大……你问他如何得知皇上的心意吗？除了在皇上面前察言观色，百般揣测，还有一手就是买通皇上的左右侍从，暗设密探，所以皇上在宫内的一举一动，他早在宫外就知晓了……他不但是一条蛔虫，而且简直是一头两足的老妖狐。以后，咱们只叫他‘两足狐’就是了。”

贺知章的话匣子一打开，简直欲罢不能，接着又扯到高力士头上。

“……最近几年，凡有四方文表上奏，必须先呈递给高力士，然后由他再送给皇上。要是小事，高力士自己就决定了；大事也只不过是让皇上知道一下而已。前年，皇上又给高力士加封了冠军大将军、右监门卫大将军，其他几个宦官头儿也分别封了将军。这样一来，一个两个更是插上野鸡翎子了！这长安城里的甲第、长安城外的良田，这些宦官们就占了一半。现在高力士已有的家产，有的王侯也及不上。这些宦官们既有钱又有势，连王公贵戚都要拍他们马屁。诸王公主都管高力士叫‘阿爹’，驸马更是把他叫作‘阿爷’，太子也得叫他‘阿哥’，连皇上当着人也称他‘将军’哩！李林甫、宇文融、安禄山、高仙芝……这些人都是靠走高力士的后门而得到的将相高位……你说得对！哪个朝代的宦官也没有过如此大的权势！你问皇上是不是感到他们权压人主？你猜皇上如何说？皇上说：‘只有高力士在我身边，我才睡得安稳。’……皇上倒睡得安稳，我怕这大唐的江山倒有些不安稳了！”

贺知章越说越来气，索性又讲到唐玄宗和杨贵妃身上来了。

“……成年价求长生！殊不知清心寡欲，自然长生。就像我这个老不死，干吗活到八十多？眼不花，耳不聋，走起路来一阵风。为什么我长寿？我一不吃太多的肉，二不吃什么灵丹妙药，三不沉湎于女色，归根结底，我不自己糟蹋自己。像玄宗皇帝已经是年近花甲的人了，还把自己的儿媳弄了来，不分昼夜地寻欢作乐，这不是自己在造孽吗？那贵妃娘娘也是作孽多端，什么难弄却偏要吃什么。单说进贡荔枝这件事，每年不知道要累死多少匹好马，沿途不知道要践踏老百姓多少庄稼。这还不算完，去年还听说一个算命瞎子在路上走，来不及躲闪被马踏死了；今年又听说一个小孩在地里捡麦穗，也被踏死了。差人要赶时间，都挑近道走。为了保住他们自己的脑袋，他才不管你是路不是路、有人没有人，就飞似的过来了。你看，只为了贵妃要吃上鲜荔枝！”

贺知章边说边用他那只象牙白铜烟袋敲唾壶，把唾壶都敲破了。最后，他语重心长地说道：“再这样下去，我看这太平日子不会长久了，有的人都暗地里在终南山里私建庄园，准备为自己找退路了，我也准备回老家镜湖去了。以后你就叫我‘四明狂客’吧！”

贺知章这一顿牢骚，仿佛是一块大石头沉重地压在李白心头上。

4. 醉书吓番使

一天清晨，晨钟敲响，玄宗早朝。新任礼部尚书杨国忠，也就是杨贵妃的堂兄上奏道：“启奏皇上，现有渤海国使臣持其国王国书进朝，要求面见皇上，现于午门等候下旨！”

“宣他觐见！”

一个身着异族服装的使臣大步走上台阶，叩见皇上之后双手奉上国书。高力士接过来呈放于龙书御案。玄宗打开观看，书上的文字东倒西歪写了一片，竟然连一个字也看不清。玄宗命令杨国忠来看，杨国忠接过奏书看后吓出了一身冷汗，也是一字不识。玄宗大发脾气说：“你身为一个堂堂礼部大臣，平时整天称自己满腹经纶，怎么连一字也不识了？”

杨国忠躬身下跪，诚惶诚恐地说：“启奏皇上，人皆学而知之，非生而知之。此乃下邦蛮文，臣从未学过，罪过罪过！”

玄宗很不高兴，遍问群臣：“诸位爱卿，谁能识得？”

大臣们都低头不语，竟没有一人识得。面对这鸦雀无声的朝堂，谁也不敢抬头，就怕是皇上点将。玄宗气愤得把龙案一拍：“朕养兵千日，用于一时。堂堂中华，泱泱大国，竟没有一人认识此字？可把朕气恼了！翰林院张垍在不在？”

张垍胆战心惊地从高力士手中拿过奏书，依然是张飞穿针——大眼瞪小眼地不识一字。在这炎热的盛夏季节，张垍更是汗流浃背，双手发抖，唯恐圣上降罪。

番使把这一切都看到了眼里，感到十分可笑，傲意顿生，脸上显出了得意之色。

白发苍苍的大臣贺知章上前奏道：“臣启圣上，翰林李白从小住在西域，他的父亲一定教过其识番文蛮字，或许能认识番书。今天时间太晚了，可传番使暂居馆驿，明天让李白上殿识此番书。”

玄宗想了想，也只好如此：“依卿所奏，退朝！”

贺知章向皇上推荐李白，他心里也没有底，退朝回府随便进了点食以后，不顾年迈体弱和天气炎热，便乘轿到翰林院李白住处。李白请他坐下，问明来意，然后笑而不语。

贺知章着急地说：“太白贤弟，老夫我今天在圣上面前推荐你是出于一种猜测，要是你不识番文蛮字，老夫我可就是信口雌黄，犯有欺君之罪了。”

正在这时，张垍推门进来，不见了往日的皇亲和上司派头，当头就问：“太白兄，明天就看你的了。不然，堂堂翰林院，文人聚集之地，难道不全养了些酒囊饭袋了？”

李白不急不慢地说：“要说酒囊饭袋，自然在下也有一分。不过，你驸马公是头，自然首当其冲了。皇上怪罪下来，你可成了天下头号的罪人了。”

张垍叹了一口气，虽然是皇家女婿，但平日没有什么功劳，心中还真有些担心皇上降罪。

贺知章说："贤弟，你与令尊大人居住番地蛮域多年，到底学没学过番文呀？你看驸马公都快急死了。"

李白回答说："不见其文，小弟也不敢说。明天早朝时再说吧！"

张垍见李白没有说不认识的话，就稍微宽心了一些，说："那你就在这里好好回味一下，复习复习。总之，吾等天朝大国最高学府的翰林院丢不丢脸就全仰仗太白兄你了，拜托，拜托！"

张垍合掌连鞠两躬才回去了。李白对这位靠老婆裙带关系才得任高官的驸马公，觉得非常好笑。尽管上天赐予了他一副小白脸，其实是金玉其外、败絮其中，没有一点真才实学。其专长是逢迎拍马，走的是高力士的后门，只要搜刮到什么奇珍异宝，头一个就是敬献给高力士，目的是讨他的欢心，让那个总管太监在皇上面前替他多美言几句，以保他青云直上，争夺垂涎已久的宰相位置。我李白有机会定要虎口拔牙，把他这个后台老阉奴，好好给整治一番，替正直的人们出一口气。他见贺知章还没有回去的意思，就说："贺兄别走，俗话说，今朝有酒今朝醉，明日有愁明日忧。我这里还藏有一坛好酒，我们今天就来个一醉方休。"

两人都是嗜酒如命的人，见了酒就忘了一切。今天又是酒逢知己，自然是一杯接一杯地喝了个痛快，不觉天色已微明。

两人醉意正酣时，内侍来找李白，说皇上宣他入宫。醉意十足的李白奉诏前往兴庆宫政务府。

玄宗和文武大臣们早已在政务府等待。玄宗看到李白酒醉未醒的样子，本想龙颜震怒，但一想到朝野之中还没有人识得番书蛮文，便将火气压下去。玄宗先让李白把脸和手洗净，又让他喝了一杯刚沏好的"龙团"新茶，然后才把昨日朝中发生的事情大概说了一遍。

最后，玄宗说："此事关系到安邦之策，不知你能否识书答书？"

李白说："臣为君效命，是臣幸事，请陛下赐书，看看再说。"玄宗令侍臣将番书交予李白，李白接过书后，即当着文武群臣的面读给玄宗听。李白读完后，玄宗面露赞赏之色。

玄宗说："你既然能够如此流畅地阅读番书，那么能否快快修书一封，以回番使。”

李白说：“臣有要求，请皇上赐臣无罪，臣神旺气足，方能尽其所能。”

玄宗说：“你有什么要求，快快说出来。”

李白说：“其实也不是什么要求，只是我写回书，希望能让礼部大臣杨国忠为我磨墨，这样，小臣才能灵感迸发，一挥而就。”

杨国忠听到此言，自然是怒火上升，立刻上奏说：“李白乃一介之士，未有什么大功，仅仅是回书一封，岂有让我磨墨之理？”

玄宗说：“你既然不肯磨墨，那你能否回书一封呢？”

杨国忠顿时哑口无言了。

李白在御榻上坐好后，用凤毛笔蘸了蘸杨国忠为他磨好的墨，准备开始写回书，但他突然发现靴子还没有脱下来，自己脱吧，又担心弄脏了刚洗净的双手，玷污了凤毛笔，染黑了蟠龙笺。正好，高力士站在旁边，坐在御榻边上的李白便把脚对高力士一伸：“劳驾高公公帮个忙。”高力士怎么也没有料到，除了圣上，竟还有人敢让他帮这个忙。还来不及思考这个忙是帮的好，还是不帮的好，一双捧惯了御足的手，不自觉地抓住了李白的靴子。李白趁势一缩腿，左脚一只便已脱下来，右脚一只马上又已递到高力士跟前，高力士也就不得不帮忙到底了。等高力士回过神来，才后悔刚才没有叫小太监过来帮忙，这时李白早已笔走龙蛇，草拟诏书了。

文武大臣们个个凝神屏气，如同众星拱月般注视着李白。他们在敬佩李白才华的同时，也为他捏了一把汗：要是国书写得不怎么样，起不到威慑退敌的作用，那又怎么办？杨国忠、高力士二人唯恐天下不乱，暗暗祈求上苍保佑让李白江郎才尽，惹怒皇上，那才有好戏看哩！

李白的思路清楚，文不加点地大书特书。很快，一张洋洋国书就写成了。李白搁笔后将国书呈于龙案上。玄宗仔细一看，照样是蛮字番文，一字不识。当即宣旨：“李爱卿，你当众宣读吧！”

“臣遵旨！”李白当下站立在御座前，面对文武大臣与番使，双手展开白绫书，高声宣读了起来：

大唐开元皇帝，诏谕渤海可毒：自昔卵石不敌，蛇龙不斗。本朝应运开关，抚有四海，将勇卒精，甲坚兵锐。颉利背盟而被擒，弄赞铸鹅而纳誓。新罗奏织锦之颂，天竺致能言之鸟，波斯献捕鼠之蛇，拂菻进曳马之狗。白鹦鹉来自诃陵，夜光珠贡于林邑。骨利干有名马之纳，泥婆罗有良酢之献。无非畏威怀德，买静求安。高丽拒命，天讨再加，传世九百，一朝殄灭，岂非逆天之咎徵，衡大之明鉴与！况尔海外小邦，高丽附国，比之中国，不过一郡，士马刍粮，万分不及。若螳怒是逞，鹅骄不逊，天兵一下，千里流血。君同颉利之俘，国为高丽之续。方今圣度汪洋，恕尔狂悖，急宜悔祸，勤修岁事，毋取诛戮为四夷笑。尔其三思哉！故谕！

国书读罢，朝堂上一片寂静。大家对国书中引经据典、有论有据、铿锵有力、娓娓动听的文理，打心里暗暗叫好。番使吓得不知所措，长跪在台阶下，如捣蒜般地连连叩头请罪：“天朝国威，下国尽知！望皇上恕臣愚昧无知，有眼无珠，多有不敬！”

玄宗见此国书竟然立竿见影，震服了前来送番书的番使，甚感欣慰，当即和颜悦色地说道：“贵使平身，朕愿和贵邦世代友好，永息干戈！”

番使说：“多谢陛下宽宏大量。臣回国后，当尽力劝国王以和为贵，年年进贡，岁岁来朝。”“这样甚好！”玄宗命高力士将国书盖了御印，交给番使收藏，并下旨赐赏番国细绢千丈，名马千匹，以表示友好。

番使千恩万谢，下朝后询问贺知章：“刚才醉写国书的翰林李白是什么样的官职？为什么让国舅爷磨墨，总管太监脱靴？”

贺知章夸耀地回答：“国舅与总管太监虽然是当朝显贵，不过是世间凡夫俗子，那李白翰林可是天上神仙下凡，人称李谪仙，当然是十分尊贵无比的！”

番使连连点头，表示心服口服。他归国以后向其国王禀报了这一切，并呈递了国书，国王看了国书后，不由得大惊失色，传给群臣阅后，达成共识：天朝上国，国富兵强，天威难犯。外有神仙相助，如果轻易进犯，难道不是以小对大、以卵击石、以弱对强，自取灭亡吗？连忙写了投降书，让番使又去长安，并带去大量贡品，以示臣服。

李白醉写吓蛮国书，一支笔抵上了百万大军，吓得番邦进贡臣服，为朝廷立下了头等大功。玄宗特别高兴，当即要升封李白官职，可一时想不起有什么职位空缺，封什么官好，便问杨国忠。杨国忠受了给李白磨墨之辱，心里正在忌恨李白，于是便趁机报复，利用拖延的办法回奏说：“李白才广功高，圣上既然一时想不起封什么官职，容臣同张驸马一同商议商议，待改天再请皇上定夺吧。”

“好吧，依卿所奏！”玄宗有些疲倦了，并且还想到和杨贵妃约定的一场蹴球游戏，便传旨退朝，匆忙去了兴庆宫的龙池。杨贵妃在那里早已等得耐不住性子了。

三、解甲归田

1. 遭暗算

李白回到翰林院，高兴得一夜没有入睡。首先是感到皇上一年四季并不只是吃喝玩乐，自己作为翰林待诏也总算干了一点正事，何况明天就要加封他中书舍人的实职。中书舍人仅次于中书侍郎，而中书侍郎又仅次于中书令，而中书令就是宰相。中书舍人除主管起草诏令以外，还可以参与机密政事，不仅官职离宰相不远，实际职务也距宰相很近。他青年时代“愿为辅弼”的梦想终于就要实现了，他即将成为张九龄第二，何况他的文才还在张九龄之上。至于张九龄的下场，他却顾不上去考虑，便又想到以中书舍人供奉翰林，不像翰林待诏徒有虚名，以后就有了自己的住宅，家人也就可以团圆了。

即将天亮时，他才睡了一会儿，就又起来上朝了。当他走到大明宫时，只见一片灯火，好似天上的星星，都降落到长安城里。他以为晚了，谁知还有比他更迟的。由于玄宗好长时间不上早朝了，朝廷大臣都习惯晚起，今天早上就有好多大臣差点起不来。直到卯时过后人才到齐，皇帝也才坐到御座上。

第一件事就是宣读出师诏书，命朔方节度使左武卫大将军王忠嗣出列听诏。在朝列之中走出一位身着戎装的将领，年约四十岁，身高七尺有余，仪表堂堂，英姿飒爽，却又举止高雅，气度不凡，使人可以想见他是一位运筹帷幄、决胜于千里的帅才。他听到诏令后，不仅没有飞扬跋扈之态，反而有满面忧虑之色，高声说道：“臣有下情容禀。”接着便伏俯丹墀，慷慨陈词：“臣之家父，为国殉难，死在阵前，臣自幼蒙主上隆恩，养于禁中，赐名忠嗣。国恩家仇，无一日忘却。虽屡有微功，未足以报。自圣上授臣重任以来，窃思当年提刀跃马，斩将夺旗，乃匹夫之勇，并非报国之上策。臣愿意仿效战国李牧，西汉李广，以持重任安边为务。人不犯我，我不犯人。人若犯我，以逸待劳，必能稳操胜算。万里边疆，固可不战而定。否则，征伐频繁，徒劳无功，兴师动众，动摇军心。昔汉武好四夷之功，虽广获珍奇，多斩首级，而国内疲耗，几至危亡。晚年悔叹不已，改弦易辙，息兵重农，方使国家转危为安。况石堡险固，易守难攻。若草率出师，屯兵坚城之下，必死伤无数，然后事乃可图。臣恐其所得不如所失，故请休兵秣马，伺其隙而取之，方为上计。伏望陛下三思。”

王忠嗣这一番话，让李白听得出了一身汗，又是惭愧，又是后悔，又感到不安。他真想跑出朝列去，握住王忠嗣的手说：“听君一席话，胜读十年书。”他抬头看到，玄宗脸上阴云密布，大臣们已面面相觑。

正在此时，朝廷一品宰相李林甫，出列奏道：“皇上身为天子，天下之事都是皇上的家事。皇上有诏，唯命是从乃为忠。”然后，他竟然向文武官员们训起话来：“你们看看丹墀下两旁肃立的御马，悄悄站着，一句话不说，天天享受的是三品官的待遇；只要嘶一声，就拉出去，再也别想到这里来了！”李白听了，不禁暗暗吃惊，原来当今掌权的宰相竟是这等货色！由此可见，贺知章等人都说他是欺上瞒下，种种劣迹看来是真的了。大概玄宗也觉得他讲的这几句话不伦不类，于是打了个哈欠。

李白正准备出列把李林甫驳斥一番，刚想转身，却忽然有人将他袍袖拉住，一看是礼部员外郎崔国辅，连连向他示意。他稍一迟疑，又见朝列中走出一员将领，年纪不过三十几岁，却是趾高气扬，大言不惭地说道：“杀人一万，自伤三千。既然是打仗，哪有不死人！我国现有五千多万人口，死去几万，如九牛去一毛。臣请求关中援兵子弟三万人，加上陇右、河西三万人，以六万之众，何愁拿不下一个小小的石堡城！恐怕吐蕃一听见这么多人，早就吓跑了。有人贪生怕死，我河西节度副使董延光可不是怕死的人！只要能为皇上开疆拓地，臣视死如归……”

正当董延光讲得口沫四溅，忘乎所以时，王忠嗣突然插言厉声问道：“5年以前，在青海碛石的战斗中，丧失军队上万，丢盔弃甲，逃回京师的，难道没有你董延光吗？”董延光一下就不吭声了，不得不用手抹掉嘴唇上的白沫，退了回去。王忠嗣紧接着又援古论今，备陈利害，最后语重心长地告诫大家：“朝廷连年出兵，今关中丁壮，已征略尽，孤儿寡妇，京畿到处都是。臣并非贪生怕死之辈，实在不忍用数万众之性命来换我这一官职。愿皇上也下轮台之诏，杜绝邀功请赏的途径，则社稷幸甚，苍生幸甚！”说罢，连连叩头，声震殿廷，直至鲜血流出来，染红了地面。

玄宗的脸色本来已露出怒容，可目睹此惨状，也似乎不便发作，只挥了挥手，宣布退朝。

李白怀着沉重的心情回到翰林院，先抱起酒壶灌了一通，随后颓然地倒在床上。王忠嗣头上磕出的鲜血总是在他眼前浮现。王忠嗣最后一句话“臣并非贪生怕死之辈，实不忍用数万众之性命来换我这一官职”，老在他耳际回响。他后悔当时自己没有冲出朝列为王忠嗣仗义执言，甚至让自己额上的血也和他一样流淌在地上。想来想去，他决定向皇帝上奏。于是他立刻坐起来，拿笔展纸，开始写起来。当他正写到“臣亦不忍以数万众性命易一官”，突然有人推门进来。一看，是崔国辅。

崔国辅，吴郡人。李白在青年时代初游金陵时和他相识，两人性格相投，又都喜欢写乐府诗。崔国辅作的诗和李白的尤为相近，也是清新而自然。开元中期，崔国辅做许昌县令，李白还去探望过他。崔国辅入京后，当过集贤殿直学士，后来又调任礼部员外郎。十年京官生涯，一半的时间是闲职，雄心壮志已消磨殆尽，诗笔也好像退尽了。李白入朝后，他曾多次来访，发现李白锐气不减当年，诗情犹胜昔日，让他特别钦佩，也使他不免担心。今天正好和李白站在一起，李白听了王忠嗣那一席话后，心情感到十分激动，也想要出列奏事。他怕李白言语不当，因此暗中示意。他下朝之后，脱掉朝服，便匆忙赶到翰林院来，果然不出他所料，李白正给皇上写上书。他赶紧抓住李白的手说：“贤弟你有所不知，且听愚兄慢慢讲来。今天幸好是王忠嗣，要是换了别人，一定会落得周子谅的下场。”接着他便讲起了王忠嗣父亲王海滨在开元二年，吐蕃入寇时，怎样为国捐躯；皇上怎样怀念他，诏赠左金吾大将军，并把 9 岁孤儿收养宫中，赐名忠嗣，让他陪太子一起读书；王忠嗣长大后，如何有胆识，皇上与之谈兵，应对纵横，皆出人意料，于是以良将相期许，另眼相看。忠嗣后来果然屡建奇功，28 岁就当上将军，35 岁就当上节度使。总而言之，王忠嗣是皇上的心腹将领，眼看着他长大，知道他绝没有二心，因此当廷抗旨，不忍治罪。崔国辅讲到这儿，压低声音，加重语气说道：“如果今天你要是站出来，刚好就成了替罪羊。即使你不怕血染丹墀，但这有何用呢……更何况李林甫和张垍之间又有些扯不清的事，你在任何事上仗义执言，都难免被他们利用。他们之间钩心斗角，实际上是涉及到太子的废立问题。这些事情，咱们怎敢介入其中……”崔国辅将他进朝十年以来所知朝廷内幕简单地说了一下，这些事令李白瞠目结舌。最后，李白只好长叹一声，将已写了一半的奏书一撕为二。崔国辅急忙又把它撕得粉碎。

一连好些天，李白心头闷闷不乐，恰遇梨园班头李龟年来索取新词，李白便随着写了两首思边方面的小诗送给他。一首是《乌夜啼》：

黄云城边乌欲栖，归飞哑哑枝上啼。
机中织锦秦川女，碧纱如烟隔窗语。
停梭怅然忆远人，独宿孤房泪如雨。

另一首是《春思》：

燕草如碧丝，秦桑低绿枝。
当君怀归日，是妾断肠时。
春风不相识，何事入罗帏？

过了不几日，李龟年又来李白这里了，说是高力士有旨，点名要《子夜吴歌四首》，结果在四首小诗里，李白又加写了两首思边诗：

长安一片月，万户捣衣声。
秋风吹不尽，总是玉关情。
何日平胡虏，良人罢远征？

明朝驿使发，一夜絮征袍。
素手抽针冷，那堪把剪刀？
裁缝寄远道，几日到临洮？

李龟年看了看说："好倒是好，为什么老是思边呢？"

李白回答："我也不知道最近为什么'秋风吹不尽，总是玉关情'，大概是因为我的亲人在边疆吧！"

5 天后的夜晚，杨国忠去找张垍。张垍的驸马府虽然不比皇宫内院豪华，但也是飞檐斗拱雕梁画柱，远远不是一般的官第可比的。大门是红漆铁钉，大门外两边矗立着两个石狮子，进门后是大油照壁，照壁后有假山鱼池，再后是三进院落，最后是个大花园。

因为天气太热，张垍就在后花园的玉石桌凳上招待杨国忠。杨国忠一来是二品尚书，二来又是杨贵妃从兄，张垍自然和他就成了亲戚，再说两人都是不学无术的庸才，都是靠裙带关系才升上高位的，平时也是臭味相投，今夜见面格外亲切。张垍吩咐仆人摆下丰盛的酒席，两人边喝酒边商讨国事。

虫声唧唧，烛光摇曳，四周一片寂静。酒过三巡，菜上八道。杨国忠便将来意说明："驸马公，你想好了没有？到底给酒鬼李白一个什么官职好呢？"

张垍早就已经想过这事了。他是妒贤嫉能的小人，心中容不下比他强的人。他当了李白的顶头上司，最了解这个部下，自己除了模样长得好看一点，容易招蜂引蝶寻花问柳之外，论本事没有一样能比得上李白的。按道理说，让李白当他这个翰林院总管最合适，或者当个什么部的尚书也可以，可这样一来，李白不就更高傲自大了吗？他现在对当朝大臣和总管太监都敢于羞辱，官阶一大，那就如虎添翼了。他根本就不想让李白晋升什么官职，可是皇命又难违，他正为此左右为难，便回答说："国舅大人，依你之见呢？"

杨国忠原名是杨钊，自从堂妹当了贵妃娘娘，才直升为礼部尚书，他的下一步计划是要谋得宰相的高位。杨国忠这个名字是皇上赐给的，国忠国忠，是要他这个国舅为国尽忠。可杨国忠偏偏与其名字背道而驰，一贯结党营私，卖官鬻爵，贪污受贿，做的尽是些奸邪之事。朝中一些正直之臣，没有一个不痛骂他的。可是骂归骂，他照样高升官职。杨国忠就是倚仗着杨贵妃这把保护伞才得以呼风唤雨，自己稳坐钓鱼台的。那天，李白在朝堂上众目睽睽之下叫他为之磨墨，他感到非常羞辱和气愤，恨不得一刀把那个酒鬼文人给杀了，要为李白封官就更不高兴了。他了解张垍也是他这种心情，便毫不隐讳地说："我看李白不仅不能封官，有可能还要治罪。"

"治罪？"张垍大吃一惊，"治他什么罪？"

杨国忠冷笑着说："治他个指桑骂槐、含沙射影，讥讽贵妃娘娘和皇上的弥天大罪！"

"啊？竟有这事？请说说详细情况。"

"驸马公知道李白给贵妃娘娘写的《清平调》三章这事吗？"

"知道，京城里都传唱遍了，早已妇孺皆知。难道其中有什么文章可作？"

"请你将《清平调》背诵一遍。"

"不用背诵，我这里有手抄本哩。"看着张垍拿出的手抄本，杨国忠在烛光下用手指着"云雨巫山枉断肠"这句诗问道："请问，这七个字是什么意思？"

张垍不假思索地说："这是说贵妃娘娘美貌，连巫山神女也不能与她媲美呀！"

杨国忠眨着一对奸狡的眼睛说："下官开始也以为是那个意思，可是透过纸背，请你再仔细想一想？"

张垍凝神思索了起来，想来想去也想不出别的意思，便笑着说道："国舅爷，你就不要让我猜谜语了，快揭出谜底吧！"

杨国忠含蓄地说："宋玉《神女赋》中说：楚襄王夜梦巫山神女，为云为雨。神女自言昔日曾荐先王之枕席，而襄王作为儿子竟又幸之……"

"啊！"张垍顿时恍然大悟，"你是说父子同妻一女？"

"对！响鼓不用重锤敲。这岂不是李白的含沙射影、借古讽今吗？"

张垍听后点了点头，扬扬得意。心想：就凭这一句就能让你李白有杀头之罪了，等着瞧吧，这次可让你李白好看了，吃不了兜着走吧！

杨国忠自斟自饮了一杯后，乘着酒劲又指着"借问汉宫谁得似？可怜飞燕倚新装"两句，奸笑道："驸马公，你再瞧这两句：李白把贵妃娘娘比作汉朝皇宫中体态娇小、身轻如燕的成帝皇后赵飞燕……"

"这——"张垍不用杨国忠挑明，顺着刚才的思路"叭"地把桌子一拍，震得酒桌上的杯子一晃荡说："赵飞燕乃千古美人是不假，可她曾与胡人燕赤凤私通。这不是李白又在影射贵妃娘娘和胡人安禄山有什么不明不白的事吗？"

"谁说不是呢？"杨国忠装着很气愤的样子说，"尽管这是造谣、是诬陷、是无中生有，贵妃娘娘行得端坐得正，绝不是赵飞燕那种淫乱之人，可是李白竟然敢大胆借写诗填词之机，把它又白纸黑字地告诉人们，你看他让人可恨不可恨？"

“可恨，可恨，实在可恨！其用心何其毒也！”

于是，两个朋比为奸的人准备耍阴谋放暗箭，鸡蛋里面挑骨头，想把李白置于死地。

夏夜，兴庆宫的沉香亭畔，繁星闪烁，夜凉如水。无数的大红灯笼高高悬挂在亭台楼阁的四边，成为了不夜宫。梨园乐队，在李龟年的指挥下，又一次演唱《清平调》。

主座上只有杨贵妃一人，左右侍立着四个宫女。她对此曲特别喜欢，可以说是百听不厌，因为词作者李白把她描写成倾国倾城的大美人，说云彩是她的衣裳，花儿如她的容貌，这样的绝代佳人只有在月宫里才能寻找到。接着，诗人还用巫山神女与汉宫的美人赵飞燕与她相比，简直就像一枝正在吐香露芳的鲜花呀！我杨贵妃果真有他形容的这么美吗？她曾许多次拿镜自照，镜中露着微笑的，不就是像宋玉描写的“东家之子”的美女：增之一分又太长，减之一分又太短，施粉则太白，施朱就太红的不高不矮，白里透红，恰到好处的一个绝代美女吗？如果不美，当年的寿王能从许多的美人中千里挑一地把自己挑选为王妃吗？如果不美，现在的皇上，能冒天下之大不韪，把我这个儿媳先度为玉真观的仙姑，然后再纳为皇妃吗？如果不美，那个正气堂堂、名扬天下的大诗人李白怎么能有灵气把自己写进美好的词句中去呢？为此，杨玉环还真是从心底里特别感谢过李白，并且多次吹枕边风，含嗔撒娇地要她的三郎皇上加封李白的官职作为酬谢。今晚，皇上不在身边，听说去看望那个打入冷宫多年的梅妃去了。她一个人闲极无聊，又一次叫李龟年演唱起了《清平调》。她越听越顺耳，越听越得意，暂且忘掉了因皇上不忘旧情去看梅妃而产生的一点醋意和一丝怨恨。

高力士双手捧着金盘，进献了一盘鲜红的荔枝，荔枝是杨妃最喜欢吃的水果。她小时候生活在西蜀，知道这荔枝远隔千山万水，来之不易，是各地的地方官用快马派专人一站又一站，跑接力赛似的飞传进京的，为这事，不知道跑死了多少匹快马、跑死了多少驿卒。眼下，虽是三伏暑天，万里送来的荔枝仍是鲜嫩可口。

善于在一旁察言观色、逢迎君主的高力士趁杨贵妃高兴之时，便悄悄地进言道：“贵妃娘娘，不要再让李龟年演唱什么《清平调》了。”

“这是为什么？”杨贵妃把只吃了一半的鲜嫩的荔枝吐了出来说，“皇上不是也十分喜欢李白的著名诗作吗？”

“恕奴才无罪，老奴才敢直言说与娘娘听。”

“你讲吧，恕你无罪。”

“李白在词中不是在赞美娘娘，而是在讽刺娘娘。”

“啊！”杨贵妃吃了一惊，“快说，哪句是讥笑本宫？”

高力士左瞧右看，吞吞吐吐地把张垍私下和他讲的有关李白的坏话全都说了。高力士打小自阉入宫，肚中缺少文墨，脑子里也没有词语，当然不晓得古书上的那些文绉绉的典故，只是现炒现卖罢了。杨贵妃听罢，就像热锅上的蚂蚁坐也坐不住、待也待不下去，把肺都快气炸了。在封建社会中，女人家最看重的是名节二字。最初杨贵妃与寿王李瑁成婚，年岁十分般配，且你情我爱，鱼水相欢。后来在宫里被这男不男女不女的高力士使鬼主意推荐给皇上，由皇上儿媳妇变成了皇上妃子，在杨贵妃心里来说是特别羞愧和不情愿的。才二十岁出头的她就像一朵盛开的鲜花，而作为公爹和新夫的皇上早已是年逾花甲，像株老树一样的老头子了。老夫少妻有什么感情可言呢？但是，皇上的旨意是不能违抗的：君要臣死，臣不得不死；父要子亡，子不得不亡，这种三纲五常的伦理思想要是背离，只有死路一条，还会祸及心爱的寿王。虽然俗语说，虎毒不食子，这在皇家却是个例外。没有办法，她忍辱含羞违心地进了宫，得到了专宠，连先前皇上最宠爱的梅妃也相形见绌被打入了冷宫，逐渐地杨贵妃内心得到了一定的安慰，也就来个得过且过了。可是与寿王结发初婚的事毕竟还是一块心灵的伤疤，最怕别人提及，那就好像有人给伤口上撒盐一样火辣辣得疼痛难忍。现在，李白竟敢公然写词加以含沙射影进行讽喻，这不是指着和尚骂秃子吗？这还了得？是可忍孰不可忍！至于和干儿子安禄山有无见不得人之事，她心里是问心无愧的。自己认安禄山做儿子，要有一个当娘的责任与本分——因为自己进宫多年，还没有怀过胎当过娘，也就想学着做回娘。皇宫内院，众目睽睽，比不得那胡儿的山高皇帝远的边关，他可以想做啥就做啥。即使安禄山有那个贼心，也没有那个贼胆嘛！但是，经李白这一讽刺，大家就会宁可信其有不可信其无，让人跳进黄河也洗不清了。杨贵妃越想越气，越气越恨，拿了一只茶杯摔在地上说：“停，不要唱了！”

“谨遵懿旨！”李龟年不知道杨贵妃哪里来的气，也不敢动问，赶紧带上乐队悄无声息地全都撤走了。

“娘娘息怒，是奴才多言！”高力士自己打自己嘴巴说，“老奴该死！”

杨贵妃怒犹未息地说：“你言无罪，记住，这事到此为止，今后再不许与任何人说。不然的话，娘娘我就要活活地剥了你的皮！”

兴庆宫寝殿一角，细细的声音响起：

“皇上，这李白这么可恶，该怎么处置才好？”

“你们这一说倒让我想起一件事来了。李白既然胆敢放肆，他该不会乘醉之时在禁中乱走？万一有些事情给他撞见，拿出去乱说……看来，还是早些把他打发了的好。”

“皇上，怎么打发他，还是把他贬了吧？”

“他又没有什么正式官职，怎么个贬法呢？”

“既然这样，就交给高力士随便处置算了。”

“怎奈他名气太大，不能随便处置；否则，不但遭当时议论，还遭后世议论。这岂不坏了朕多年广开言路的名声？还是让他好来好去吧。”

2. 伤离别

李白到长安已经整整一年了，在他醉写吓蛮书、为国立功之后，本想皇上会论功行赏，封他一个有实权的高官，如果那样的话，不说满腹的抱负可以得到施展，起码可以把远在南陵乡下的妻子儿女接来同住，早晚也可享受一点天伦之乐。他做梦也没想到，自己写的颂歌《清平调》被人诬陷成了对皇上和杨贵妃的讥讽诗。要不是玄宗皇帝自己会写诗，身为文人，有着比较清醒的头脑的话，李白早就成了罪大恶极、欺君犯上的刀下冤鬼了。但因杨贵妃的反对，也就很少宣召他进宫了。因此，李白就更加在翰林院里坐起冷板凳了，真可谓是饱食终日，无所事事了。

李白并非那种尸位素餐的庸人，他是一个爱动不好静的人，并且是一个注重友情的人。由于他信奉道教，就和吴筠、元丹丘、玉真公主他们时有来往，一起上太白山和西岳华山去讲道炼丹。更因为他是诗人，就和贺知章、王维、王昌龄、王之涣等诗人，以及日本籍的阿倍仲麻吕（又名晁衡）结成了好朋友，不时以诗会友，过从甚密。晁衡归国探亲，李白后来听说他遭台风遇难，极其悲伤，特意撰写了《哭晁卿衡》的七绝一首，加以吊唁：

日本晁卿辞帝都，征帆一片绕蓬壶。

明月不归沉碧海，白云愁色满苍梧。

诗中的感情浓厚，说明了他们的友谊十分深厚。后来晁衡遇救死而复生，李白见了他之后喜出望外，就像在梦中一样，长久地拥抱。此诗迄今还雕刻在西安市兴庆宫公园中阿倍仲麻吕的汉白玉石的纪念碑上，供游人观赏。

由于喜欢喝酒，李白结交了许多酒友，其中主要的有 7 人，他们是李琎、李适之、贺知章、崔宗之、张旭、苏晋、焦遂，后来被人戏称为酒中八仙。8 人中有亲王、宰相，有书法家及平民百姓，可见李白交友甚广。他们常在一起边喝酒边讨论国家大事，更多的是谈诗论文，他们每次都喝得一醉方休。远在河南的诗人杜甫对此尤其羡慕，特别在《饮中八仙歌》中分别为 8 人各画了像。其中写李白的诗句是：

李白一斗诗百篇，长安市上酒家眠。

天子呼来不上船，自称臣是酒中仙。

杜甫把李白的嗜酒和因酒而引发的写诗的灵气，以及面对皇上的宣召，不卑不亢、不急不慢的潇洒姿态描绘得栩栩如生，淋漓尽致。杜甫比李白小 11 岁，写这首诗时，二人还未曾见过面，仅是一种神交。从这一方面也可以看出，被称为诗圣的杜甫对被称为诗仙的李白的熟悉与敬仰。终于不久后二人第一次在洛阳见面，两人一见如故，情同手足。

李白孤身一人居住在长安，在做官的道路上又很不顺利，唯一使他可以欣慰的就是朋友的情意。可是天下没有不散的筵席，首先是吴筠上了嵩山，接着是元丹丘陪同玉真公主去了华山，都再也没有回来。

天宝三年的开春，春节还没有过完，忘年之交贺知章看破红尘做了道士，以年迈花甲请求告老还乡，并获得了皇上的恩准。

分别的头一天，李白特意在他们第一次见面的“金龟换酒”的酒楼为贺知章举行告别酒宴。看着身着道装、须发皆白的老前辈，李白立刻产生了“风萧萧兮易水寒，壮士一去兮不复返”的悲凉感觉。他斟了满满一杯酒，以双手相敬说：“贺老，叶落归根，衣锦荣归，可喜可贺。晚辈承蒙您的提携得以在长安有所建树，当永记不忘。今日告别，后会有期。祝您福如东海，寿比南山。”

“谢谢！谢谢！”贺知章用瘦骨嶙峋的双手接过酒杯，可是酒很难喝下，如同面对一杯黄连苦水一般。因为二人都是酒中八仙之一，不知在一起喝了多少酒！这次可是分别酒，很有可能就是永别酒。他感慨万千地说：“太白老弟，老兄愧对你这杯敬酒。你说是我提携了你，可我又为你做了些什么呢？小老弟名声如此大，至今还做着个无职无权的翰林供奉，实在是大材小用了啊！比那些靠斗鸡斗虫，裙带关系而位列高官的尸位素餐之辈，老夫感到十分不平呀！皇上他在开元盛世时，还被称为有道明君，可现在呢？躺在功劳簿上和美人怀里，不知道东南西北，真可谓日落西山，江河日下了！”

“老兄不要伤感，实在是小弟无能，天生长了一身傲骨，不善钻营，有负老兄厚望。老兄走了以后，小弟也想效仿陶渊明赋一曲《归去来兮》，回南陵去探望我的妻室儿女，就是终老田园，也比在这里不受别人重用，过着不死不活的生活痛快。”

“不可，千万不可！”贺知章晃着满头白发说，“小老弟正当壮年，日到中午，不像我垂暮老朽，日到落山。你来日方长，说不准哪天就会如你诗中所写的‘长风破浪会有时，直挂云帆济沧海’呢！”

“老兄，我这儿写了一首送别诗，请您过目！”

贺知章接过诗笺，揉了揉眼睛，大声读了起来：

镜湖流水漾清波，狂客归舟逸兴多。
山阴道士如相见，应写《黄庭》换白鹅。

贺知章读后十分客气地说：“小老弟临别赠诗，友情难能可贵。只是把老夫比作晋代用《黄庭经》换取白鹅的书圣王羲之却受之有愧！”李白说：“怎么不敢当？老兄也是个书法大家。这长安城中你的山阴故园谁人不晓，何人不知呢？”

贺知章特别高兴地点头：“好好好，敝乡山清水秀，贤弟又好漫游，说不准有一天老夫会在镜湖上与你再一次相聚，重新把盏吟诗哩！”

……

李白于慈恩寺塔上给友人刘十六饯行。

二人凭栏远望，看到终南山上的白云好像一床硕大无比的棉絮，铺满了整个山谷，包裹着群峰，两人不约而同发出“白云堪卧”的慨叹。

“阁下故乡的山中也有白云吧？让这终南山上的白云跟随你去吧！”

“九嶷山上的白云也不比这里少。”

“那你仰卧其上，该是何等的自由自在啊！”

“是啊，是比这里舒服多了。”

“那就让我随口吟几句略表我的心意吧：楚山秦山皆白云，白云处处长随君。长随君，君入楚山里，云亦随君渡湘水。湘水上，女萝衣，白云堪卧君早归。”

“这首诗表现得真雅致！”

“给人饯行，没有惜别之意，反而劝人早日归山，也真够雅致了。”

“诗贵在真情的流露，而不在于客套。”

“你说对了，这首诗正是我的真情流露。‘白云堪卧君早归’，这也就是我内心的自白。我是在待诏翰林的第一个冬天里，侍从温泉归来，在赠给杨山人的诗中就有这样的句子：‘待吾尽节报明主，然后相携卧白云。’没有料到，君国之恩没有报得分毫，就要归去偃卧白云了，未免有些于心不甘，所以踌躇至今。其实走的念头，我早就有了。”

……

李白在青绮门外为友人裴图南饯行。

二人在一家酒楼上话别多时，最后一块走下楼来。在大路上，两人牵着马又步行了许久，边走边谈：

“贤弟，我最后一次再提醒你：长安这个地方，不是我们这种人的久留之地。望你心里早有准备，早下决心走的好。”

“裴十八兄，你的好言相劝，我都记住了。翰林院内外的流言蜚语和阴谋诡计，我也早已了解了。像你我这样的人，在这种奸臣宦官挡路的环境中生活不但不能有所作为，简直是活得人不像人、鬼不像鬼！”

“那就赶快随我到颍水上去洗耳吧！”

“不但洗耳，还要洗心。洗耳不过是买名而已，洗心才显出我们的真情。”

这时一行大雁飞过他们的上空，发出咿呀的鸣叫声，两人都抬起头来，向天空中望去。李白指着大雁道：

“你看，这种鸟是可以用笼子喂养的吗？”

“那我就在嵩山等你的好消息吧！”于是裴图南翻身上马飞驰远去。

……

李白在灞桥头给朋友王昌龄饯行。

灞水在桥下哗哗地流着，就如离人心中的别情和愁绪。

“我原在京中当校书郎时，曾有网罟之叹；到地方当县丞以后，更如长缨系身。今已年过半百，依然是碌碌无为。”

“我原以为到京师后，能实现自己的报国之志，谁知 3 年翰林生涯，如同春梦一场！”

“我们可算得殊途同归了。”

“可不是嘛！我们都是壮志难酬啊！”

“我们分别多年，刚相聚几天，今又马上离开。从此一别，不知何日才能相逢！”

“是啊，人生长在别离中，更哪堪断肠人送断肠人！”

他们瞧瞧头顶，头上恰好是一棵没有花果的古树，在春天的原野上显得格外寂寞。他们看看脚下，脚下恰是一片青草，使人想起那连绵的远道，那凄凉的征程，而倍加伤感。他们一打听，那向前去的笔直大路恰又是当年王粲离开长安，避乱荆襄时走过的古道。两人不约而同地回想起王粲离开时的诗句来：“南登灞陵岸，回首望长安。”他们也情不自禁地回首凝视。分明是春光烂漫，他们却感到西风萧瑟；分明是日光正午，他们却看到长安的龙楼凤阙都在暮色笼罩之中。于是李白唱起了他自己写的骊歌，既是送给王昌龄，也是再送自己：

送君灞陵亭，灞水流浩浩。上有无花之古树，下有伤心之春草。我向秦人问路歧，云是王粲南登之古道。古道连绵走西京，紫阙落日浮云生。正当今夕断肠处，骊歌愁绝不忍听。

李白每送走一位朋友就萌发一次走的冲动，但仿佛又总有一个无形东西把他拉住，他幻想有朝一日，玄宗皇帝能幡然悔悟，重新恢复他当年励精图治的精神，让大唐王朝的太平盛世传之千秋，让他李白能真正为大唐王朝干一番大事业。当他真的留下来等待的时候，等到的却是一次次的失望和越来越难堪的境地。几个知己相继离开了长安，“酒中八仙”也陆续分散，李白连喝酒也找不到一个称心如意的伴儿了，只好在花前月下，自酌自饮，且歌且舞：

花间一壶酒，独酌无相亲。
举杯邀明月，对影成三人。
月既不解饮，影徒随我身。
暂伴月将影，行乐须及春。
我歌月徘徊，我舞影零乱。
醒时同交欢，醉后各分散。
永结无情游，相期邈云汉。

朋友们的远去，越发让李白感到形影孤单、孤独无奈。他为国家的前途担心，为人民的安居乐业担心，还为自己的前程担心，年仅 45 岁，两鬓就已微白，三绺长须也逐渐变成了灰色。近些天来，他时常做思乡梦，不是梦见远在西蜀的父母在倚门盼儿归，就是梦见南陵的一双儿女在啼哭。西蜀和南陵这两处都时时牵挂着他的心。他想西归西蜀，可是自己这个落魄样子，功不成、名不就的，有何颜面见家乡父老？他想东归南陵去与妻儿团聚，同样有个脸面问题。当初皇上三诏进京时，在妻儿和荀妈妈母子等乡邻面前是多么得意和荣耀？他们又对他抱有多大的期望，如今就这样一事无成地回去，岂不让人耻笑？而且现在又是食君之禄、忠君之事，得不到皇上恩准，他也不能说走就走。

3.“赐金放还”

兴庆湖上碧波荡漾，一只高昂着的龙头舟在八个妙龄宫女轻轻地划动下，慢慢地破浪前进。龙舟前甲板上，玄宗与杨贵妃正在对坐下棋。高力士手持拂尘恭敬地侍奉一旁，不时地让小太监和宫女上茶水点心。

时值正午，春日的阳光毫无遮拦地照射，让人们浑身暖洋洋的。今天玄宗的心情特好，杨贵妃为了取悦皇上，故意连让三局，玄宗好像看出来了，微笑说道：“爱妃，你这是有意输给朕吧？”

“不，”杨贵妃嫣然一笑，卖弄风骚地说，“皇上棋招骁勇，出奇制胜，妾妃应当甘拜下风！”

“哈哈哈！”玄宗扬扬得意地大声发笑，“传酒宴上来，朕与爱妃痛快地喝它几杯！”丰盛的酒宴从另一只小船不断地送到龙舟上来。玄宗接连敬杨贵妃三杯，杨贵妃高兴地喝了下去，一会儿不觉脸色发红起来，在白如凝脂般的肤色的映衬下，真可谓白里透红，红里透着白，红白相间地像是一只熟透的苹果，越发增加了几分娇艳。

趁此机会，高力士把一份事先就放在怀中的奏章呈送到皇帝面前，请玄宗批阅。

玄宗问高力士：“什么奏折？无关紧要的，高将军你自己批复就是了。”

高力士说：“多谢皇上的器重与信任。这份奏折臣下不能批复，是翰林学士李白上呈的。”

“啊，他不去喝酒写诗，又有什么要事可上奏？”

“他请求辞朝乞归！”

“哦！”皇帝吃了一惊，“这么好的闲官不做、这么好的闲酒不喝，他发疯了？”

“他，他这怕是无事生非，自己再找事呀？”高力士趁机给李白上了谗言，“他，他对皇上有怨言！真是身在福中不知福，得陇望蜀啊！”

玄宗接过奏折详阅起来。李白在辞表中说他在翰林院中坐冷板凳，好似被人遗忘了似的，成年累月地无事可做，空吃皇家俸禄。与其这样虚度年华，还不如回归故里去求仙访道，跋山涉水，游山观景，多为老百姓作些好诗，对社会做一些有用的事，恳请皇上恩准。

玄宗阅完，面露不悦之色。心想李白显然在抱怨朕把他遗忘了不重用他。不过，这也的确是事实。玄宗想了想，毕竟有半年多没有召见过他了。之所以如此，还是为了《清平调》那件不愉快的事。

高力士对于脱靴之耻，一直对李白耿耿于怀、念念不忘，这使他对李白恨之入骨。他早就串通好了杨国忠、张垍要找个机会去皇上那里参奏李白，去掉这个眼中钉。现在他自己提出解甲归田，岂不是求之不得的事吗？老谋深算的他，此时还装作若无其事的样子说：“为臣对李白去与留都无关系。圣上还是听听贵妃娘娘有何高见吧？”玄宗转而去问杨贵妃：“爱妃，你看呢？”杨贵妃毫不思索地回答：“让他走！让他走！我煌煌大唐，人才济济，文能安邦，武能定国，他李白不过会写几首歪诗而已，有什么了不起？”玄宗联想起了杨贵妃的枕头状，转而又问高力士："高将军，你看贵妃娘娘是不是有些言辞过激了？"高力士字字斟酌、小心翼翼地说："娘娘千岁虽说言辞有些偏激，却也有一定的道理。依为臣愚见，李白既然把翰林学士都不放到眼里，不妨就成全答应他吧！也免得叫娘娘千岁看着他就恶心生气，为此有损玉体芳容，那可就得不偿失了。"两个人一席话，使得处于动摇不定的玄宗下了决心，于是提起朱笔在李白的辞表上批了四个大字："赐金放还！"

当李白捧着"恩准赐金还山"的手敕时，却又不禁感慨万千。

他一会儿感到自己如同卞和，发现一块玉璞，拿去献给楚王，结果非但没有得到重视，反而把他的玉璞当成一块石头，说他有欺君之罪，断了他的左足；他不甘心，第二次又拿去献，又斩断了他的右足。卞和便抱着玉璞在楚山下哭了三天三夜，泪尽而继之以涕血。楚王听到了，派人去问他："天下由于献宝而断足的人多了，你为什么哭得如此伤心？"卞和说："我不是因足断而哭，我哭的是宝玉被当成石头，好人被当成骗子。世上没有公道，人间已没有是非。这才是我悲哀痛心的原因啊！"于是李白写下了《抱玉入楚国》诗一首。

一会儿他又感到自己变成了宋玉。宋玉在楚襄王手下为臣，立身处世本来是高洁的，只因他才华出众，又长得一表人才，受到登徒子的忌妒，竟诬陷他好色，劝楚王不要让宋玉出入宫中。其实真正好色的是登徒子，他一见女人，不分好坏，就像苍蝇见血一样。结果，楚襄王竟然听信登徒子的谗言，把宋玉赶出了朝廷。于是李白又写下了《宋玉事楚王》诗一首。

他又感到自己好似是被人遗弃的良家妇女，虽然品行端正，并没有什么过失，而且人也正处盛年，无奈夫婿无情，色未衰而彼爱已弛，竟到中途就被抛弃。山中的藤萝还有松柏托着，而自己却连藤萝也不如，这又是何等悲哀啊！于是李白又写下了《绿萝纷葳蕤》诗一首。

他还感到自己好像陇头流水一样，从陇山流下来，流入秦川，汇入黄河。它即将一去不复返，怎能不带悲声呢？胡马南去时，回顾朔方的冰雪，还有依恋之情哩！想刚来长安时，看见秋蛾初飞，如今离开长安，看见春蚕已生。啊，3个年头过去了！光阴好似流水一般逝去，我的心却如风中的旌旗没个着落。哪里才是我的前途？哪里才是我的安身之地……唉，这没完没了的感伤又有什么用呢？还是擦干眼泪走吧，走吧！只是这颗破碎的心何时才能平复啊？于是李白写下了最后一首诗《秦水别陇首》：

秦水别陇首，幽咽多悲声。
胡马顾朔雪，躞蹀长嘶鸣。
感物动我心，缅然含归情。
昔视秋蛾飞，今见春蚕生。
袅袅桑结叶，萋萋柳垂荣。
急节谢流水，羁心摇悬旌。
挥涕且复去，恻怆何时平？

天宝三年阳春三月的一天，天空阴沉沉的，一阵大风吹过了长安城郊，把已经凋零的春花吹得叶落花败，一片落红。

李白清早起来，收拾好简单的行李。他眼里含着泪水把用多年心血写下的治国安邦的《强唐鸿策》撕个粉碎；将皇上赐给的锦袍玉带打进了包裹里；穿上了来长安时所着的白色布袍布帽，肩上背着龙泉宝剑和整天挂身的酒葫芦，然后骑上御赐的白龙马，没有向张垍告别，只向十几个在院门送别的翰林同事一一道别之后，就独自一人离开了居住和工作了两年多的翰林院，出了长安城的东大门。

长乐坡前，人头攒动，许多朋友和自发聚集起来的长安父老在此给李白送行。他们在路旁摆下了饯行的酒饭，使李白忧郁的心头为之一振，他受到了莫大的安慰，觉得皇上虽然抛弃了自己，但朋友们和长安的父老们并没有忘记他。

第七章　东南之游

一、李杜相见

李白东归，并没有按来时的老路走。他南下到商州，出武关，过南阳再北上洛阳。他一路上仍然是游山玩水，遇有名胜古迹一定要去游览一番。只不过心情和来时完全不一样：他有些心灰意冷，想早日见到妻子儿女，但又怕见到他们。因为自己在长安两年多时光，虽说也过得风风火火，大出了一阵风头，可毕竟没有做过什么实权的官。像这样“赐金放还”还真有点面有愧色。

十天后的一个傍晚，李白来到了洛阳。来时匆匆路过，没能仔细游览一下这儿的名胜古迹。这次他想多住几日，好好再看看东都的名胜古迹与一些好朋友。他先来到天津桥找寻董糟丘酒家，但却听说董已逝去，想起初次来洛阳时和元演一起受到了董的热情款待，不甚悲哀。

此时33岁的杜甫正寄居洛阳仁风里姑父家里。姑母已在前年去世，她在世时对待杜甫就像对待自己亲生的儿子；姑父也非常看重杜甫的才华。所以，杜甫从家乡偃师县的陆浑山庄来东京时，和过去一样，仍居住在该处。陆浑山庄虽说简陋，却也还安适；他和夫人杨氏结婚未久，感情也非常好。但因杜甫此时正值盛年，入世心切，所以常常跑到洛阳，出入翰墨之场，奔走于诸侯之门，从事干谒活动，以求晋升之阶。转眼间几年过去了，虽然他在社会上已小有名气，但自从24岁科举考试落第以后，至今仍是一个布衣，心中不免有些抑郁不得志。东京的纸醉金迷，官场的尔虞我诈，翰墨场中的文人相轻，更让杜甫日生厌倦。回到偃师乡下去，又很不甘心；继续留在东京吧，又实在没意思。

杜甫处在苦闷之时，想找一个知心的人倾心畅谈，忽听得待诏翰林的李白“赐金还山”，经过洛阳。这消息好像闷热的空气中吹来一阵清风，使杜甫不胜欢喜。李白鼎鼎大名，他耳闻已久，可惜只是没有缘分见面。李白 25 岁初游江东的时候，杜甫在河南巩县还是一个 13 岁的小毛孩子；李白家居安陆和移家东鲁时期，虽然往来于中原，但杜甫那时出游吴越；杜甫漫游齐鲁时，李白却又已奉诏入朝。这次，杜甫终于要和他仰慕的人见面了，却又忐忑不安。他不知这位名满天下的大诗人，眼中可有他这个小人物；他担心这位曾经待诏金銮殿的翰林学士，是否愿和他这个山野之人交谈；他不知晓这位敢于叫“高将军”脱靴的狂客，可会和他这个乡村布衣订交。他和李白交往，实在是高攀。一想到高攀，他就有些畏缩不前。但又转念一想，自己少年时代初游翰墨场，就曾受到郑州刺史崔尚与豫州刺史魏启心的青睐，说他的文章极像班固、扬雄；况且鼎鼎大名的老前辈李邕也曾登门造访。近十年来，虽然干谒未果，却写了几百篇诗文，其中《登兖州城楼》《望岳》《房兵曹胡马》《画鹰》等，放在当代诗坛上比任何人都不逊色。于是杜甫终于下定决心要出席洛阳人士为李白洗尘的宴会。

因缘际会，受人冷落的杜甫为李白所看重。

次日，杜甫在李白寓所里倾心吐谈，直到深夜。李白谈了待诏翰林和赐金还山的真相之后，说道：“总而言之，待诏翰林前期可谓‘骑虎难下’，待诏翰林后期可谓‘攀龙堕天’。其中滋味，你可想而知了。”杜甫听罢，才明白李白一身隐士打扮和满面萧索神情的由来，不禁感慨道：“我先前非常羡慕你，谁知竟是如此！正是‘塞翁失马，焉知祸福’啊！”然后又安慰李白说：“那么你这一次去朝，依然是塞翁失马，又焉知祸福？”李白说：“祸还没有完呢，哪里说得上福？我这一走，高力士还没报脱靴之仇，张垍也没有报得夺袍之恨，恐怕未必肯就此罢休。”因此李白便把他想从高天师受道箓的打算告诉了杜甫：“从此遁入方外，为三十六帝之外臣，不受人间帝王权贵的管辖。”李白说着又摇头晃脑地吟咏了两句诗：“抑予是何者？身在方士格——我已身为方士，他们还能把我怎么样呢？”杜甫勉强笑了笑说：“大唐王朝也许还不至于追捕天下道士吧？”但同时又无限同情地看看李白说：“吾兄用心可谓良苦矣！”

李白和杜甫就这样一见如故，两人都很想在一起多住几天，但又都对东京的嘈杂感到厌烦。就在此时，杜甫因外祖母卢太君在陈留谢世，他要去奔丧；李白也想乘机去河南找采访使从祖李彦允商讨请高天师授道箓的事。两人便相约秋天在梁园见面，分别的时候，杜甫写了一首诗赠给李白：

二年客东都，所历厌机巧。
野人对腥膻，蔬食常不饱。
岂无青精饭，使我颜色好。
苦乏买药资，山林迹如扫。
李侯金闺彦，脱身事幽讨。
亦有梁宋游，相期拾瑶草。

大梁，也就是今河南开封市，唐朝时叫作汴州，这里曾是战国时期魏国的都城，汉文帝封他的儿子刘武为梁孝王，大梁是他的封地。梁孝王在魏国国都的废墟上大兴土木，建造宫室，十分壮观。其中有一个高达数十丈的高台名叫吹台，矗立其中。当时著名的文学家枚乘、司马相如等人时常陪同梁孝王在这高台上面，吹拉弹唱、吟诗作赋。几百年时间如同流水一般过去了，梁园与吹台的遗址还在，不少文人墨客来到这里仍要发思古之幽情前去凭吊一番。

李白到大梁之后，按事先约定的地点，在梁园酒家找到了杜甫。

李白和杜甫在梁宋游历期间，见到了那时住在宋城的高适，他们早已听说高适的诗名。杜甫尤其欣赏高适的《封丘作》一诗："我本渔樵孟诸野，一生自是悠悠者。乍可狂歌草泽中，宁堪作吏风尘下。只言小邑无所为，公门百事皆有期。拜迎长官心欲碎，鞭挞黎庶令人悲……"杜甫念完之后说："从这首诗中可以想见高兄的为人处世。听人说他最近也辞官归家，依旧过着躬耕陇亩，寄迹渔樵的日子。"言谈中李白也提到高适的《别韦参军》一诗："二十解书剑，西游长安城。举头望君门，屈指取公卿。国风冲融迈三五，朝廷礼乐弥寰宇。白璧皆言赐近臣，布衣不得干明主。归来洛阳无负郭，东过梁宋非吾土。兔苑为农岁不登，雁池垂钓心长苦……"李白读完之后也说："从此诗也可以看出高兄的一生。听说他已年届四十了，仍然是书剑漂泊，没有自己的安身之处，这样的人想必能和我们志趣相投。"

他们和高适见面之后，果然志同道合。3 人便一起游览梁宋古迹：宋城的梁孝王平台，开封的师旷吹台，单父的宓子贱琴台。其中，吹台保存得还算比较完好，是一个四方形的砖砌高台，台子上面有一亭子，盖之以飞檐翘角的瓦顶，正面有数十级台阶。春秋时晋国的大音乐家师旷，曾在此处为晋平公吹奏《清角》的名曲。汉代的司马相如和枚乘都曾经来此处登临。三个人并肩拾级而上来到了台顶。风吹衣角，放眼四望，只见周围一片空阔。远处，黄河犹如一条巨龙奔流东去。近处，农民正在忙着收割苞谷、黄豆。

杜甫道："古人登高赋诗。我们各吟诗一首，互相切磋，二兄意下如何？"

李白说："好！这就叫以诗会友！请达夫先开个头吧！"

"行！"高适没有推辞，"我先来！我这首拙作名为《听张立本女吟》。"当下便吟诵了起来：

危冠广袖楚宫妆，独步闲庭逐夜凉。
自把玉钗敲砌竹，清歌一曲月如霜。

杜甫说："妙，真可谓诗中有画，画中有诗啊！"

李白说："这诗很空灵，与达夫的边塞诗比起来又是另一番情趣。现在该子美来吧！"

杜甫说："我这首诗名叫《春日忆李白》，是和太白兄在洛阳分手以后，在长安时作的。有什么不妥之处，请当面赐教！"

高适听到是写给李白的，感到十分有趣地说："快说吧，我洗耳恭听！"杜甫当即也吟诵起来：

白也诗无敌，飘然思不群。
清新庾开府，俊逸鲍参军。
渭北春天树，江东日暮云。
何时一樽酒，重与细论文？

高适拍掌叫好："好极了！子美赞美太白兄的诗作清新如同北周的庾信，俊逸又如同南朝刘宋的鲍照。这'清新俊逸'四个字可算高度概括了太白兄的风格，十分中肯，我非常赞同。"

李白说："子美第一句说我'诗无敌'，此三字不妥。这并不是我故意谦虚。作诗和打仗不同，没有什么常胜将军，谁敢说没有对手呢？天外有天，人外有人，我的诗中也有许多败笔。"

高适说："这是一种比喻嘛。比喻总是有点不恰当的。我看尾句'何时一樽酒，重与细论文'十个字洋溢着友爱之情。此时，我们不正是在饮酒论文吗？"

该李白了，他说："我这首诗名为《登高望四海》，是刚刚即兴吟成的。这就叫现炒现卖，难免有差错，请加斧正指评！"

杜甫说："不必客套了，李兄，快吟吧！"李白开口吟诵起来：

登高望四海，天地何漫漫。
霜被群物秋，风飘大荒寒。
荣华东流水，万事皆波澜。
白日掩徂晖，浮云无定端。
梧桐巢燕雀，枳棘栖鸳鸾。
且复归去来，剑歌《行路难》。

高适说："太白这首诗诗意是在讥讽朝政，真可谓锋芒毕露。"

杜甫说："燕雀和鸳鸾的栖巢来了个颠倒移位，这实在是当今小人与贤才不同际遇的真实写照。无怪乎太白兄想学陶渊明归隐，并弹剑而歌《行路难》了！"

步下吹台，3人又登上了梁孝王的平台遗址，同样抒发了一番怀古之幽情，慨叹岁月的流逝和人生的短暂。

夕阳西斜，炊烟四起。农民车拉肩担地载着秋收的果实各自归家。此时3人也都已觉得肚中饿了，高适说："今天我们游玩得非常愉快，明天再去宋州打猎。我看今天就到此为止，回城去早早歇息吧！"

李白和杜甫也表示同意，3个人随即下了平台，找到了拴在大树上的坐骑，然后上马并辔慢慢地回城。3个人都觉得今天十分畅快，而且今日将永远长存在友谊的史册中。

他们又趁着秋爽时节，在宋城东北的孟诸大泽里打了一回猎。在饮酒方面，3 个人都是好酒量。高适酒喝得越多时话越少，即使喝数十杯也不乱。杜甫喝多了就变得比平常激烈，一改少年老成的样子，也时常有些放荡不羁。李白喝到兴头上，常常引吭高歌，喝得大醉之时，还要拔剑作舞。在打猎的时候，高适最沉着冷静，杜甫最耐心，李白最活跃。一次，李白射落一只大雁，高兴得发狂起来，把大雁高举在空中，一边大喊大叫，一边策马狂奔，一口气跑了几十里。本来要回西南的宋城去的，结果却跑到东北的单父去了，害得杜甫和高适好一阵追。赶到单父城里，李白已经在一边喝酒，一边欣赏歌舞，直到半夜，还不肯去休息。

对于这次梁宋之游，后来杜甫在他的《遣怀》诗中形象地描绘道：

忆与高李辈，论交入酒垆。
两公壮藻思，得我色敷腴。
气酣登吹台，怀古视平芜。
芒砀云一去，雁鹜空相呼。

二、遁入道门

李白在梁宋畅游中，时常日夜寻欢作乐。开始杜甫很替他高兴，以为他已抛却了心中的忧愁，忘记了身上的创伤痛苦，但后来才发现并不是这样。杜甫常在夜里听到李白被梦魇缠住，不是大声叫喊，就是低声呻吟，有时甚至声音十分凄惨，使人听起来有些毛骨悚然。一次，杜甫正在熟睡当中，忽听得“轰咚”一声响，睁眼一看，月光正照在对面李白床上，床上空空如也，人跑哪里去了呢？起身一找，才发现李白连人带被子一块滚到了床下。杜甫赶忙问他怎么了，并去扶他起来，又替他盖好被子，擦干了头上的冷汗。只看到李白脸色苍白，双目闭得紧紧的，含含糊糊说了“追兵”二字。杜甫让他好好休息，也不好再问，也觉得无须多问。他本来想对李白遁入方外一事加以劝阻，现在却希望他早日去受道箓。“也许这个方法能使他得到安慰吧！”杜甫想着，直到听见李白的鼾声，才放心睡去。

天宝三年十月，济南郡道教寺院紫极宫里接连几日都传出洪亮的钟声，日夜不熄的香烟烛火烤熏得院中的白鹤都搬了家。这里正在举行道教新教徒的入教仪式。

院中有一高约三尺的土坛，上面四边挂着神幡，神幡上面画着八卦。土坛周围拉着绳子，绳子上挂满纸钱。当中有一个很大的神案，上面供着众多神祇的牌位。他们特地从北海郡请来的高天师，正披发持剑，踏罡布斗。几十名信徒衣冠楚楚，神气肃穆，一个紧接着一个，环绕着神坛不停地转动，口里念念有词，向神祇忏悔着什么。他们此时已经过了七天七夜了，除了在凌晨稍微休息片刻，吃一些素食，喝一点清水之外，基本上是日夜不停。他们当中已有好几个晕倒，给抬了出去，能坚持下来的人也都已衰弱不堪。好不容易熬到7天上头，高天师又重新登坛。眼看功德圆满，于是大家又咬牙坚持，走完最后一圈。然后齐集在坛前，接受高天师给他们授“道箓”。

李白面色苍白，冷汗淋漓，已处在半昏迷状态之中。当听到高天师喊到自己的名字时，已几乎不能迈步，幸亏有两个小道士搀着他站到坛前的台阶上。高天师训示的“真言”，他已听不清楚，只恍恍惚惚地听到几句：“凡道士者，大道为父，神明为母，虚无为师，自然为友……慎言语，节饮食，勤修炼，戒嗜欲，炼尔冰雪之容，延尔金石之寿……”当他从高天师手里接过白绢朱文的“道箓”时，差一点昏倒在地，仍是由两个小道士搀扶着他，并帮他把“道箓”系在左肘上，这才算大功告成。

当李白从三天三夜的昏迷中醒来时，首先就是暗自庆幸自己终于挺过了七天七夜烦琐而又痛苦的仪式，正式成为道门弟子。他以为这样一来，就可以了却尘缘，忘却世事，超凡脱俗，独立于成败得失之外，也就永远地从忧愁痛苦中解脱出来了。以后，身为三十六帝之外臣，就可以再也不受人间帝王的管制，再不受朝廷权贵的迫害，从此悠闲自在、安度余年了。

李白回到任城家中，首先就是用玄宗给他的钱建了一座酒楼。任城县令贺某恰好当时请他写一篇《任城县厅壁记》，李白就要求县令让他把酒楼建在南城。酒楼虽然不高，才过数丈，面积也不大，但由于踞城面野，居然能览尽一州之胜。站在酒楼之上，向前可以看到汶水与泗水的波光，向后可以看到泰山的丽影，向左可以看到龟山蒙山峰峦叠嶂，向右可以望见微山诸湖帆樯出没。盘桓其间，不仅可以一骋游目，而且也可以畅叙幽思。于是，李白便请来了裴旻叔侄和孔巢父等人三天两头到楼上来饮聚。更多的时候是他一个人夜以继日地沉醉楼头——李白想用这种办法来麻痹自己的心灵。

紧接着李白又造了一间丹房，打了一眼丹炉，还亲自带着人到山里去找矿石，然后生火烧炼。他日夜守在丹炉边，瞧着五颜六色的火焰，做起了白日飞升的梦。到了七七四十九天，红黄的矿石就变成了灰白的粉末。他试服了3天，就开始拉肚子，但他仍然忙得不亦乐乎，又上山采矿，又烧炼，又试服，又拉肚子——李白故意用这种方法消磨自己的意志。

三、再遇李邕

恰好次年夏天，杜甫和高适二人到东鲁来了，他们邀李白出游，才让李白从孤独寂寞和痛苦不堪的生活中得到一些安慰。

杜甫和高适邀李白共游济南。济南郡司马李之芳是北海太守李邕的堂侄，和杜甫、高适都有旧交。李之芳原本在朝中任尚书郎，前不久外任现职。他见有名的历下古亭年久失修，将要倾圮，便在古亭的基础上修建了一座新的。新亭落成之后，杜甫、高适和李邕都被邀请来，于是一时间齐集历下，欢庆多日。李白见到李邕时，又谈起了20年前在陈州的往事，两人都拊掌大笑。他们时而宴饮于新亭之内，时而荡舟于鹊山湖上，或说古道今，或赋诗论文，到了酒酣正浓之际，又不免感慨人生。

此时李邕已年过花甲，老眼昏花，开始时一时还认不出仅有一面之交的李白。当下李白迎了上去深施一礼说："李大人，晚生西蜀李白，敬请大安！"

李邕急忙还礼说："啊！你就是当年路过渝州时拜见的李白？"

李白点头回答："正是。"

再次看到李白，李邕有些不自然，摇晃着满头银发说："你当时写给我的诗，老夫至今珍藏。'宣父犹能畏后生，丈夫岂可轻年少？'迄今仍能背诵。后生可畏啊！你责怪得好！我读罢后就派人送银子去客栈找你，你却已乘船东去了。今天，老夫就向你当面赔个不是吧！"

"岂敢岂敢！"李白听到李邕当年曾经馈赠银两，感动之余又自责说，"当初我年少气盛，目中无人，狂妄自大，还请老前辈海涵！”

李邕拈须微笑说：“你这只大鹏鸟不飞则已，一飞冲天，飞到长安去做了翰林学士，醉写吓蛮书，竟敢叫杨国忠磨墨、让高力士脱靴，真可谓不鸣则已，一鸣惊人了！”

李白谦逊地说：“好汉不提当年勇！如今晚辈又是个赐金放归的布衣平民了！”

“唉，”李邕叹了一口气说，“奸人当道，浮云蔽日！先不提这个，请到后衙，把盏畅谈！”

当晚李白留宿州衙。第二天午时，李邕在衙内设宴给李白接风。齐州的大小官员、各界名流也都慕名前来。大家都以能一睹诗仙李翰林的风采而感到自豪。

李邕首先为客人把盏敬酒，说了热情洋溢的致词，并当众宣布：李白此行的全部费用都从他的薪俸中开支，以尽地主之谊。范十是他们在济南李之芳席上认识的一位隐士，他的居住之地早就吸引着李、杜二人，但由于不熟路途，竟然迷失了方向。李白还一下跌进了苍耳丛中，帽子也跌落了，衣服上也粘满了苍耳子，拂也拂不掉、抖也抖不落。杜甫要帮他一个个摘下来，李白却不管它，竟衣帽不整地叩开了范氏庄门。李白来不及等小童通报就直接往里走去，一边走一边大喊道：“范老十啊，你看我是谁呀！”逗得主人先是吃惊，继而奇怪，终致大笑。随即让小童搬出新鲜的蔬菜瓜果和自酿的黄酒招待他们。酒过三巡之后，他们兴致颇高，古今上下，天南地北，奇闻轶事，三教九流，无所不谈，只是绝口不提个人的功名利禄。最后，李白干脆脱掉衣帽，卧在院中的一块大而平坦的石头上，高声吟咏起陆机的《猛虎行》来：“渴不饮盗泉水，热不息恶木阴。恶木岂无枝，志士多苦心。”杜甫也大声诵读了一段屈原的《橘颂》，主人范十也吟诵了一首陶渊明的《归园田居》。直到半夜，他们才进屋休息。李白和杜甫在范十庄上停留了十来日。白天他们一起去散步谈心，到夜里同床共被、抵足而眠。范十看着他们两人说：“你俩简直像亲兄弟一样。曹丕所谓‘文人相轻，自古而然’之论，可以说在你们二人身上不灵验了。”

分别之时，范十请他们各自赋诗留念。李白写了一首《寻鲁城北范居士》，杜甫作了一首《与李十二白寻范十隐居》。

杜甫与李白也该分手了。李白在城北石门山给杜甫饯行。

他们都感到自己像飘风中的飞蓬一样，茫然若失，不知何处才是安身立命之处。功业未成，丹药未就，只是每日里痛饮狂歌，视富贵如浮云，当王侯似粪土，快乐一时，可又有什么用呢？于是杜甫口占一诗：

秋来相顾尚飘蓬，未就丹砂愧葛洪。
痛饮狂歌空度日，飞扬跋扈为谁雄？

这次分别以后，不知何日才能相聚。且面对这石门山上的秋光，再干上几杯兰陵美酒吧！于是李白也口占一诗：

醉别复几日，登临遍池台。
何时石门路，重有金樽开？
秋波落泗水，海色明徂徕。
飞蓬各自远，且尽手中杯。

两人最后都不禁泪下沾襟，好像预感到他们此日一别，永远再不可能相见了。

四、一路歌

辞别了杜甫，李白按原来的打算南下游历。他想先到扬州，寻访老朋友元演。到了运河码头，他雇了一只大的船，让白龙马也一同上船。乘船比骑马要舒服多了，可以坐卧，可以读写，毫无劳累之苦。

一路上只见船只穿梭，号子声声，甚觉舒心。路经徐州、淮阴、洪泽湖、高邮湖等地，只要是名胜古迹或风光秀丽之处，他都要上岸驻足观赏。这样走走停停，到达扬州时又是二月天气了。

在客店住了一夜，第二天他就骑马去扬州都督府找元演。许久不见了，李白回想起那年元演慷慨解囊，雪中送炭地解除了自己的囊中空虚，仍心存感激。二人在安陆二次相会，蒙他穿针引线，才得与许淑小姐结缘。随后二人又结伴北游太原。天宝二年，二人在长安见面时，还同游曲江池，同上大雁塔。记得大前年，自己还写过《忆旧游寄谯郡元参军》的长诗寄给他，诗中提及了二人前后四次的游历经过，末尾四句是："言亦不可尽，情亦不可及。呼儿长跪缄此辞，寄君千里遥相忆。"可惜，元演已经升迁了。

宣城又叫宣州，它北临敬亭山，东倚宛溪和句溪。溪水清澈见底，照出了天光和云影。溪上分别有凤凰与济川两座拱形石桥，犹如两道美丽的彩虹，使古老的州城分外壮丽。

李白从金陵骑马来到宣城，正值杜鹃盛开的三春时节。杜鹃花，蜀人又称之为映山红，意为花开时节把山都映红了。蜀人传说它是杜鹃鸟，又叫子规鸟，是古蜀帝杜宇死后变的。夜夜哀鸣不绝，一直啼血到五更，红色的花朵就是杜鹃鸟的血染红的。李白一看到满山遍野的杜鹃花，映红了整座山岗，又听到了杜鹃鸟"不如归去！不如归去！"的声声啼鸣，不由得产生了归乡之情，忆起了西蜀的故乡昌明，以及年老的父母。自己离乡已经都20多年了，依然事业未成，宏图未展，不能衣锦还乡看望父母，不知父母身体健康与否。父亲在城里的生意还好吧？母亲在乡下的庄稼收成如何？长工老田叔不知还健在不健在？如果在也恐怕须发都已经白了吧？住进州城客店的当晚，李白就在杜鹃鸟的啼叫声中写出了一首怀乡的小诗，题目叫做《宣城见杜鹃花》：

蜀国曾闻子规啼，宣城又见杜鹃花。
一叫一回肠一断，三春三月忆三巴。

宣州太守姓赵，听说诗仙李白到来，就在南齐宣城太守谢朓（人称谢宣城）所建的谢公楼上设宴为之接风洗尘。出席的人当然缺不了当地的官绅和文人雅士。赵太守举盏祝酒，少不了说些"敬仰""欢迎"之类的应酬词，李白也回敬了一些"叨扰""感谢"之类的客套话。宴会散了以后，一个叫蒋华的年轻人，主动找到李白，自称爱读诗、写诗，平素很喜欢李白的诗，听说诗仙是只身前来，便自告奋勇充当向导，以便就近学点写诗的窍门。

敬亭山在宣城西北郊，山势回旋险峻，山高水长，云遮雾绕。由于土质肥沃，气候湿润，故而物产丰富，尤其盛产茶叶。"敬亭绿雪"形如雀舌，色泽翠绿，香气扑鼻，爽口润舌，驰名远近。

李白在蒋华的导引下，各骑一马来到了山脚下的谢公亭。只见此亭前有荷池花池，后有竹子林，是一八角形建筑，五根红漆的石柱上罩之以琉璃瓦亭盖。正面悬有长方形牌匾。上书“谢公亭”三字。

游历半日，太阳西斜。山顶上一阵云遮雾罩。鸟儿归林，村姑肩扛手提着新摘的茶叶，哼着歌儿分散开，从条条山路上回各自的家中。二人骑马下山，到了谢公亭前歇脚，李白进亭去坐在石凳上流连不忍离去。蒋华在山上采摘了一大包野桑葚，一个人去到宛溪洗净，准备尝新。李白一人独坐，面对着黄昏的山景，心中涌动着感慨，随之吟成了一首短诗：

众鸟高飞尽，孤云独去闲。
相看两不厌，只有敬亭山。

冬天又到了，渴望出游的李白冒着大雪又启程南下。

临出发前，亲朋好友们都劝他到了开春再走，却怎么也留他不住。他早就想启程了，因为送别两位亲友耽搁了几天。这两位亲友所去的地方恰恰是长安，于是又勾起他的新仇旧恨。他决定赶快躲开，好像走得更远一些，就可以把长安忘却，就可以把往事抛开。所以，不管天寒地冻，他还是毅然踏上了旅途。

但谁知一路行走，却仍是触景生情。

他到达了宋城，梁园清冷的池边，正是雪深三尺。在这里他遇到故人岑勋，不禁想起十年前在元丹丘颍阳山居的那次相聚。那时还以为“天生我材必有用”，谁知奉诏入京，到头来竟落得如此下场。于是在《鸣皋歌送岑征君》一诗中，不禁又发了一通牢骚。

他到达扬州时，已是冬去春来。扬州是他 30 年前的旧游之地：“曩昔东游维扬，不逾一年，散金三十余万，有落魄公子，悉皆济之。”那时大唐王朝在他心目中是多么辉煌灿烂啊！人生的道路在他心目中是多么平坦宽广啊！谁知后来事实竟背道而驰。因此，虽然烟花三月，故地重游，但总觉得风景不殊，举目有山河之异。于是在《留别广陵诸公》一诗中，写到几十年的经历，特别是写到第二次入长安时，他又不禁感慨万分。

他到了金陵，在这里度过了春天。金陵也是他30年前旧游之处，当时写的诗是何等轻快："风吹柳花满店香，吴姬压酒劝客尝。金陵子弟来相送，欲行不行各尽觞。请君试问东流水，别意与之谁短长？"30年后，再也写不出这种轻快酣畅的调子了。登山临水，写景抒情，总是包含有一丝兴亡之感，时兴黍离之悲。尤其是在《登金陵凤凰台》一诗的最后，想起长安，又愁上心来："总为浮云能蔽日，长安不见使人愁。"

他到达丹阳时，正值炎炎夏日。看到一队纤夫赤露着上身、拖着满载巨石的逆水船，在乱石滩上匍匐前行，沿途唱着悲哀的《丁都护歌》。烈火般的太阳，使他们的血液都快凝固了，他们掬起一捧江水来，却一半是泥沙。他们就用这泥浆似的江水勉强润润嗓子，又艰难向前。李白站在岸上目送他们离去，心中感到无限的酸楚，竟不禁流下泪来。同时，一阕新的《丁都护歌》便从他肺腑中涌出：

云阳上征去，两岸饶商贾。
吴牛喘月时，拖船一何苦。
水浊不可饮，壶浆半成土。
一唱《都护歌》，心摧泪如雨。
万人凿磐石，无由达江浒。
君看石芒砀，掩泪悲千古。

他隐约记得青年时期，第一次走出三峡的时候，也曾见到过纤夫拖船，也曾听到过他们的纤夫歌，心中却没有如此伤感。而如今呢，当船夫们"心摧泪如雨"时，自己也不禁"掩泪悲千古"了。

他到达吴郡，游历了吴王夫差的姑苏台，留下了《苏台览古》；他到达越中，游历了越王勾践的故宫，留下了《越中览古》。在这些诗歌当中，有的是从盛世时写起，尔后进入荒凉；有的是从满目荒凉的现实中回顾盛世，调子总是那么伤感。

他到达会稽郡后，才了解到贺知章已在前年离开人世。伫立在老宅门前的荷塘前，想起他们在长安的日日夜夜，三年待诏翰林的酸甜苦辣，都一齐涌上心头。因此一首《对酒忆贺监二首》应运而生。他终于到了四明山中，山上的青松、溪旁的翠竹、岩边的飞瀑、涧底的流泉，使他好像从头到足，浑身上下，甚至连灵魂都洗了一个澡，感到无比舒服。当他爬上和四明山毗邻的天台山的主峰顶，向东远望大海，只见波涛翻滚，好像巨鳌出没，又看到祥云笼罩，仿佛蓬莱仙岛就在前方。当他早起观日出，只见朝霞映在积雪的悬崖绝壁上，幻出五光十色的奇景，使人仿佛置身于仙界，好像自己也变成仙人了。但就在这高山之巅，他却想到了秦皇、汉武派人入海求仙的故事："烦劳百姓财富，耗时数十年之久，蓬莱仙山究竟隐藏在何处呢？骊山脚下的始皇陵和咸阳原上的武帝陵都被人盗了。假如他们的灵魂还在，为什么竟连自己的陵墓都无力保护呢？"然后他又由秦皇、汉武联想到玄宗："不但穷兵黩武，滥事征伐，而且又妄想长生不死，成仙成佛——这是多么荒谬啊！"于是李白在天台山绝顶，写下了借古讽今的《登高丘而望远海》。

李白一心想忘却长安，一心想忘却人世，然而走到天涯海角，他也未能忘掉。

李白回到金陵，和故人王昌龄、崔成甫相遇，正想和他们欢聚几次，畅叙离别后的心情。不料从他们那里接二连三地听到的却是让人吃惊的消息。

首先是韦坚的冤案。

天宝三年（公元 744 年），崔成甫的顶头上司陕郡太守韦坚，以开新潭、通漕运之功，升任三品刑部尚书，成甫也随着由九品县尉升任八品监察御史。谁料还不到两年时间，韦坚就被李林甫以勾结外官、谋立太子的罪名赶出京城，而且株连了一大批人，"酒中八仙"之一的李适之也在其中，就是连当日划船的船夫也没能逃脱。韦坚被贬到地方后，又被李林甫派去的爪牙罗希奭和吉温迫害致死。李适之在贬所，听到罗、吉二人要来，害怕受不了他们的严刑逼供，便服毒自杀了。崔成甫还算侥幸，贬到湘阴去了事。但他还不到 40 岁，头发已经花白了。

紧接着是李邕冤案。

李邕因为誉满天下，早已为李林甫所嫉妒，加以李邕豪侈成性，不拘小节，每天以宴饮驰猎为事，李林甫便暗中派人日求其短，欲以贪污治罪。适逢其会，天宝五年冬天，左骁卫兵曹参军柳被治罪下狱。柳案本与李邕没有任何瓜葛，只因李邕和他有些旧交，曾送给他一匹马，因此就被牵连进去。原来是柳在罗希奭、吉温威胁利诱之下，诬告李邕曾对他议论过朝政得失及皇帝吉凶，为了堵自己的嘴，所以送自己一匹马。李林甫于是又密派罗希奭到北海郡，追查此事。李邕自然不承认，罗、吉二人便使用严刑逼供，竟把李邕活活打死在刑庭之上。曾任过刑部尚书的淄州太守裴敦复，也被牵连进去，落得和李邕同样的下场。王昌龄因和李邕有旧，谈起此事，既感到悲痛，又深感不安。

接着又是王忠嗣冤案。

王忠嗣终因上言谏阻攻取吐蕃石堡城一事，以“阻挠军功”获罪。李林甫早就嫉恨王忠嗣，更从中落井下石，致其于死地，竟暗地里指示人诬告他有奉立太子为帝之意。玄宗便下令把王忠嗣下狱审讯，施以极刑。后又贬为汉阳太守，不久也忧愤而死。后来，玄宗便以哥舒翰为河西陇右节度使代替王忠嗣，率领大军攻取石堡。石堡倒是被攻下来了，正如王忠嗣所言，却丢了几万士卒的性命。

李林甫等人仍在不断地大兴冤狱。由于杨贵妃从兄杨国忠有掖庭之亲，能够出入禁中，深得玄宗宠爱，常常言听计从，于是和杨国忠结为内援，并让杨国忠作御史中丞，掌握监察大权。其下又有罗希奭、吉温等一批鹰犬，为之驱使。于是他们在玄宗面前，随意奏劾忠良与无辜。凡是他们所嫉恨的人，皆被诬陷下狱，罗织罪名，滥用刑罚逼供。仅长安城中家破人亡无家可归者，就达几百户。罗希奭与吉温被人称为“罗钳吉网”。

就在一代忠臣与大批无辜的尸体上面、在数万士卒和无数孤寡的血泊与泪海中，李林甫带领百名官吏给玄宗立起了“开元天地大宝圣文神武应道皇帝”的丰碑。

接连不断的冤狱，大批的株连，使满朝文武三缄其口，州县官吏更是垂足而立，惶惶不可终日。石堡一场战斗死亡数万的消息传来，举国上下一片震动，但是大家只是敢怒而不敢言。

李白呢？人们经常见他领着歌伎舞姬到处游山逛水，也常见他和狐朋狗友在酒楼上击筑高歌，还常见他和他的门人在钟山下唤鹰逐兔。人们还听到，有一回他约好了几个酒客，雇了一只小船，在秦淮河上赏月，然后又逆江而上，一直找到五十里外的天门山，次日才从天门山返回金陵。一路上边饮酒，边猜拳，边吹拉弹唱，整整折腾了两天两夜。最后他倒戴乌纱帽，反披紫绮裘，斜躺在船舷上，醉得不省人事。没过多久，他又到庐江郡太守嗣吴王李祗家里做客去了；离开庐江郡后，又去西边玩游霍山去了；游完霍山，又南游庐山去了。

这个时候，有一批诗歌在民间流传开来。

一首是《夷则格上白鸠拂舞辞》：

铿鸣钟，考朗鼓。歌白鸠，引拂舞。白鸠之白谁与邻，霜衣雪襟诚可珍，含哺七子能平均。食不咽，性安驯。首农政，为阳春。天子刻玉杖，镂形赐耆人。白鹭亦白非纯真，外洁其色心匪仁。阙五德，无司晨，胡为啄我葭下之紫鳞。鹰鹯雕鹗，贪而好杀，凤凰虽大圣，不愿以为臣。

一首是《倚剑登高台》：

倚剑登高台，悠悠送春目。苍榛蔽层丘，琼草隐深谷。凤鸟鸣西海，欲集无珍木。斯得所居，蒿下盈万族。晋风日已颓，穷途方恸哭。

一首是《战城南》：

去年战，桑干源。今年战，葱河道。洗兵条支海上波，放马天山雪中草。万里长征战，三军尽衰老。匈奴以杀戮为耕作，古来唯见白骨黄沙田。秦家筑城备胡处，汉家还有烽火燃。烽火燃不息，征战无已时。野战格斗死，败马号鸣向天悲。乌鸢啄人肠，衔飞上挂枯树枝。士卒涂草莽，将军空尔为。乃知兵者是凶器，圣人不得已而用之。

一首是《答王十二寒夜独酌有怀》：

……君不能狸膏金距学斗鸡，坐令鼻息吹虹霓。君不能学哥舒，横行青海夜带刀，西屠石堡取紫袍。吟诗作赋北窗里，万言不值一杯水。

……

鱼目亦笑我，谓与明月同。骅骝拳跼不能食，蹇驴得志鸣春风。折杨黄华合流俗，晋君听琴枉清角。巴人谁肯和阳春，楚地犹来贱奇璞。

……

与君论心握君手，荣辱于余亦何有？孔圣犹闻伤凤麟，董龙更是何鸡狗！一生傲岸苦不谐，恩疏媒劳志多乖。严陵高揖汉天子，何必长剑拄颐事玉阶！

……

君不见李北海，英风豪气今何在？君不见裴尚书，土坟三尺蒿棘居。少年早欲五湖去，见此弥将钟鼎疏。

“这首诗是哪个人写的呢？还有以前的几首都是谁作的呢？”

大家猜来猜去，终于猜到了李白身上。但是李白这两年不都是只知喝酒狂醉于花前月下了吗？何况他不在家这些时间又出游庐山、霍山去了。

李林甫的鹰犬到处追踪着这一批讪谤朝政、指责乘舆的反诗的作者，到底没有任何结果。

只有崔成甫和王昌龄知道这批诗出处在哪里，从何而来。

第八章　获罪前后

一、幽州遇险

在南行漫游当中，李白像只远处飞来的候鸟，断断续续地回梁园省亲。他每次只住上一段时日就又重新外出，他续娶的夫人宗芸开始有怨言，说李白不把家当家，而把家看成了一个客店。李白一笑了之，说他是江山易改，禀性难移，生来养成个爱游历交友、寄情山水的习性，还说他在家待久了，诗绪就会枯竭了。只有遨游于山水之中，才会有源源不断的诗作问世。宗芸是个知书达理的女人，渐渐地，也就习惯了这种时聚时散、聚少散多的夫妻生活。

天宝十一年（公元 752 年）秋天，李白又一次从南方回到了梁园家中，带回了许多的诗稿。夫妻俩久别胜新婚，欢聚到了冬初。有一天，李白收到了老朋友元演元丹丘自幽州托人带来的书信，邀他去同赏北国风光，李白看后十分高兴。他那年去扬州找元演时就萌发过幽州之行的念头，现在终于可以实现自己的心愿了。

天宝十年的秋天，南阳附近的石门山里，李白应故人元丹丘之约来到这里。元丹丘在山中的密林处营造了一处新居，比起他原来的颍阳山居来，更是远离尘嚣，人迹罕至。它的四周峰峦之俊秀，林壑之美丽，令人羡慕不已。每天，元丹丘他们随意登临，信步走去，也记不得走了有多远。在静寂的山林中只听到猿猴的叫唤，幽深的山谷中还残留着千年积雪。走着走着，看到那白云忽隐忽现，走着走着，不知不觉太阳已落山，月亮已出来了。于是他们在月光松影下慢慢走回山居。李白真想把家搬来，从此隐居在这深山老林之中。

当李白给元丹丘谈起自己的打算时，元丹丘笑着说："你想倒是想过了，并且还不止一次，就是你这颗心冷静不下来。隐居出世呀，学道成仙呀，你一谈起来总是煞有介事。实际上呢，往往是言越冷，其心越热。"李白也笑着说："你我二人虽为异姓，但知我莫如君。出世等等，实如君言。那年我从高天师受道箓后，本来想遁入空门，再不问世间事，谁知也未能忘记朝政。"停了一会儿，他又继续说道："不过这几年来，我也的确寒心了。特别是王昌龄那种高洁恬淡的人，竟然也以'不护细行'遭到贬谪，由此可见朝政已腐败到何种程度……我这一回可是真正想找一个深山老林隐居了。"

元丹丘听后也感慨一番，忙又问道："但不知嫂子意下如何？你们新婚时间不长，她怎会让你隐居深山呢？"李白听了，便把他去年续娶的夫人宗氏谈论了一番："贤弟你不知道，你这位嫂子与众不同，她虽是相门家的女儿，但从小懂道理，秉性孤高，甘心淡泊。要不然，人家怎么看上了我这个野鹤闲人？她的爷爷宗楚客在武后朝，虽曾显赫一时，但也是大起大落，最后因参与韦后之乱，判了斩罪。遭受如此重大变故，宗家即一蹶不振。她之所以自幼好道，想必与这事有关。而今宗家在梁园附近还有一些破旧楼台、凄凉歌馆，但她却不想在那里待下去，早想寻一幽栖之地。如果不是她兄弟宗璟苦苦挽留她，她早已出家当尼姑去了。我这次来石门山中，正是奉她之命哩！"元丹丘说："既然如此，那就在我附近选个地方吧。这山下原先是春秋时的隐者长沮、桀溺耦耕的地方，我们正好继承他们的高风亮节。"于是李白便在石门山中住了下来，准备选择一个全家隐居的地方。

但是，报效祖国、投笔从政的愿望又因友人的一封信而燃烧起来，他准备去幽州。

夫人宗氏坚决不同意李白的幽州之行。这倒不是她舍不得刚归来不久的丈夫，而是其他的原因：一者是冬天就要来了，幽州太冷，冰天雪地易把人冻坏。二来是安禄山是一个杀人不眨眼的胡人。李白又生性直率，二人一见面，针尖对麦芒地说不定会冲撞起来，发生些意想不到的祸灾。李白听完夫人说的理由后，立刻解释说："天冷没有啥，多穿点衣服，走路时留点神就行了。至于安禄山嘛，没有什么可怕的。听人说他正在招兵买马积草屯粮，迟早都要造反。我这次去就是要认真观察一下，抓住真凭实据，就上书皇上，来一个防患于未然，难道不是为朝廷立了一大功？"

“安禄山就是那么好对付的？他在幽州多年了，已经有了根基，羽毛已经丰满了，耳目众多，可以说是个虎穴狼窝。你此去是与虎谋皮，虎会咬人的！”

“不入虎穴，焉得虎子？怕他什么？”

夫妻俩争执起来了，夫人宗氏只恨自己嘴笨，劝不住丈夫，气得哭了起来。

“不要哭，不要哭！”李白急忙上前安慰，“我们不谈这件事了好吧？”

夫人宗氏认为李白让步了，便破涕为笑。

过了两天，李白趁夫人情绪好时，又把此事提了出来。宗氏夫人仍然反对。李白态度坚决地说：“我是个堂堂七尺男子汉，心怀济苍生、安社稷的宏伟大志，怎么能老守着娘娘庙，被女人拴在裤腰带上老死家园呢？你还是放了我吧！要不然我就会度日如年，食无味、寝不香！”

“这——”夫人宗氏的内心受到了很大震动。她深知夫君的脾气是蔑视权贵，刚直不阿的，像杨国忠、高力士那样的当朝权贵，他都不放在眼中，还怕一个小小的安禄山吗？尽管自己有出世的想法，早就把名利看得很轻，可夫君不一样，他虽然也有出世和入世的矛盾想法，但总的还是想入世的。人各有志，不可勉强，夫妻之间也是如此。想到这里，夫人宗氏做出了让步，她说：“你既然想去，我也不再留你了。只是，请记住我一句话！”

“请讲！”

“大丈夫能屈能伸，如遇到安禄山耍威风不要与他硬碰硬，退后一步海阔天空，心字头上一把刀——忍了！”

李白点头应允了。然后，夫人宗氏就动手给李白准备行装。她只用两天的时间亲自动手为李白赶缝了一件黑色皮袭以备御寒。李白感动地接受了。

一天清晨，天气非常晴朗。刮了几天的西北风停止了喧闹。饱餐一顿后李白又佩上龙泉剑，腰挂酒葫芦，骑上白龙马告别了家人向着幽州石门山行进。宗氏夫人一直送他到黄河渡口，又千叮咛万嘱咐地叫他保重身体，注意安全，早日回家。李白满口应承着牵马上了渡船，夫妻俩频频地挥手告别。

在开封，在朋友于十一和裴十三为他饯行的筵席上，李白拔剑起舞，慷慨悲歌，并留下告别诗一首，又专门把诗的最后几句吟诵了一番：

……劝尔一杯酒，拂尔裘上霜。尔为我楚舞，吾为尔楚歌。且探虎穴向沙漠，鸣鞭走马凌黄河。耻作易水别，临歧泪滂沱。

一边念着，一边却情不自禁流下了热泪。他觉得自己好比是垓下之战前夕的项羽，又好像是马上入秦的荆轲。

黄河渡口边，风高浪急，浊浪滚滚。夫人的劝告，又在他耳边回响。李白不禁想到古乐府《箜篌引》来："公无渡河，公竟渡河。渡河而死，将奈公何！"他似乎看见《箜篌引》中那个披发狂叟，向着波浪滚滚的黄河跑来，他的妻子在后面一边追赶，一边叫喊，却没能将他阻挡住，他终于跳进了黄河，随即被波浪卷走了。李白感到此时此刻自己就似那个急流而渡的披发狂叟，而妻子千言万语便成了一声声凄厉的呼唤："公无渡河！公无渡河！公无渡河……"李白多么想回到夫人身边，但他已到达了黄河彼岸。

由于心情不好，因此一路上走走停停，停停走走。直到第二年十月，才来到幽州节度使幕府所在地蓟县。

何昌浩热情地款待了他，但是他非常遗憾地说道："老兄来得实在不巧！王爷入朝尚未归来。他的左右手也都随他去了。他们到明年开春才能回来。老兄暂且住在这里，先看看北国风光，入幕之事不在话下。"李白心想："我来的正巧！"便答道："很好，很好，我正准备先饱览一下边塞风光。"李白便在何昌浩安排之下，南到范阳，北到蓟门，东到渔阳，西到易水，到处游览了一番。

十月的幽州，已经是白杨早落，塞草已衰，但扩军备战却搞得热火朝天，如火如荼。烽火一处连一处燃烧起来，羽书接连不断地送进朝去。战车排着森严的队列，战马踏起漫天的尘土，飘舞的旌旗漫卷着风沙，呜呜的画角迎来了海上的明月。营帐布满在辽东的原野上，兵器多得如天上的星星。将士们昼夜在辛勤操练、演习，李白以为这是为了保卫王朝的边疆，迎击外来的敌人，不禁热血沸腾，写下《出自蓟北门行》一诗，把守边疆的将士们歌颂了一番。到各处游览之余，李白又与边将们一块儿出猎。大家看到他骑着骏马，前后左右，来来回回，周旋进退，越沟登陵，无不驰骋自如；还见他拉弓满月，箭去如流星，连续两箭，竟射下两只老鹰来，众人无不惊叹佩服。从此李白每日便操练武艺，纵谈兵法，而且对别人讲他是李广的后代。

李白正陶醉在“沙漠收奇勋”的美梦中，一天，忽然老朋友礼部员外郎崔国辅的儿子崔度来拜访他。李白记起天宝初年在长安曾见过他，年方弱冠，天资聪颖，教他古乐府之学和剑术，都很得心应手。所以他们不但有叔侄的友谊，而且又是师徒关系。在今天，塞上相逢，分外亲切。李白问他什么时候到这里来的，为什么到这里？崔度说他因屡试进士不第，便弃文就武。到这里已 3 年，今在营州平卢节度使幕府中任判官之职。李白正说：“你真的有了出息……”崔度的脸色突然暗淡下来，而且露出警惕的神色，小声说道：“老叔你不知道，小侄有心腹之言告诉您。”接着又说道，“这里不是说话的地方。”两人便以游览古迹为名，骑马离开了蓟县城门，到了燕昭王当年拜乐毅为大将的黄金台遗址。幕天席地，顾四周无人，崔度这才将他 3 年来所见所闻向李白仔细从头说起。

原来安禄山是以轻启边衅，假报军功发家。他多次利用阴谋诡计，假心假意将奚和契丹的酋长叫来联欢，把他们用酒灌醉，随即缚送朝廷，充当战俘。原来身兼河东、范阳、平卢三镇节度使的安禄山已掌握全国兵力的一半，还在边事的旗号之下，招兵买马，扩大武力。到处安营扎寨，日夜操练，这一片繁忙景象，并非是准备抵御外来的敌人，而是内藏着极大的祸心。说到这里，崔度问道：“老叔在范阳等地，可曾留心看到裁缝铺里在做何事？”李白赶紧说道：“我也感到奇怪，这些地方的裁缝铺一律都在赶制各色袍带……”崔度说：“赶制这些东西，都是为了准备封赠大批官员。”李白也说：“如果不准备另立朝廷，节度使幕府又哪有权力封赠绯衣银带、紫衣玉带呢？”谈完两人面面相觑。李白见崔度两眉深锁，崔度也看到李白双目灼灼。半天后，李白猛然握着崔度的手激动地说：“我们赶紧将此事上报朝廷吧。”崔度马上摆手：“不可！不可！”李白迷惑不解：“这是为什么？”崔度便将他亲眼看到的告知李白道：“上书言边塞真相的人，常常被朝廷五花大绑送交安禄山处置。安禄山把这些人全部都枭首示众，甚至还剥皮。所以这里的乱象已昭然若揭，朝廷和内地还不大了解。”

最后，李白只能在黄金台遗址上大哭了一场：“君王啊，你最相信的人却是一个窃国大盗、犯上作乱的人。你竟然将偌大一个北海都托付给了这条狼，让它在这里兴风作浪，祸害社稷苍生！我虽然有射天狼的弓箭，却不敢使用；我虽有报国的计策，却不能陈说。即使是乐毅再生，也只能各自逃亡了！”崔度再也忍不住同李白同声大哭。他们打算趁安禄山没有回来，赶紧离开这是非之地。

崔度以省亲为名先走了一步。崔度去后，李白坐卧不安，后悔没听妻子之言。他好像看到黄河倒流，洪水滔天；他看见安禄山好像变成了一条齿若雪山的长鲸，吞噬了成千上万生灵。他也仿佛意识到自己果然成了《箜篌引》中的白首狂夫，即将有灭顶之祸。于是李白在忧心忡忡的状态下，写下了《公无渡河》一诗：

黄河西来决昆仑，咆哮万里触龙门。波滔天，尧咨嗟。大禹理百川，儿啼不窥家。杀湍堙洪水，九州始蚕麻。其害乃去，茫然风沙。披发之叟狂而痴，清晨径流欲奚为？旁人不惜妻止之，公无渡河苦渡之。虎可搏，河难凭，公果溺死流海湄。有长鲸白齿若雪山，公乎公乎挂罥于其间。箜篌所悲竟不还！

幸好不久，收到夫人重病信件一封，李白就以此为名，马上离开了幽州。

二、报国无门

从幽州城这个是非之地归来之后，李白须发又变白了许多，并且重病了一场：胸部疼痛难忍，发烧呕吐不止，不想饮食，卧床不起。宗家姐弟俩多次请医治疗，细心照料。春末夏初时，李白的病情慢慢好了起来。

能吃能动之后，李白就开始提笔书写奏章，把幽州之行亲眼所见安禄山谋反的情况做了详细介绍后，着重谈到了伪玉玺事件。最后写道：“安贼谋反，铁证如山！臣请陛下早做圣裁：先发制人，以消除战祸，速擒叛逆，以正国法！”

夫人宗氏关切地看过李白书的奏章后，表情冷淡地说：“夫君，奏章写得很好，只是你一介布衣之身，结果可能不妙：一则皇上未必能够收到，二是皇上看到了未必就能相信他的干儿子和宠将会背叛于他。”

李白说："古人云：乱臣贼子，人人得而诛之。不管奏章结果怎样，我做到了一个臣子应尽的职责。天下的事情难说得很，说不准我这封奏疏能够杀人不见血地叫安禄山人头落地哩！"

奏章被郑重其事地发往长安，但是，一去就是石沉大海，毫无消息。果真中了宗氏夫人之言：李白的奏章送到了高力士手中，高力士一看是对头李白写的，连看也没看几个字就扔进火炉中焚成了灰烬。眼望着黑色的纸灰随风飞扬，高力士恶狠狠地说："哼，一个臭文人还身在江湖，心存魏阙，妄想杀个回马枪重回长安吗？做梦娶媳妇——想得美！"李白的后花园菊花盛开的时候，他对奏章再也不抱任何希望了，静久思动，他又想出游了。

一切准备就绪后，临行之际，李白猛又黯然心动，百感凄恻，写下了《远别离》诗一首：

> 远别离，古有皇英之二女。乃在洞庭之南，潇湘之浦。海水直下万里深，谁人不言此离苦？日惨惨兮云冥冥，猩猩啼烟兮鬼啸雨。我纵言之将何补？皇穹窃恐不照余之忠诚。雷凭凭兮欲吼怒，尧舜当之亦禅禹。君失臣兮龙为鱼，权归臣兮鼠变虎。或云：尧幽囚，舜野死。九疑联绵皆相似，重瞳孤坟竟何是？帝子泣兮绿云间，随风波兮去无还。恸哭兮远望，见苍梧之深山。苍梧山崩湘水绝，竹上之泪乃可灭。

他把诗写完以后，拿给夫人宗氏看。宗氏夫人看了之后说道："诗如云中之龙，惝恍杳冥，变化无穷，使人难以揣摸。"李白问道："难道夫人你也品味不出此诗意在何处吗？"夫人宗氏又来回看了两遍说："此诗题目既名《远别离》，诗中还有'谁人不言此离苦'的句子，篇尾更是以离愁别恨作结尾。离别之意，贯串始终，自然是意在赋别。"李白又问道："江淹《别赋》有云：'故别虽一绪，事乃万族。'有的是为富贵别，有的是为从军别，有的是为任侠别，有的是为方外别，有的是为伉俪别……你看此诗中之别绪是属于哪一类呢？"宗氏摇了摇头说："哪一类都不是。此诗中之别绪乃江淹所未曾赋。"李白又问道："那是写舜王与二位妃子生死之别吧？"宗氏仍摇头说："表面好像写舜与二妃生死之别，实则你不过借此以为比兴。"过了一会儿，宗氏突然似有所悟，她给李白背诵了几句《离骚》诗句："国无人莫我知兮，又何怀夫故都……"

接着又吟诵了几句《涉江》："世溷浊而莫余知兮，吾方高驰而不顾……"

天宝十二年秋天，李白来到横江渡。原本是从西向东的长江，从庐山脚下逐渐转向东北。到了芜湖至金陵一段，竟然又变成自南向北，横亘在这吴楚一带。横江渡就处在这段横着的长江的西岸。牛渚矶，也叫采石矶，在它的东岸。这里原本为江山形胜之地，又是南来北往交通要道，还是著名的历史文化古迹。孙吴经略江东，晋室永嘉南渡，隋代韩擒虎伐陈，都是在这里渡江。横江渡可谓是屡历兴衰，饱经沧桑了。所以骚人吟士途经这里，总要作诗留念，而横江总是以它独特的风浪去迎接来往行旅。

李白一路行走，思前想后，心情尤为难过，不但心中充满了理想破灭的悲哀，同时又充满了剪不断、理还乱的惆怅，还充满了对国计民生的忧虑，再加之对自己大半生辛酸的回忆，来到这"微风辄浪作"的横江边上，又恰逢江潮汹涌，他藏于胸中的风浪便与江上的风浪发生了强烈的共鸣。抬眼望去，好像云愁雾惨，天昏地暗，阴风怒号，浊浪排空。那风好像要把大山都要吹垮，那浪头飞冲过来，如同金陵的瓦官阁那么高。"这人们称道的江山形胜之地，竟是这样险恶！这多像我的幽州之旅！甚至我一生从政的经历，也如同这条横江一样波涛汹涌不能平静啊！"

江上的风浪引发了李白对国家前途的忧患，于是李白写下了《横江词六首》：

其一

人道横江好，侬道横江恶。

一风三日吹倒山，白浪高于瓦官阁。

其二

海潮南去过浔阳，牛渚由来险马当。

横江欲渡风波恶，一水牵愁万里长。

其三

横江西望阻西秦，汉水东连扬子津。

白浪如山那可渡？狂风愁杀峭帆人。

其四

海神来过恶风回，浪打天门石壁开。

浙江八月何如此，涛似连山喷雪来！

其五

横江馆前津吏迎，向余东指海云生。

“郎今欲渡缘何事，如此风波不可行！”

其六

月晕天风雾不开，海鲸东蹙百川回。

惊波一起三山动，公无渡河归去来！

经过了十几天的苦苦奔波，李白再次来到宣城。时值傍晚时分，城内行人已经十分稀少，他寻了一家客店，稍微洗漱之后就直接来到纪家酒店。一进门就大声喊道：“纪老伯，你的老酒客又来了！”

纪老汉听到声音十分熟悉，用手揉了揉昏花的老眼，仔细看了半天，才高兴地说：“啊，太白先生，你又来了！欢迎！欢迎！里面请。”

李白向老伯打听才得知了几位老友的近况。

高适如今在哥舒翰幕府中任掌书记，写了很多让人拍案叫绝的边塞诗。

晁衡虽然是一个日本人，可是来我大唐已经几十年了，官拜左散骑常侍。

王维已看破红尘，信佛参禅，到蓝田的辋川隐居去了，在诗中还自称“晚年唯好静，万事不关心。”

王昌龄仍然在龙标流放，郁郁寡欢不得志，由于不想走权奸门下这条路，返回京城是毫无希望。

杜甫情况最坏，穷愁潦倒，一再遭到权奸的排斥，仕途无望，生活更是无着落，不得不以卖药为生，处的是“朝扣富儿门，暮随肥马尘。残杯与冷炙，到处潜悲辛”的悲惨境况。最近又得了疟疾，真可谓雪上加霜。

万般感慨之下，李白出游了宣城各县。南陵县丞常某是李白的故人，招待尤为热情，还陪同李白观看了铜官矿，游览了五松山。此后李白又去了秋浦，县令崔某也十分好客，同样也陪着李白观赏了秋浦风光。

尔后李白又来到了青阳，当地许多名士陪同他游览了九华山，还让他和大家联句作为纪念。然后，李白又到了泾县，桃花潭的村民汪伦特地邀请了李白到他村上盘桓，款待了李白好长时间。临走前，汪伦还约了一些会“踏歌”的乡亲来给李白送行。

宣城各县人士的盛情让李白的苦闷也得到了一些缓解，但“白发三千丈”的感慨也出现在他的诗中。

李白回到宣城已到北雁南飞时节。白天饮食无味，夜里辗转反侧。正在无可奈何之时，恰巧族叔监察御史李华被派遣到东南，路过宣城。两人见面之后，互道契阔已毕，李白便邀李华同登谢朓楼。名为览胜，实则谈心。李白多么盼望从李华口中得知一些朝廷现况，多么希望从笼罩四周的阴霾中看见一线光明，结果李华谈的接二连三的事情，无一不让他愁上加愁：

李林甫这个祸国殃民的大坏蛋，虽然于天宝十一年死了，但是接替他做宰相的杨国忠也是一路货色。

杨国忠为了邀功固宠，滥用职权，出兵南诏，到西洱河，大败。他却把真相掩盖起来，接着出兵，最终全军覆没，前后伤亡共计 20 万。

皇帝依然沉湎于声色，宴游无度。杨氏兄弟姊妹都列土封侯。诸贵戚以进食相尚，竞献水陆珍馐，一盘之费，中人十家之产。

关中水旱连续，去秋霖雨达 60 日。物价暴涨，斗米千钱。街头巷尾，到处一片啼饥号寒之声，朱雀门大街上也出现了饿殍。种种现实，加上自己的壮志未酬，李白挥笔写下了：

> 弃我去者，昨日之日不可留；乱我心者，今日之日多烦忧。长风万里送秋雁，对此可以酣高楼。蓬莱文章建安骨，中间小谢又清发。俱怀逸兴壮思飞，欲上青天揽明月。抽刀断水水更流，举杯消愁愁更愁。人生在世不称意，明朝散发弄扁舟。

三、从军获罪

1. 投笔从戎

暴风雨终于来临了，滔天巨浪终于起来了，渤海中的长鲸终于张开撑天拄地的嘴巴，露出排排雪山似的牙齿，向着中原扑来了。很快百川倒流，洪水泛滥成灾，淹没了河北平原地区，浪头直扑洛阳、潼关。龙楼凤阙在摇晃不定，玉阶丹墀在倾斜，整个大地像地震似的。

天宝十四年（公元 755 年）十一月，安禄山以受玄宗密诏“清君侧，除奸党”，反对奸贼宰相杨国忠为名，伙同死党史思明，发动了策划已久的叛乱。这就是历经近 8 年，使大唐王朝从经济文化的高峰上跌入低谷，从此一蹶不振的安史之乱。

安禄山带兵 15 万，号称 20 万，在幽州城大校场举行了出征前誓师大会。杀气腾腾的会场上，他将几名反对叛乱的部将杀掉祭旗。值得庆幸的是，元演事先获得了反叛时间与抓人的消息，然后率领所部两千人马，连夜驰向西北，投靠已升任朔方节度使的郭子仪去了。

河北诸郡承平时间长了，真是“刀枪入库，马放南山”，荒于武备，连铠甲都生锈了。面对训练有方、骁勇善战的胡骑，守城将士与叛军一交锋就溃不成军，不少城池都望风而降。因而不到一个月，叛军就连下数郡，长驱直入，到达黄河岸边。只有常山太守颜真卿死守孤城，拒不投敌。

这时，长安城内，兴庆宫中歌舞升平了多年的玄宗皇帝从太真贵妃温柔香甜的怀抱中突然惊醒，这才悔恨自己错看了叛贼笑里藏刀的嘴脸，多年来养痈遗患造成今天的局面。仓促之中，他召安西节度使封常清进朝，以安禄山所任的范阳、平卢节度使改授，令他快去洛阳募兵讨贼。这真是平常不烧香，临时抱佛脚，面对气势汹汹的叛军，朝廷竟无常备兵可调，临时到处招募，最终导致了唐朝的倾覆。

汴州位于黄河南面，叛军一旦渡河，必将首当其冲地遭到入侵。守军关闭城门，慌忙备战。老百姓人心不安，纷纷南逃。

宗府里也是一片慌乱。这时老宗成早已病故，平阳也已经外嫁，只剩下宗芸、宗璟和伯禽三人。他们早已把府中的金银细软收拾停当，并备好了一辆铁皮大马车，等着李白北归会合后就一同南逃。

叛军的铁骑向南狂奔，李白和武谔的马匹向北奔去。叛军的铁骑趟过冰冻的黄河，李白与宗氏夫人跟着潮水般的难民涌出宋城南门。

天宝十四年十二月，当朝廷选派出的由金吾大将军高仙芝带领的东征军刚从长安出兵，叛军已通过了黄河。河南诸郡又接连失守。

李白和宗氏随着逃难的人群向南奔去。宗氏蓬头垢面，李白衣冠不整。他们一边走，一边回头瞧，只见北方天空，浓烟弥漫，顿时李白眼前浮现出开封的影子：城楼上挂满人头。李白眼前闪过荥阳的影子：城墙下堆满了尸体。李白眼前闪过宋城的影子：城中是一片火海。大路中一股人马涌来，互相传说着东京沦陷的消息。李白眼前又一次闪过洛阳的影子：叛军像潮水般从四面八方涌向城门，涌上宫殿……他伤心地摇摇头，擦去泪水，继续往前走。

天宝十五年正月，安禄山在洛阳称帝，国号“大燕”。由于安禄山急着登基，朝廷才有了喘气的机会，采用了一些军事措施：起用了在京养病的陇右节度使哥舒翰作兵马副元帅，并派他率领大军 8 万人镇守潼关；又让朔方节度使郭子仪、河东节度使李光弼出兵河北，攻打敌人后方；常山太守颜杲卿、平原太守颜真卿等也起兵讨贼，河北各地区纷纷响应。特别是皇帝御驾亲征的消息更给全国人心带来莫大的鼓舞。因此天宝十五年的初春，形势又变得好了起来。

在途中送别友人的筵席上，李白同人们谈论着亲征的消息，脸上露出兴奋的笑容，最后提起笔来，奋笔疾书。在送别友人的序文中，他对战局做了十分乐观的估计：“自吴瞻秦，日见喜气。上当攫玉弩，摧狼狐，洗清天地，雷雨必作……”他认为皇上御驾亲征，中原马上就会廓清，战争也就很快会胜利结束。

通过 20 多天的奔波后，全家四口人终于历尽艰辛，来到了宣城。敬亭山的三间草房还在，虽说有些破旧，请人经过进行一番修缮后，最后把家安顿下来了。

蒋华得知李白一家到达宣城，不时前来敬亭山看望，并尽力给予一些生活中的帮助。二人谈起那年大力合作提供赃证，促使蒋华御史弹劾杨虎太守一事，感到十分欣慰。蒋华说：“善有善报，恶有恶报。宣城人民知道杨虎那厮终于在湖州被罢官和杖责后，人人奔走相告，拍手称快。他们说：‘太白先生真是个大好人，要是让他来当太守就好了！宣州百姓就有好日子过了’！”

李白受到了莫大的安慰，朝夕和家人相处，如同一只颠簸在风浪中的小船，终于有了一个安全的避风港。

但是，一颗忧国忧民的心却时时刻刻关注着北方，只要眼睛一合上，脑海中就出现了叛军攻城略地、杀人放火、百姓家破人亡的情景。他多么希望能传来一些官军胜利的好消息啊！但是，事与愿违，传来的都是坏消息：叛军没有消耗一兵一卒，就轻而易举地渡过了天险黄河。紧接着，叛军就向西攻打洛阳，封常清刚刚招募的四万新兵，没有来得及经过很好的训练，连兵器都不足就被迫参战。这同训练有素、武器精良的反叛之师相比，无异于以卵击石，最后是损兵折将，节节败退，不得已而退出洛阳。玄宗皇帝不问青红皂白，传旨将封常清处以极刑。安禄山从公开造反到攻陷洛阳，仅仅两个月时间，得意忘形的安禄山便丢掉了“清君侧，除奸党”的遮羞布，迫不及待地登上了伪大燕皇帝的宝座。

天宝十五年六月，玄宗派遣使者，命哥舒翰进军收复洛阳。哥舒翰认为不宜速战，应坚守潼关，以静而待，因而乘之。郭子仪、李光弼也上言，请引兵北取范阳，覆其巢穴，贼必内溃。潼关大军，唯宜固守，不可轻出。玄宗却听信杨国忠的谗言，命哥舒翰出战，哥舒翰不得已，率兵出关，中敌人埋伏，最后大败，哥舒翰降贼，潼关于是大破。玄宗仓皇出逃，长安随即沦陷。

失败消息传来，李白日夜痛哭流涕。几天之内，头上好像布满了一层霜雪。他开始本打算去越中，后来还是沿江而上，来到了庐山屏风叠。一路上，他感觉自己好像是去国万里的苏武、亡命入海的田横。他恍惚看见洛水变成了易水，嵩山变成了燕山，人们都穿上了胡服，学着胡语。他想学申包胥哭秦廷，但他去哪儿搬救兵呢？李白心中充满了国亡家破的惆怅，偏偏子规鸟向他连声叫着：“不如归去！不如归去！不如归去！”每叫一声都像利刃戳心。他不禁看着子规鸟哭诉道：“归心落何处？日没大江西！——太阳已经在大江的西头沉没了，你让我到哪里去啊？”

李白虽然躲居深山，心里却始终不能安静，白天徘徊彷徨，夜间辗转反侧。他的心常常飞到中原天空，看见洛阳川里野草上洒满了人血，看见洛阳城里一群狼心狗肺的家伙戴着官帽。他的心飞到秦川上空，看见熊熊烈火在焚烧着大唐王朝列祖列宗的陵庙，看见安禄山与他的将士们在金銮殿上狂饮高歌。他的心飞到黄河上空，看见黄河两岸的人们像秋后落叶，看见尸骨像山丘一样到处堆积。他的心飞遍大江南北，看见全国人民抬头望长安，皱着眉头，流着泪水。

潼关失守，长安以东都是一马平川，无险可守。消息传到长安，朝廷上下好像遭受到一场强烈地震，宫廷内外一片慌乱。在杨国忠南奔西蜀暂避敌锋的建议下，玄宗皇帝无可奈何地带领太子李亨、贵妃杨玉环姐妹一行，急忙逃难。文武大臣们第二天早朝，没看到皇上，这才意识到皇上早就置他们于不顾，连个招呼也不打就自己逃命去了。

跟随玄宗皇帝逃难的一行人，走了 3 天才到达离长安以西 100 多里路的马嵬坡。到了晚间，临时宿营，护驾的御林军准备埋锅烧饭。地方官吏大部分逃走了，粮草供应十分紧张，士兵们又累又饿又冷，怒气冲天，追问这场战祸的由来。有人大声叫喊："宰相杨国忠是祸国殃民的罪魁祸首，不杀不足以平民愤！""杀了他！赶快杀了他！"一人喊，众人和，犹如一颗火星引燃了成堆的干柴，顿时喊杀声直冲云天。杨国忠听见了，浑身上下吓得像筛糠一样发抖，一头栽进农家院子里不敢露头，结果被高举火把到处搜索的士兵搜出来杀了。

杀死了杨国忠后，还有人高声叫喊："哥哥死了还有妹妹。奸妃养了个好干儿子！没有她就没有这场祸乱！""对！杀死奸妃！把奸妃杀掉！"士兵们又一片鼓噪，声震四野。

住在驿站里的杨玉环，平时养尊处优，颐指气使惯了，听到了喊声犹如看见了阎王爷的勾魂牌和催命符，早就没有了往日的威风，脸色煞白，不寒而栗地跪到玄宗皇上面前请求保护："皇上开恩，陛下救命！三郎救我！"

月暗星淡，夜色已深。哗变的士兵们立刻包围了驿站，高举火把和刀剑，大声呼喊着要杀杨玉环，他们像火燎后的马蜂窝一样，失去了节制，到处乱窜乱叫。

玄宗皇帝见众怒难犯，早就吓得手脚发凉，不得已以九五之尊躬身哀求士兵们说："贵妃乃一个女流，平日深居内宫不理国事，尔等看在朕的面上，网开一面，饶她一死吧！"

"不！杨贵妃和安禄山内外勾结，狼狈为奸！"

"不杀杨贵妃，不足以平民愤！"

"不杀妖妃，难稳军心！"

"不杀妖妃我们全都走！不给皇上保驾西行！"

士兵们七嘴八舌地大声叫喊，越喊越群情激愤，最后竟然众口一声同呼："不杀妖妃，绝不入蜀！不杀妖妃，绝不保驾！"

面对众多晃动的火把与刀剑，玄宗皇帝的心被喊碎了。任凭他怎么屈尊哀求也不顶用！这时随驾不离皇上左右的高力士只好附在玄宗耳边说话了："陛下，事急矣，请听老奴一句：留得青山在，不怕没柴烧。今晚上是士兵哗变，众怒难犯。如果不当机立断，丢车保帅，赐死贵妃，恐怕陛下皇体也难保安全！”

玄宗皇帝这时已六神无主，进退两难：要赐死贵妃吧？实在于心不忍，难以割舍。他猛然想起了“霸王别姬”的故事，今天轮到他来“别姬”了。他想到了长生殿上七夕之夜对天盟誓“在天愿作比翼鸟，在地愿为连理枝”的铮铮誓言。如果不赐死吧，眼瞅着自己是泥菩萨过河自身难保。后悔啊，像千万把刀剑，一刀一刀地割碎着风流天子的心肝。这时，他还忽然想起了被他“赐金放还”的诗人李白，想到了他的《清平调》三章，高力士说他在诗中将杨玉环比作赵飞燕，从而影射贵妃和安禄山有暧昧之事。似乎还真让李白不幸而言中了。要是早就听信李白、李华等忠臣的劝谏，不一意孤行地宠信安禄山这个人面兽心的狼崽子，今天哪来的这场祸事？是要江山还是要美人呢？皇上经过反复权衡之后，觉得还是江山要紧，自身的龙体安全要紧。俗话说，夫妻本是同林鸟，大难来时各自飞。女人嘛，不过是身上的一件衣服，丢了一件，再换一件。只要江山还在，何愁美人难寻呢……想到这里，他把心一横，手一挥：“赐贵妃自尽去吧！”

天宝十五年七月，玄宗在入蜀途中来到汉中时，看到叛军没有在后面追赶，稍稍喘了口气，便有时间来思考平叛事宜。他听取了新任宰相房琯等人的意见，下了“制置”的诏旨，把四个儿子分到四方，各置一方，对叛军形成包围的形势，太子李亨为天下兵马元帅，领朔方、河东、河北、平卢节度使。永王李璘为山南东道、岭南黔中、江南西道节度使。盛王李琦为广陵大都督，兼任江南东路及淮南节度使。丰王李珙为武威都督兼任河西、陇右、安西、北庭节度使。其中李琦、李珙不去任所，作为“遥领”继续留在玄宗身边。而太子李亨却在此诏命之前已于灵武自行继了帝位登基，自改年号为至德元年，尊奉玄宗为太上皇。玄宗事后得知，当然心中烦闷，用时髦的话来说是“抢班夺权”。然而，他又仔细地考虑到自己年龄已老，考虑到自己在位引发了叛乱，导致东西二京陷落，心有愧疚，面对既成的事实便没有进一步去进行追究，只是听其自然，自己只得前去南京躲个清闲。

永王李璘，正值盛年，雄心勃勃，长久在父皇身边，多受约束管制，他早就想独立出去建功立业，这下可有了用武之地。他到了江陵，便大开国库，大行招兵买马，很快就成立了一支几万人的军队。他以李台卿、韦子春等人为谋士，用季广琛、浑惟明等人为将领，打算顺长江而下，坐拥东南半壁山河。肃宗对永王这一做法深怀疑虑，怕他拥兵自重，早晚搞个南北朝，以争夺皇位，便下诏调他入蜀保护太上皇。永王对肃宗自行称帝感到不满，便未奉旨入蜀，反而驻兵江夏，继续扩大军队，招募人才，进而与肃宗分庭抗礼。

应永王盛情之邀，李白加入了反对肃宗的队伍。

在旗舰奢侈豪华的客舱里，李白的心情从来没有如此高兴过，诗思也从未如此激荡，正如“春风得意马蹄疾，人逢喜事精神爽”。几天之内，他连续写了十首《永王东巡歌》:

永王正月东出师，天子遥分龙虎旗。
楼船一举风波静，江汉翻为雁鹜池。
三川北虏乱如麻，四海南奔似永嘉。
但用东山谢安石，为君谈笑静胡沙。
雷鼓嘈嘈喧武昌，云旗猎猎过寻阳。
秋毫不犯三吴悦，春日遥看五色光。
龙盘虎踞帝王州，帝子金陵访古丘。
春风试暖昭阳殿，明月还过鸩鹊楼。
二帝巡游俱未回，五陵松柏使人哀。
诸侯不救河南地，更喜贤王远道来。
丹阳北固是吴关，画出楼台云水间。
千岩烽火连沧海，两岸旌旗绕碧山。
王出三江按五湖，楼船跨海次扬都。
战舰森森罗虎士，征帆一一引龙驹。
长风挂席势难回，海动山倾古月催。
君看帝子浮江日，何似龙骧出峡来。
帝宠贤王入楚关，扫清江汉始应还。
初从云梦开朱邸，更取金陵作小山。
试借君王玉马鞭，指挥戎虏坐琼筵。
南风一扫胡尘静，西入长安到日边。

以上这许多诗的调子都十分乐观昂扬，给人一种奋发的情感，歌颂了“贤王”与“帝王”的李璘，赞扬他的军队“秋毫无犯”军纪严明，三吴百姓无不夹道欢迎，自比为东晋的贤相谢安石，设想着“为君谈笑静胡沙”的画面；预见着“南风一扫胡尘静，西入长安到日边”的胜利情景。十首诗一时间广为流传，从而大大地鼓舞了士气，也使得永王更加趾高气扬，自命不凡，他感到没有白请李白，诗人的一支笔同样有着强大无比的战斗力。

2. 放逐之路

不幸的是，李白的这回慷慨从军，自认报国有门，建功有树，殊不知却掉进了李亨与李璘兄弟阋墙骨肉相残的陷阱中不能自拔，到头来反倒成了他们的替罪羊。

唐肃宗乾元元年（公元 758 年）春天，58 岁的李白，自浔阳出发，踏上了放逐之路。

他戴着脚镣、手铐朝江岸边走来。在春日照射下，他的脸色越发显得苍白枯槁。一年的监狱生涯，使他的背部也显得有些驼了。

他来到江岸上，看到好多人站在江边。他想：“大概是迎送某位达官贵人的吧？”谁知当他走近时，人们自动地排成了两排，原来他们都是来给自己送行的。“怎么来了这么多人呢？”甚至他自己也都感到奇怪了。当他看到众多熟悉的面孔都伸着脖子，抬起脚跟，带着悲喜交加的神情，向他张望着招手时，他的心里立刻涌起一股暖潮。

“啊，这不是我的老朋友辛判官吗？你不是跟随宋中丞去河南了……原来你是从河南赶来看我的，恰好遇上我就要到遥远的地方去。承蒙宋中丞为我求情开脱，把我无罪流放，又谁知无罪的人，改判流放……想起我们过去在长安，整天赋诗饮酒，走马扬鞭，连王侯也不放在眼里，哪有忧愁留在心中。都以为人生永远是这样，谁知我一生充满了坎坷……是啊，不但收复了两京，而且圣驾也还朝了，太平有望了，希望我能死地生还，能够重睹大唐王朝的太平江山！

“这位是我的青年朋友易秀才！谢你送我一把宝剑。宝剑它能够斩龙断牛，好比是古代的名剑——干将莫邪。但可怜我一个流放犯，谁还来用我？我又怎么用它？你有志于风、雅，我也很想把经验传给你，但是我立即就要去那遥远的地方。后会有期，让我们在诗中再见吧！

“啊，魏万贤弟！金陵一别，谁知在浔阳再遇……原本你是从王屋避难来此地！我委托你编辑的诗稿可还有吗……好，好，好，就让它藏在深山里。如今这兵荒马乱，还编什么诗集？只怕书出之日，我早已魂散乌江，骨埋异地，成为一个他乡野鬼……

“你是任华君吗？我们虽没见面，可是神交已久。我的诗，你常常不离口；你的《杂言寄李白》，我牢牢记在心头。你千里迢迢把我寻求，今天总算相遇在浔阳江口。你的盛情我无法回报，只好待将来酬你一首诗，来表达我的心思。

“你，你，你是逢七郎，开元年间，在中都县的小客栈中，萍水相逢，你却赠我酒食……原来你是专程赶到这里，给我送来重要消息……什么？武七遇难了？伯禽多亏你安全转移！武七啊武七！你救人急难，不惜捐躯，好比是古时的聂政和要离。

“你是宣城酿酒的纪老丈？你这把年纪也老远赶来把我看望。给我送行……哟！你还给我捎来一坛‘老春’佳酿，就让我在流放途中喝它去浇我愁肠。你的盛情，我实在难却，我实在愧不敢当。请你回去替我问候故人们别来无恙？敬亭山、谢公楼也都好吧……

“汪伦！噢！你也来了，汪伦！还带来桃花潭的乡亲。啊，你们又唱着山歌来为我送行。这山歌真是如此悲愤！山歌唱出我的冤情如天大，唱出你们的同情似海深。啊，浩浩荡荡长江水，不及人民送我情。

“还有众多不曾相识的父老乡亲，你们也为何来送我……哦，你是在丹阳岸上拉纤，现在从军了。你是在秋浦川里炼铁，炉火烘烤过的脸还是那么红。你是东林寺的老和尚，我曾听过你的暮鼓晨钟。还有这位老大嫂，你可是当年越溪的采莲女？曾经赠送我以莲蓬……对，对，对，谁说我们不曾相识？你们都曾经走进我的诗中，难得你们还记得我。

“我的娇妻，你不要再啼哭再难受了。你看此时此刻，正义、公道自在人心；你看此情此景，我就不算虚度此生。屈平辞赋悬日月，我李白余晖也必将映千春。我的夫人哪！且视天涯若比邻！好吧，就让你兄弟宗璟，替你再把我送一程。”

5月里，李白在流放途中抵达江夏。江夏太守韦良宰是李白的老朋友，他让李白留下来在此休息了两三个月。

在8月，李白于流放途中抵达沔州，正好和朋友尚书郎张谓相遇。沔州地方官吏又留他们停留了月余。

9月里，李白在途中到达江陵。江陵郡郑判官和当地一些士人又留李白住了许多日子。

直到入冬，李白才到了三峡。两岸的山，越来越高，起伏的山峦逐渐变得壁立如削。宽阔的江面变得越来越窄，无边无际的青天慢慢变成一条线。到了黄牛山下，看到那高岩间有一块巨石像人，背刀牵牛，人黑牛黄。船划了三天三夜，还能望得到它们。所以过往旅客们编了一首歌谣：

“朝发黄牛，暮宿黄牛。三朝三暮，黄牛如故。”在三峡中行船是多么迟缓、多么艰难啊！真叫人把头发愁白了。李白在舟中于是写了《上三峡》一诗：

巫山夹青天，巴水流若兹。
巴水忽可尽，青天无到时。
三朝上黄牛，三暮行太迟。
三朝又三暮，不觉鬓成丝。

千里峡江竟然走了约两个月，直到次年春天，李白才到达奉节——古白帝城，再往前走就要南下黔中道——古夜郎了。

李白伫立在白帝城头，触景生情。他想起当年从这里走出三峡，下长江，东游金陵和扬州……那时的大唐王朝灿烂辉煌，繁荣富强；自己也是风华正茂，意气风发。可惜“开元盛世”竟如昙花一现。后来国事日非，自己也每况愈下；再后来战乱开始，社稷处于风雨飘摇之中，自己也陷于九死一生的处境。最后他惊奇地发现：他这一生的遭遇和大唐王朝的国运竟是如此相似！

他抬头北望，不禁心中伤悲：“长安啊，长安，是你给我最大的希望，也是你给我最大的失望！你使我魂牵梦萦，又使我心伤肠断。我不知多少次下决心与你诀别，又不知多少次想回到你的身旁。贾谊被贬，屈原流放，哀吟泽畔，身死他乡，我恐怕也难逃如此下场。”

李白正心想离开奉节，南下黔中道时，突然喜从天降，朝廷因旱灾赦免流刑以下的罪犯，李白也在其中。他高兴得几乎发狂了，跳了起来，他以为自己时来运转了，他幻想马上就要再见太平盛世了。朝廷既然赦免了他，就可能还要任用他。现在，李林甫已死了，杨国忠也杀了，高力士也没权了，堕落成汉奸的张垍也充军到岭南了……再也没有人嫉妒他、排挤他、陷害他了。那就赶紧回到江陵去吧！趁着郑判官还在那里。那就快点回到江夏去吧！趁着江夏太守韦良宰还没离开那里。他们一定会欢迎他的归来，他们一定会很快把他，这位从泽畔活着回来的屈原，荐举到朝廷上去，和当代贤豪共议恢复大业。

于是李白在一个朝霞满天的清晨，登上了东去的小船，趁着新发的春水，飞也似的顺水而下，在船上写下了他的《早发白帝城》：

朝辞白帝彩云间，千里江陵一日还。
两岸猿声啼不住，轻舟已过万重山。

四、伴月归去

顺江而下的李白一行除了在江陵和江夏换船稍作逗留，和地方故知名流做些短暂的应酬外，剩余的日子几乎全是在船中度过的：读书、写诗，与两个解差畅所欲言。

春天已过，夏季来临，人们已把夹衣换成单衣，李白一行3人又回到了一年多前的始发地浔阳。

途中，他了解到杜甫写给他的诗《梦李白二首》：

其一

死别已吞声，生别常恻恻。江南瘴疠地，逐客无消息。故人入我梦，明我长相忆。恐非平生魂，路远不可测。魂来枫林青，魂返关塞黑。君今在罗网，何以有羽翼？落月满屋梁，犹疑照颜色。水深波浪阔，无使蛟龙得！

其二

浮云终日行，游子久不至。三夜频梦君，情亲见君意。告归常局促，苦道来不易。江湖多风波，舟楫恐失坠。出门搔白首，若负平生志。冠盖满京华，斯人独憔悴。孰云网恢恢，将老身反累。千秋万岁名，寂寞身后事。

唐肃宗上元元年（公元760年），在豫章县小官吏宗璟家里。宗氏夫人在窗前坐着愣神，对着桌子上的一个首饰匣子发呆。这匣子里原本有金步摇一支、玉条脱两副、银簪三副、大小珍珠数十颗，各色佩玉十余件——这些都是宗氏当年为“相门女”时积攒下的首饰。自打十年前和李白结婚以后，多年变卖来贴补了家用，现在已剩得寥寥无几，只剩下十多颗绿豆大小的珍珠，首饰店连正眼都不看的货色，只能卖给药铺，最多也不过值几斤酒钱。最后，宗氏渐渐抬起手来，从头上把一支绾发的玉簪摘了下来，随手在弟媳的梳头匣里拿了一支铜簪换上。这支玉簪是宗太夫人的遗物，现在她想把它交给兄弟拿去当了，为了使李白过一个多年没能过的生日。宗璟却把自己的皮袍拿进当铺，他也不想变卖姐姐的玉簪，因为那是母亲的遗物。宗氏害怕皮袍当了，没钱去赎，到了冬天使得兄弟受冻，而不同意宗璟的做法。两姊弟争执不下，最后不约而同看准了那只首饰匣子。这只匣子是紫檀木做的，质地昂贵，工艺精美，并且上面还嵌有一块盘螭形的白玉，可能还值些钱。果然，让他们高兴的是，这只空而无用的匣子居然换来了一桌不太寒碜的酒席，让李白高兴地度过了他的六十寿诞。

尽管宗氏如此贤惠，兄弟如此仁义，只是一个九品县尉终究负担不了他们二人生活，因此李白在豫章没待两个月，便决定出游鄱阳。依然按照老方法，去州县官吏门上做食客。所到之处，尽管还保存着开元、天宝年间的遗风，对他以礼相待，但是安史之乱后，什么东西都涨价，唯独诗文不值钱。尽管他弹铗作歌，主人却充耳不闻。无奈之下，他只好又投奔其他地方。到了鄱阳湖东的建昌县，恰遇屈突县令和他有旧，留他多住了一些日子，好好款待了他们，临行赠送的盘缠也比较充裕，这才让李白脸面有光回到宗璟家中，和宗氏姊弟一块过了一个年。

在出游鄱阳途中，李白曾经重登庐山，庐山的风景又使他顿兴出世之思。他觉得如今能够免于大戮就算幸运了，自己以刑余之人还望登朝出仕，共议恢复，未免太可笑了。不如就在这庐山之中，学道修仙，度过残年吧！于是写了《庐山谣》一诗，并把它寄给故人卢虚舟，劝他也辞官隐退。

时光如水，多年的奔波操劳使李白染上了沉疴。

天气渐渐变凉了。树上的叶子慢慢黄了起来，继而是遍地凋零。李白连续吃了几服药后，病情有了好转：胸部脓液外流少了，脸色慢慢地变得红润起来，也能够在晴朗的日子里拄着拐杖在院子里走走了。宗氏夫人高兴之余又十分担心，因为，这几天看到李白总是一个人时哭时笑，反复地吟诵着：

> 笑矣乎，笑矣乎！君不见曲如钩，古人知尔封公侯，君不见，直如弦，古人知尔死道边。
>
> ……
>
> 悲来乎，悲来乎，天虽长，地虽久，金玉满堂应不守。富贵
>
> 百年能几何，死生一度人皆有。孤猿坐啼坟上月，且须一尽杯中酒。

夫人宗氏觉得这些诗句既在倾诉人生的不平等，也在诉说人生的虚幻，最后还落脚于酒字上面。夫君这时哭时笑精神恍惚不定的表现，说明李白的神智已经开始错乱。一种不祥之兆紧紧地揪住她的心。她决定马上去请弟弟前来商议商议，看看是否该为夫君准备后事了？一个月明如昼的晚上，伯禽遵母命专程去请宗璟，但宗璟还没回来。

宗氏夫人在灶房熬好汤药，端进睡房却未见李白，只见小桌上的油灯下面压着一张叠好的纸笺，拿出来取开一看，诗题《临终歌》三个大字，首先映入夫人宗氏的眼帘。她失口说了声“不好！”，便匆忙地读了起来：

> 大鹏飞兮振八裔，中天摧兮力不济。余风激兮万世，游扶桑兮挂左袂。后人得之传此，仲尼亡兮谁为出涕？

笔迹虽然有些弯曲无力，但一见熟悉的字体，就知道是李白亲笔。他在诗中说到他这只飞翔的大鹏鸟已经折翅而力不从心了。他把孔子的死亡和自己联系起来。这《临终歌》不正是他最后的绝笔诗吗？夫人宗氏霎时感觉天崩地裂，失声痛哭起来：“天哪，伯禽他爹，你到底去哪儿了？”

紧接着，夫人宗氏便在院子里屋前屋后匆匆忙忙四处寻找，却毫无踪影，便又跌跌撞撞地来到了采石矶的长江岸边。

李白今晚的神志十分清醒，精力也比往常好了许多。他知道这是人们常说的回光返照，在院子里便抓紧时间，吃力地草书了绝笔诗《临终歌》，此后，自己拄着拐杖，来到了江边。

宽阔的江面上，没有了白天的号子声声，百舸争流，放眼望去，了无人影，周围静得毫无声息，只有一轮圆圆的月亮高高地悬在天空，皎洁的月光洒下一层银辉。李白踏上了岸边的一只无人的小舟，拄杖站立船头，翘首欣赏着头上的明月。

李白一生喜爱月亮，也喜爱吟咏月亮，为此还给女儿平阳取了个别名叫明月奴。此时月亮是如此的圆，如此的亮，如此的洁白，如此地让人喜爱。那月宫中的嫦娥此时在干什么呢？她是否望到了月下的李白？嫦娥啊嫦娥，你飞离了后羿，离开了人间一个人不感到寂寞和冷清吗？那砍树的吴刚不正在挥动巨斧不停地劳动吗？那仙树被砍断后，又自然而然地接上了，永远也砍不断也伐不倒。你不觉得乏味无趣，永远在做无效的劳动吗？这不是和我一样的吗？自己所追求的“济苍生，安社稷”的宏伟志向永远难以实现．还有那捣药的白兔啊，你如此辛勤地捣药来为谁呢？嫦娥和吴刚都是长生不死的神仙，他们是不用吃药的。那么，你就送给我李白吃吧，我吃了以后病就好了，我这只大鹏鸟还能继续展翅高飞去搏击长空呀……“床前明月光，疑是地上霜，举头望明月，低头思故乡。”现今正是静静的月夜，怎不让人思念故乡呢？故乡的爹娘啊，你们老死善终时，万里迢迢，儿子不能去奔丧，原谅您的不孝儿子吧！那是因为儿子在流放途中身不由己呀！

一阵江风迎面吹来，李白顿时感到有些寒意，整了整自己的衣服后，他又低头朝下一望，不觉大吃了一惊：哎呀，大事不好！月亮如何会不小心掉进江中去了呢？这大江的水，深不见底，浪多漩涡大，小小的月亮没手没脚，不能游水，肯定会淹死的呀！

“救救月亮！快来救月亮！”李白大声地疾呼，希望有人会闻声赶来。可是，无人回应。

酒劲上来了。李白突然觉得浑身发热，精力倍增。“嗖”的一声，纵身跳进了江里，向水中的月亮方向游去。哟！这江水咋这么凉呀？喝了那么多酒也无济于事？不！不怕冷，怕冷不是好汉！怕冷就救不了月亮！游啊！游啊！他双臂交叉，双脚用力地奋勇破浪前行！快！快！伸手去捧起月亮呀！只要把月亮捧出了水面就算大功告成了……哟，前面来了一个庞然大物，那是什么东西？是一条大鱼，不，像一条巨鲸，它来干什么？是刚才听到我的呼喊来救月亮的么？不不不！它是天帝派来送我李白升天的！我娘不是梦见长庚星入怀才生的我吗？贺知章不是说我是天上的仙人降凡人间的吗？人们不都叫我诗中仙人吗？对，是时候了！这才是返璞归真，叶落归根，我要回归天上去了，回到太白金星我的宝座上去了！天上不存在恩将仇报的叛贼，也没有尔虞我诈的小人。天上才是一个真正的君子国，没有阴谋、没有暗箭。神仙们个个都是大公无私、与世无争的……跨上鲸背去！从此，再没有人世间生活中的众多烦恼！从此就永远超凡脱俗了。哈哈！我李太白抱着从水中救出的水淋淋的月亮，上天了！上天了！我李太白是个大好人，绝对的大好人，临终还做了件救月亮的大好事！这就叫好人终有好报。哈哈！腾云了！驾雾了！上天了！飞升了……

在起草讣文时，李白的儿子和宗氏都考虑到，依照古礼，溺水而死不祥，不能吊唁，而且对伯禽前程影响很大，被亲人所忌讳，所以一致决定，就称“病故”。

后来，李阳冰在为李白所编的《草堂集》作序时，沉思许久，苦思冥想，只得措辞如下：

> 阳冰试弦歌于当涂，心非所好。公遐不弃我，乘扁舟而相顾。临当挂冠，公又疾亟。草稿万卷，手集未修。枕上授简，俾予为序。论关雎之义，始愧卜高；明《春秋》之辞，终惭杜预。自中原有事，公避地八年，当时著述，十丧其九，今所存者，皆得之他人焉。时宝应元年十一月乙酉也。